Een kleine geschiedenis van de wereld

E.H. GOMBRICH

Een kleine geschiedenis van de wereld

Vertaald door Frans Reusink

2012 Uitgeverij Bert Bakker Amsterdam

Voor Ilse

Dat je steeds de jouwe aanhoort
Steeds dus bij de jouwe hoort.

Eerste druk 2006
Zestiende druk 2012

Oorspronkelijke titel *Eine kurze Weltgeschichte für junge Leser*

Omslagontwerp Bloemendaal & Dekkers
Illustraties omslag Clifford Harper
Foto omslag Ilse Gombrich
Zetwerk Mat-Zet BV, Soest
www.uitgeverijbertbakker.nl
ISBN 978 90 351 3525 3

Uitgeverij Bert Bakker is onderdeel van Uitgeverij Prometheus

'Zo gaat dat met de herinnering.
Daarmee lichten we het verleden bij.'

Inhoud

INHOUD

Woord vooraf

Mijn grootvader Ernst Gombrich schreef gewoonlijk niet voor kinderen. Hij heeft ook niet geschiedenis, maar kunstgeschiedenis gestudeerd. Des te blijer en verbaasder was hij dat zijn allereerste boek, *Een beknopte geschiedenis van de wereld voor jonge lezers*, in de loop van zo'n lange tijdspanne over de gehele wereld zo veel vrienden heeft gevonden.

Hij schreef dit boek toen hij nog jong was, en onder relatief grote tijdsdruk. Later was hij ervan overtuigd dat juist die twee omstandigheden hadden bijgedragen aan het langdurige succes. Maar dit boek was nooit geschreven als er in het Wenen van 1935 niet het een en ander was voorgevallen.

En zo ontstond dit boek...

Nadat mijn grootvader gepromoveerd was aan de universiteit van Wenen, werd hij werkloos. Het was niet te verwachten dat hij in de economisch zware tijden snel een baan zou kunnen vinden. Een bevriende jonge lector kwam naar hem toe en vroeg of hij een Engels geschiedenisboek voor kinderen wilde inzien, om het eventueel in het Duits te vertalen. Het boek was aanbevolen door een gemeenschappelijke vriend die in Londen geneeskunde studeerde; het was de bedoeling dat het zou verschijnen in de nieuwe reeks 'Wetenschap voor kinderen'.

Mijn grootvader was niet onder de indruk van het boek en zei tegen de uitgever, Walter Neurath – die later in Engeland uitgeverij Thames & Hudson zou oprichten – dat het niet de moeite loonde het boek te vertalen. 'Ik denk dat ikzelf een beter boek zou kunnen schrijven,' zei hij tegen Neurath, waarop die hem vroeg eens een hoofdstuk op te sturen.

In de tijd dat mijn grootvader bijna klaar was met zijn proefschrift, correspondeerde hij met het dochtertje van vrienden van hem. Ze wilde weten waar hij het toch zo druk mee had. Hij vond het ontzettend leuk haar op een begrijpelijke manier duidelijk te maken wat het onderwerp van zijn proefschrift was. Bovendien, zo zei hij later, had hij zo langzamerhand genoeg van het schrijven voor de wetenschap, waar hij tijdens zijn studie zo druk mee bezig was geweest. Hij was er vast van overtuigd dat je een intelligent kind de meeste dingen in eenvoudige bewoordingen duidelijk kon maken – dus zonder terug te grijpen op ingewikkelde vaktermen. Hij schreef een levendig artikel over de riddertijd en stuurde het op naar Neurath. Die was buitengewoon tevreden, maar voegde eraan toe: 'Ik heb binnen zes weken een compleet manuscript nodig, zodat het boek volgens planning kan verschijnen.'

Mijn grootvader was er niet zeker van of hem dit zou lukken, maar hij vond het een grote uitdaging en beloofde te doen wat hij kon. Snel zette hij een indeling voor het boek op papier en besloot welke feiten uit de wereldgeschiedenis moesten worden behandeld. Daarbij vroeg hij zich eenvoudigweg af welke gebeurtenissen uit het verleden het leven van de meeste mensen hebben beïnvloed en welke gebeurtenissen men zich vandaag de dag nog het best kan herinneren. Daarna begon hij te schrijven, elke dag een hoofdstuk. 's Ochtends las hij alles wat hij in het huis van zijn ouders kon vinden over het thema van die dag, en bovendien raadpleegde hij een grote encyclopedie. 's Middags ging hij naar de bibliotheek en las daar, voor zover mogelijk, teksten uit de betreffende periode, om op die manier zijn teksten aan geloofwaardigheid te doen winnen. De avonden waren gereserveerd voor het schrijven. Alleen de zondagen zagen er anders uit – maar om die te kunnen beschrijven, moet ik nu eerst mijn grootmoeder voorstellen.

Ilse Heller, zoals ze destijds heette, was ongeveer vijf jaar daarvoor vanuit Bohemen naar Wenen gekomen om daar haar pianostudie voort te zetten. Al snel werd ze door Leonie Gombrich – naar wie ik ben genoemd – aangenomen als leerlinge. Zo ontmoette Ilse Heller haar toekomstige schoonmoeder nog eerder dan ze haar latere echtgenoot zou ontmoeten. Ja, Leonie stelde de twee zelfs aan elkaar voor en moedigde mijn grootvader aan om haar nieuwe leerlinge de musea en andere bezienswaardigheden in Wenen te laten zien. In 1935 waren hun gezamenlijke weekenduitstapjes al uitgegroeid tot hun favoriete gewoonte – in het daaropvolgende jaar trouwden ze met elkaar. Op een zondag, toen ze tijdens een wandeling in het Wiener Wald even pauzeerden – 'misschien zaten we op een zonnig plekje in het gras of op een omgevallen boomstam,' herinnert mijn grootmoeder zich – haalde mijn grootvader een stapel papieren uit zijn tas en vroeg: 'Mag ik je wel iets voorlezen?'

'Het was beter dat hij voorlas,' zei mijn grootmoeder. 'Toen al had hij een vreselijk handschrift.'

Dat 'iets', dat was natuurlijk de *Beknopte geschiedenis van de wereld*. Het was duidelijk dat mijn grootmoeder de verhaaltjes leuk vond, en deze voorleesuurtjes werden in de daaropvolgende weken herhaald – totdat het boek af was: mijn grootvader leverde het manuscript keurig op tijd in bij Walter Neurath. Wanneer je de tekst hardop leest, wordt duidelijk dat dit voorlezen invloed heeft gehad op de toon van het boek, en de toewijding doet vermoeden dat mijn grootvader genoot van die uurtjes. Voor de tekeningen werd een voormalig paardrijdleraar aangetrokken, die de tekeningen voor vijf schilling per stuk leverde. Mijn grootvader vond het altijd leuk om erop te wijzen dat de paarden op de plaatjes zoveel beter zijn getekend dan de mensen.

Toen het boek in 1936 verscheen, werd het positief ontvangen. De recensenten dachten dat mijn grootvader wel een ervaren leraar moest zijn. Al snel werd het boek in vijf talen vertaald, maar toen waren mijn grootouders al naar Engeland vertrokken, waar ze ook bleven. Al snel werd het boek verboden door de nationaalsocialisten; niet om antisemitische redenen, maar omdat ze de toon te pacifistisch vonden.

Dat betekende echter niet het einde van de *Beknopte geschiedenis van de wereld*. Een paar jaar na de oorlog slaagde mijn grootvader erin de rechten op zijn boek terug te krijgen, maar de wereld waarin hij zijn boek had geschreven, leek heel ver weg te zijn. Lange tijd gebeurde er niets, maar na dertig jaar werd hij benaderd door DuMont Verlag. In 1985 verscheen de tweede Duitse uitgave, met een nieuw slothoofdstuk. En opnieuw was mijn grootvader blij met het succes en met de talrijke vertalingen. Enthousiast bewerkte hij uitgaven voor de lezers van de verschillende landen en luisterde altijd aandachtig naar de opmerkingen van de vertalers. Tegen één vertaling verzette hij zich echter. Op de *Beknopte geschiedenis van de wereld* na had mijn grootvader al zijn boeken in het Engels geschreven. Mocht er ooit een Engelse uitgave van de *Beknopte geschiedenis van de wereld* komen, dan wilde hij de vertaling zelf verzorgen.

Tien jaar lang weigerde hij een Engelse vertaling te maken, hoewel hem er diverse malen om werd gevraagd. Dat was niet alleen omdat hij het zo druk had. Hij vond namelijk dat het in de Engelse geschiedenis eigenlijk altijd ging om de Engelse koningen en koninginnen. Wat hadden de Engelse kinderen aan het perspectief van het Europese vasteland? Pas na de gebeurtenissen in de jaren negentig en de toenemende betekenis van de Europese Unie was hij ervan overtuigd dat het de Engelse kinderen misschien toch wel zou kunnen interesseren.

En dus zette hij zich aan het eind van zijn lange en vruchtbare leven aan de Engelse vertaling van zijn eerste boek. Kort nadat hij met de vertaling was begonnen, zei hij enigszins verrast tegen mij: 'Ik heb mijn *Beknopte geschiedenis* er weer eens bij gepakt, en daar zit eigenlijk best wat in. Weet je, ik geloof dat het een goed boek is!'

Natuurlijk voerde hij kleine correcties door, voegde hij nieuwe informatie over de prehistorische mens toe, vroeg hij zijn zoon, mijn vader, die een specialist is op het gebied van het vroege boeddhisme, om het tiende hoofdstuk te verbeteren.

Toen hij in 2001 op de leeftijd van 91 jaar overleed, was hij nog niet klaar met de Engelse vertaling. En dus is het laatste woord aan hem. 'Ik wil benadrukken,' schreef hij enige jaren geleden in het voorwoord voor de Turkse uitgave, 'dat dit boek niet was en is bedoeld om de geschiedenisboeken op school te vervangen, want die dienen een geheel ander doel. Ik wil graag dat mijn lezers zich ontspannen en de geschiedenis lezen zonder dat ze aantekeningen maken of namen en data moeten onthouden. Ik beloof dat ik ze niet zal overhoren.'

Leonie Gombrich, juli 2004

1

Er was eens

Alle verhalen beginnen met 'Er was eens'. Onze geschiedenis verhaalt dan ook alleen over die dingen die er ooit waren. Vroeger was je klein en kon je, als je rechtop stond, nauwelijks de hand van je moeder vasthouden. Weet je dat nog? Als je wilt, kun je een verhaal vertellen dat zo begint: 'Er was eens een jongetje – of een meisje – en dat was ik.' En ooit ben je ook een baby geweest. Dat kun je je niet meer herinneren, maar je weet het wel. Ooit waren ook je vader en moeder klein. En je grootvader en grootmoeder. Dat is al veel langer geleden. Maar toch weet je het. We zeggen immers: ze zijn oud. En ook zij hebben grootvaders en grootmoeders gehad, en ook die hebben gezegd: 'Er was eens.' En zo steeds verder en steeds verder terug. Achter elk 'Er was eens' staat er altijd weer een. Heb je wel eens tussen twee spiegels gestaan? Dat moet je eens proberen! Dan zie je allemaal spiegels achter elkaar, die steeds kleiner worden en steeds onduidelijker, en dan nog meer en nog meer en nog meer, maar er is er nooit een de laatste. Zelfs als je geen spiegel meer ziet, zijn ze er nog wel. Ze zitten erachter, dat weet je.

Zo is het ook met 'Er was eens'. We kunnen ons niet voorstellen dat dat ophoudt. De grootvader van de grootvader van de grootvader van de grootvader – je wordt er bijna duizelig van. Maar zeg het op je gemak nog maar een keertje, en op zeker moment kun je het je voorstellen. En dan nog een keer. Zo kom je al snel in de Oudheid terecht en dan in de oertijd. Telkens weer verder, net als bij de spiegels. Maar bij het begin kom je nooit. Want achter ieder begin staat immers altijd weer een 'Er was eens'.

Dat is een put waar geen bodem in zit! Ben je al duizelig van het naar beneden kijken? Ik ook! Daarom gooien we een brandend papiertje in die diepe put. Langzaam zal het naar beneden vallen, steeds dieper. En bij het vallen zal het de wand van de put verlichten. Kun je het nog zien, daar beneden? Steeds dieper. En nu is het al zo ver dat het eruitziet als een kleine ster in de donkere diepte – het wordt kleiner en kleiner, en nu zien we het niet meer.

Zo gaat dat met de herinnering. Daarmee lichten we het verleden bij. Eerst ons eigen verleden, daarna vragen we oude mensen naar hun verleden, dan gaan we op zoek naar brieven van mensen die al gestorven zijn. Zo lichten we de geschiedenis bij, steeds verder terug in de tijd. Er zijn huizen waar alleen maar oude formulieren en brieven zijn opgeslagen die vroeger zijn geschreven; dat noemen we archieven. Daar vind je brieven die honderden jaren geleden zijn geschreven. In zo'n archief heb ik eens een brief in handen gehad waar alleen maar in stond: 'Lieve mamma! Gisteren hebben we heerlijke truffels gegeten. Je Willem.' Dat was een kleine Italiaanse prins, die 400 jaar geleden leefde. Truffels zijn heel duur.

Maar daar kijken we slechts een ogenblikje naar. Want ons licht valt steeds sneller naar beneden. 1000 jaar, 2000 jaar, 5000 jaar. 10.000 jaar. Ook toen waren er al kinderen die graag iets lekkers wilden eten. Maar ze konden nog geen brieven schrijven. 20.000 jaar, 50.000 jaar – en ook de mensen van toen hebben al 'Er was eens' gezegd. Ons herinneringslicht is inmiddels heel klein geworden. En dan houdt het op. Maar we weten dat het nog verder teruggaat. In een oeroertijd, toen er nog geen mensen waren. Toen de bergen er nog niet zo uitzagen als nu. Sommige waren hoger. In de tussentijd heeft de regen ze afgeplat, totdat ze heuvels waren geworden. Sommige bergen bestonden nog niet eens. Ze zijn langzaam uit de zee tevoorschijn gekomen, in de loop van miljoenen jaren.

Maar nog voordat die bergen er waren, bestonden er al dieren. Heel andere dieren dan nu. Heel grote, bijna draken. Weet je hoe we dat weten? Diep in de aarde vind je soms hun botten. In het Natuurhistorisch Museum in Wenen kun je bijvoorbeeld de diplodocus zien. Een rare naam: diplodocus. Maar een nog veel raarder dier. Het zou niet eens in een kamer passen, en ook niet in twee kamers. Het is zo hoog als heel hoge bomen en zijn staart is zo lang als een half voetbalveld. Het zal wel een hoop lawaai hebben gemaakt als zo'n reuzenhagedis – want de diplodocus was een reuzenhagedis – in de oertijd door het oerwoud kroop.

Maar ook dat was niet het begin. Want het gaat nog veel verder terug, vele duizenden miljoenen jaren. Dat kunnen we gemakkelijk zeggen, maar denk eens even na. Weet jij hoe lang een seconde is? Net zo lang als wanneer je snel 1, 2, 3 hebt geteld. En hoe lang duren 1000 miljoen seconden? 32 jaar! Kun je nagaan hoe lang 1000 miljoen jaren duren! Destijds waren er nog geen grote dieren, alleen maar slakken en schelpen. En wanneer we nog verder teruggaan, waren er niet eens planten. De hele aarde was 'woest en leeg'. Er was helemaal niets: geen boom, geen struik, geen gras, geen bloem, geen groen. Alleen maar woestijn, stenen en de zee, de lege zee zonder vissen, zonder schelpen, zelfs zonder modder. En als je naar de golven luistert, wat hoor je dan? 'Er was eens.' Eens was de aarde misschien een samengebalde gaswolk, net zoals andere gaswolken, die veel groter zijn en die we door een telescoop kunnen zien. De aarde heeft miljarden en biljoenen jaren rond de zon gedraaid, eerst nog zonder rotsen, zonder water, zonder leven. En daarvoor? Daarvoor was de zon, ons lieve zonnetje, er nog niet eens. Alleen maar vreemde, heel vreemde reuzensterren en kleinere hemellichamen, die tussen de gaswolken zweefden in de eindeloze ruimte.

'Er was eens.' – Nu word ik ook duizelig, als ik me voorover-buig. Kom, we gaan snel terug naar de zon, naar de aarde, naar de mooie zee, naar de planten, naar de schelpen, naar de reuzen-hagedissen, naar onze bergen en dan naar de mensen. Is het niet net alsof we dan thuiskomen? We willen niet dat het 'Er was eens' ons aldoor maar weer mee naar beneden neemt, de bodemloze put in, en dus vragen we nu meteen: 'Stop! Wannéér was dat dan?'

En als je dan ook nog vraagt: 'Hóe was het eigenlijk?', dan vraag je naar de geschiedenis. Niet naar *een* geschiedenis, maar naar *de* geschiedenis, die we de wereldgeschiedenis noemen. En daar gaan we nu mee beginnen.

2

De belangrijkste uitvinders ooit

In Heidelberg heeft men ooit een diepe kuil gegraven. Toen vond men diep in de aarde een bot, een menselijk bot. Een onderkaak. Zo'n onderkaak hebben de mensen tegenwoordig niet meer. Zo sterk was die onderkaak. En zo krachtig waren de tanden die erop zaten. De mens van wie die onderkaak was, kon vast heel goed bijten. En het is lang geleden, want anders lag die kaak niet zo diep in de aarde!

Ergens anders in Duitsland, in het Neanderthal, heeft men vroeger een schedel gevonden. Een mensenschedel. Je hoeft niet bang te zijn, want het was echt interessant. Zulke schedels zijn er nu ook niet meer. De mens had toen geen echt voorhoofd, maar een flinke verdikking boven de wenkbrauwen. Achter ons voorhoofd denken we, en als de mens geen voorhoofd had, kon hij waarschijnlijk minder goed denken. In ieder geval zal hij meer moeite met denken hebben gehad dan wij. Er zijn dus ooit mensen geweest die minder goed konden denken en beter konden bijten dan wij nu. Tenminste, dat geloofde men in de tijd dat de schedel werd gevonden, en tot voor kort dacht men dat nog steeds.

'Wacht eens!' zul je nu zeggen. 'Dat is niet volgens de afspraak. Wannéér waren die mensen er, wát waren ze en hóe was het toen eigenlijk?'

Ik word helemaal rood en ik moet je zeggen: dat weten we nog niet precies, maar in de loop van de tijd komen we er wel achter. Zodra je groot bent, kun je meehelpen. We weten het niet, omdat die mensen niets konden opschrijven. Omdat de herinnering niet zo ver teruggaat. (Inmiddels hoef ik niet meer zo te blozen.

Sommige dingen die hier staan, kloppen misschien niet meer helemaal, maar ik heb het aardig goed voorspeld: we weten nu inderdaad beter wanneer de eerste mensen hebben geleefd. Dat hebben natuurwetenschappers achterhaald. Ze hebben ontdekt dat sommige stoffen, zoals hout, plantaardige vezels en vulkanisch gesteente, langzaam maar zeker veranderen. Daardoor kan men uitrekenen wanneer ze ontstaan zijn of hebben gegroeid. Tegelijkertijd heeft men natuurlijk ijverig verder gezocht naar menselijke overblijfselen. Vooral in Afrika en ook in Azië heeft men botten gevonden die minstens zo oud zijn als de kaak uit Heidelberg. Sommige zijn zelfs nog ouder. Dat waren onze voorouders, met hun vooruitstekende voorhoofd en kleine hersenen, die misschien al miljoenen jaren geleden stenen gebruikten als werktuigen. Een van de schedels die men kort geleden in Afrika heeft gevonden, is misschien wel 7 miljoen jaar oud. De neanderthalmens dook ongeveer 100.000 jaar geleden op en heeft de aarde bijna 70.000 jaar bevolkt. Ik moet nu iets terugnemen, want hoewel ze een gewelfd voorhoofd hadden, kun je niet zeggen dat hun hersenen veel kleiner waren dan de hersenen van de mensen van nu. Onze volgende voorouders doken waarschijnlijk zo'n 30.000 jaar geleden op.)

'Maar als je telkens "ongeveer" zegt zonder namen en zonder jaartallen te geven, dan is dat toch geen geschiedenis!' zul je misschien zeggen. En daar heb je gelijk in. Het ligt vóór de geschiedenis. Daarom noemen we het ook voorgeschiedenis, of prehistorie. Want men weet niet wanneer het allemaal precies is geweest. En toch weten we wel het een en ander over de mensen die we oermensen noemen. Toen namelijk de echte geschiedenis begon – dat is in het volgende hoofdstuk – hadden de mensen alles al wat wij nu ook hebben: kleren en huizen en gereedschappen, ploegen om het land te bewerken, meel om brood mee te bakken, koeien om te melken, schapen om te scheren, honden om mee te jagen en als huisvriend. Pijl en boog om mee te schieten, helmen en schilden om zich te beschermen. Maar voor alles moet een eerste keer zijn. Iemand moet het uitgevonden hebben. Stel je dat eens voor, is dat niet spannend? Ooit heeft een oermens bedacht dat je het vlees van wilde dieren gemakkelijker door kon bijten als je het eerst boven een vuurtje hield en braadde. Misschien was dat wel een vrouw. En ooit is iemand op het idee gekomen vuur te maken. Denk eens na wat dat betekent: vuur maken! Kun jij het? Maar niet met lucifers, want die waren er toen nog niet. Met twee houtjes, die men net zo lang tegen elkaar heeft gewreven totdat ze steeds warmer en warmer werden, en ten slotte begonnen te gloeien. Probeer dat maar eens! Je zult zien hoe moeilijk het is.

Ook het gereedschap is door iemand uitgevonden. Dieren kennen geen gereedschappen. Alleen de mens. De oudste gereedschappen waren waarschijnlijk gewoon takken en stenen. Al snel heeft men die stenen bewerkt en er spits toelopende bijlen van gemaakt. Zulke bewerkte stenen zijn vaak uit de aarde opgegraven. En omdat destijds alle gereedschappen nog van steen werden gemaakt, noemt men die tijd de Steentijd. Maar huizen kon men toen nog niet bouwen. Dat was niet zo prettig. Want in die tijd was het vaak erg koud. Soms zelfs nog veel kouder dan nu. De winters waren dan langer en de zomers korter dan wij gewend zijn. Zelfs onder in de dalen bleef de sneeuw het hele jaar liggen, en de grote gletsjers van ijs zijn diep doorgedrongen in het vlakke land. Daarom kun je zeggen: de Oude Steentijd vond plaats tijdens de ijstijden. De oermensen zullen het waarschijnlijk heel koud hebben gehad en ze zullen blij zijn geweest dat ze grotten vonden, waarin ze konden schuilen tegen wind en kou. Daarom noemt men hen ook wel grotbewoners, hoewel ze lang niet altijd in grotten woonden.

Weet je wat de grotbewoners ook hebben uitgevonden? Kun je erop komen? Het *spreken*. En dan bedoel ik echt spreken. Dieren kunnen ook schreeuwen als ze bijvoorbeeld pijn hebben, of een waarschuwingskreet slaken als er gevaar dreigt. Maar ze kunnen de dingen niet met woorden benoemen. Dat kunnen alleen de mensen. De oermensen waren de eerste wezens die dat konden.

En ze hebben nog iets moois uitgevonden. Het schilderen en het graveren. Op de grotwanden zien we de afbeeldingen die ze geschilderd en gegraveerd hebben. Zelfs de kunstenaars van nu zouden het hen niet nadoen. We zien dieren die er allang niet meer zijn, zo lang is het geleden. Olifanten met vachten van lange haren en met kromme slagtanden: de mammoeten. En nog veel meer dieren uit de ijstijd. Waarom hebben de oermensen die dieren op de wanden van hun grotten getekend? Alleen maar voor de versiering? Maar het was helemaal donker! Men is er niet zeker van, maar men vermoedt dat ze geprobeerd hebben te toveren. Ze geloofden dat de dieren sneller zouden komen als zij ze op de grotwand zouden tekenen. Ongeveer net als in het spreekwoord: 'Als je het over de duivel hebt, trap je hem op zijn staart.' Ze joegen immers op die dieren; zonder die dieren zouden ze verhongeren. Het toveren wilden ze dus ook uitvinden, en het zou mooi zijn als we dat zouden kunnen. Maar tot nu toe is het nog niet gelukt.

De ijstijden hebben enorm lang geduurd. Tienduizenden jaren. En dat was goed, want de mensen die zich bij het denken nog zo moesten inspannen, hadden anders nauwelijks de tijd gehad al die uitvindingen te doen. Maar in de loop van de tijd is het warmer geworden op aarde, en het ijs trok zich in de zomer terug tot op de hoogste bergtoppen. De mensen, die al net zo waren als wij, hebben in de warmte geleerd steppegras te verbouwen, het graan te dorsen en daarvan een papje te maken dat men boven een vuurtje kan bakken. Dat was het brood.

Al snel leerden ze tenten te bouwen en de wilde dieren te temmen. Ze trokken rond met hun kuddes, ongeveer net zoals de mensen uit Lapland dat nu doen. Maar omdat er destijds in de bossen veel wilde dieren rondliepen, zoals wolven en beren, zijn er mensen geweest die een geweldig idee kregen: ze hebben hun huizen midden in het water gebouwd, op palen die in de grond geslagen waren. Men noemt dat paalwoningen. Ze hebben hun stenen werktuigen al mooi geslepen. In hun stenen bijl hebben ze met een nog hardere steen een gat gemaakt voor de steel. Dat was veel werk! Daar zijn ze minstens een hele winter mee bezig geweest. En vaak brak de bijl ten slotte in tweeën, zodat ze weer helemaal opnieuw moesten beginnen.

Toen hebben ze uitgevonden dat ze in een oven van klei aardewerk konden bakken. Al snel maakten ze fraaie kruiken, met tekeningen erop. Maar afbeeldingen van dieren maakte men niet meer toen, in de *Jonge* Steentijd. Aan het eind, waarschijnlijk zo'n 6000 jaar geleden, 4000 jaar voor Christus, ontdekte men een nieuwe en betere manier om werktuigen te maken: men ontdekte het metaal. Natuurlijk niet alle metalen tegelijk. Als eerste de groene stenen die koper worden als men ze smelt in het vuur. Koper glanst mooi en men kan er pijlpunten of bijlen van smeden. Maar het is nogal zacht en wordt sneller stomp en bot dan een harde steen.

Maar ook daarvoor vonden de mensen een oplossing. Ze ontdekten dat ze een tweede, veel zeldzamer metaal moesten toevoegen, zodat het koper harder werd. Dat metaal is tin, en het mengsel van koper en tin heet brons. De tijd waarin de mensen hun helmen, en zwaarden, hun bijlen en ketels, maar ook hun armbanden en halskettingen van brons maakten, heet natuurlijk de Bronstijd.

Kijk nu eens naar die mensen, hoe ze met hun uit boomstammen gesneden boten naar de paaldorpen roeien, gekleed in dierenvellen. Ze nemen graan mee, of zout uit de mijnen. Ze drinken uit mooie aardewerken mokken, en hun vrouwen en dochters dragen sieraden van mooie stenen en ook al van goud. Denk je dat er sindsdien veel is veranderd? Het waren mensen zoals wij. Vaak waren ze niet aardig tegen elkaar, soms waren ze wreed en soms sluw. Dat zijn wij helaas ook. En ook toen zal het wel eens zijn voorgekomen dat een moeder zich opofferde voor haar kind. Ook toen zijn vrienden voor elkaar gestorven. Niet vaker dan nu, maar ook niet minder vaak. Waarom ook? Het is immers nog maar 10.000 tot 3000 jaar geleden! We hebben sindsdien nog niet de tijd gehad om echt anders te worden.

Maar soms, bijvoorbeeld wanneer we spreken, brood eten, een stuk gereedschap gebruiken of ons warmen aan het vuur, zouden we nog eens aan die oermensen moeten denken: de belangrijkste uitvinders ooit.

3

Het land aan de Nijl

Hier begint de geschiedenis, dat heb ik je beloofd. Met een *vroeger*. En dus: 5100 jaar geleden, in 3100 voor Christus, denken we nu, regeerde er in Egypte een koning die Menes heette. Wanneer je meer wilt weten over de route naar Egypte, zou je dat eigenlijk aan een zwaluw moeten vragen. Die vliegt namelijk elke herfst, als het koud wordt, naar het zuiden. Over de bergen naar Italië, dan een stukje over de zee, en dan is het vogeltje in Afrika, in dat deel van Afrika dat het dichtst bij Europa ligt. In die buurt ligt Egypte.

In Afrika is het warm, en maandenlang regent het er niet. Daarom groeit er in veel gebieden maar weinig. Het land is woestijn. En zo is het ook links en rechts van Egypte. In Egypte zelf regent het ook niet vaak. Maar daar had men geen water nodig, want de Nijl stroomt dwars door het land. Tweemaal per jaar, als het bij de bron hard regende, overstroomde het hele land. Dan moest men met boten tussen de huizen en de palmen door varen. En wanneer het water wegliep, was de aarde verzadigd van water en lag er een vruchtbare laag modder op. Dan groeide het graan in de warme zon beter dan waar ook. Daarom aanbeden de Egyptenaren hun Nijl al sinds het begin, alsof het een god was. Wil je een lied horen dat ze 4000 jaar geleden voor de rivier hebben gezongen?

Wees geprezen, o Nijl, jij, die voortspruit uit de aarde en hier langs stroomt om Egypte te voeden. Jij, die de akkers van water voorziet en die geschapen is om al het vee te voeden. Jij, die de woestijn bewatert, die zo weinig water heeft. Jij die gerst en tarwe maakt. Jij, die de schuren vult en de voorraden doet uitpuilen, jij die ook de armen iets geeft. Voor jou spelen wij op de harp, en voor jou zingen we.

Zo zongen de oude Egyptenaren. En ze hadden gelijk. Want door de Nijl is het land zo rijk geworden dat het ook heel machtig was. Over de Egyptenaren regeerde een koning. De eerste koning die over het hele land regeerde, was koning Menes. Weet je nog wanneer dat was? 3100 voor Christus. Misschien herinner je je wel uit bijbelverhalen hoe de koningen van Egypte werden genoemd. Farao's. Zo'n farao had enorm veel macht. Hij woonde in een reusachtig stenen paleis, met grote, dikke zuilen en veel binnenplaatsen, en wat hij zei, moest gebeuren ook. Iedereen in het land moest voor de koning werken wanneer die dat wilde. En hij wilde dat best vaak.

Een farao die niet zo heel lang na koning Menes leefde, koning Cheops, 2500 jaar voor Christus, wilde bijvoorbeeld dat alle onderdanen meebouwden aan zijn graf. Dat moest een bouwwerk als een berg zo groot worden. En dat werd het ook. Het staat er nu nog. Het is de beroemde piramide van Cheops. Misschien heb je er wel eens een plaatje van gezien. Je kunt je nauwelijks voorstellen hoe groot die piramide is. Een grote kerk zou er nog in kunnen. Via de reusachtige stenen blokken kun je omhoogklimmen, het lijkt wel alsof je een berg beklimt. En toch hebben mensen die gigantische blokken steen op elkaar weten te stapelen. Want toen waren er nog geen machines. Hoogstens katrollen en een hefboom. Men moest alles met de hand voorttrekken en schuiven. Stel je eens voor, in dat warme Afrika! Misschien wel 100.000 mensen hebben in dertig jaar in de maanden dat ze niet op het veld hoefden te werken, voor de farao gezwoegd. En als ze moe werden, dan werden ze voortgedreven door de opzichter van de koning, die een zweep in zijn hand had. Zo tilden en sleepten ze die reusachtige blokken steen, allemaal voor het graf van de koning.

Misschien vraag je je af wat de koning bezielde dat hij zo'n groot graf liet bouwen. Dat heeft te maken met de Oudegyptische godsdienst. De Egyptenaren geloofden in heel veel goden, en mensen die dat doen, noemen we heidenen. Ze geloofden dat veel van hun goden vroeger, op aarde, koning waren, zoals de god Osiris en zijn gemalin Isis. Ook geloofden ze dat de zon zelf een god was: Amon. In de onderwereld heerst iemand met de kop van een jakhals, en die heet Anubis. Ze geloofden verder dat alle farao's zonen van de zonnegod waren. Anders waren ze niet zo bang voor de farao's geweest en hadden ze zijn bevelen niet opgevolgd. Ze beitelden reusachtige, majestueuze stenen beelden voor hun goden, die zo hoog waren als een flatgebouw van vijf verdiepingen. En ze bouwden tempels die zo groot waren als een hele stad. Voor de tempels stonden hoge, spits toelopende zuilen, die uit één stuk graniet waren gemaakt, en die worden obelisken genoemd. Dat is een Grieks woord en betekent zoiets als 'piek'. In sommige steden zie je die obelisken nu nog staan, men heeft ze meegenomen uit Egypte.

In de Egyptische godsdienst waren ook sommige dieren heilig, zoals de kat. Veel goden stelde men zich als dier voor en zo werden ze ook afgebeeld. Het wezen met het lijf van een leeuw en een mensenhoofd dat wij een sfinx noemen, was voor de oude Egyptenaren een machtige god. Het reusachtige beeld dat ervan gemaakt is, ligt bij de piramides en is zo groot dat er een complete tempel in zou passen. Het goddelijke beeld bewaakt nu al meer dan 5000 jaar de graven van de farao's, en af en toe wordt het toegedekt door het woestijnzand. Hoe lang zal de sfinx daar nog de wacht houden?

Het belangrijkste onderdeel van de merkwaardige godsdienst van de Egyptenaren was dat men geloofde dat de ziel van de mens het lichaam verlaat wanneer hij sterft, maar dat de mens het lichaam later toch nog nodig zou kunnen hebben. De Egyptenaren dachten dat de ziel er onmogelijk vrede mee kon hebben dat zijn vroegere lichaam na de dood tot stof zou vergaan.

Daarom hebben ze de lichamen van de overledenen op een ingenieuze manier bewaard. Ze wreven de lichamen in met zalf en plantensappen, en wikkelden er lange doeken omheen. Zo'n geconserveerd lichaam, dat niet kan vergaan, noemen we een mummie. Vandaag de dag zijn de mummies van duizenden jaren geleden nog steeds niet vergaan. Die mummies legde men eerst in een houten kist, die houten kist ging in een stenen bak, en ook die bak werd niet in de aarde gestopt, maar in een stenen graf.

Wanneer men het zich kon veroorloven, zoals farao Cheops, de 'zoon van de zon', dan liet men zelfs een hele stenen berg om zich heen bouwen. Helemaal binnenin zal de mummie toch wel veilig zijn! Dat hoopte men. Maar alle kwellingen en de macht van koning Cheops waren tevergeefs: de piramide is leeg.

De mummies van andere koningen en van allerlei oude Egyptenaren werden wel in hun graven gevonden. Deze graven zijn ingericht als woningen voor hun ziel, die langs kan komen om het lichaam te bezoeken. Daarom was er daar iets te eten en stonden er meubelen. Ook waren er kleren, en er waren afbeeldingen uit het leven van de gestorvene te zien. Ook een afbeelding van hemzelf, zodat de ziel meteen bij het graf komt dat hij wil bezoeken.

Door de grote beelden van steen en de afbeeldingen, die in fraaie, bonte kleuren zijn geschilderd, kunnen we nu precies zien wat de Egyptenaren allemaal deden en hoe het er destijds aan toeging. Eigenlijk tekenden ze niet helemaal goed en natuurlijk. Wat in werkelijkheid achter elkaar ligt, is bij hen gewoon over elkaar heen getekend. Vaak zijn de afgebeelde figuren stijf: je ziet hun lichamen van voren en de handen en voeten van opzij, zodat ze eruitzien alsof ze platgestreken zijn. Maar de Egyptenaren hebben bereikt wat ze wilden bereiken. Elk detail is precies goed te zien: hoe ze aan de Nijl met hun grote netten eenden vangen, hoe ze roeien en met lange speren vissen, hoe ze het water voor de akkers in kanalen pompen, hoe ze de koeien en geiten de wei in drijven, hoe ze het graan dorsen en brood bakken, hoe ze schoenen en kleren maken, hoe ze glas blazen – dat konden ze toen al! – en hoe ze bakstenen maken en huizen bouwen. Maar ook zie je dat de meisjes met een bal spelen en op een fluit spelen, hoe de mannen ten oorlog trekken en vreemde volken, zoals negers, gevangennemen en mee naar huis brengen.

In de graven van vooraanstaande Egyptenaren is te zien dat vreemde gezantschappen langskomen en hun schatten meebrengen, en dat de koning zijn trouwe ministers een onderscheiding geeft. Je ziet de gestorvenen voor de godenbeelden zitten en met opgeheven handen bidden, je ziet ze thuis bij feestmaaltijden, waar men zingt bij harpmuziek en waar acrobaten hun capriolen uithalen.

Behalve deze bonte reeks afbeeldingen zijn er vaak ook nog tekeningetjes te herkennen van uilen, mannetjes, vlaggetjes, bloemen, tenten, kevers en kruiken, maar ook van zigzaglijnen en spiralen, die vlak naast en onder elkaar zijn getekend. Wat zou dat zijn? Dat zijn geen tekeningen, dat is hun schrift. Men noemt ze hiërogliefen. Dat betekent: heilige tekens. Want de Egyptenaren waren zo trots op hun nieuwe kunstvorm, het schrijven, dat ze het beroep van schrijver het hoogst achtten van alle beroepen en het schrijven bijna als iets heiligs beschouwden.

Wil je weten hoe je met zulke heilige tekens, oftewel hiërogliefen, schrijft? Het was verre van gemakkelijk te leren, want het werkt ongeveer net zo als rebussen. Wanneer ze de naam van de god Osiris wilden schrijven, die door de oude Egyptenaren Wosiri werd genoemd, tekenden ze een troon 𓊨 , dat is in het Egyptisch 'wos'. Daarna tekenden ze een oog 𓁹 , dat is 'iri'. Dus stond er 'wos-iri'. En om er zeker van te zijn dat niemand 'troonoog' zou lezen, voegde men er vaak nog een vlaggetje 𓊹 aan toe. Dat is het symbool van de goden. Zoals wij een kruis zetten naast iemands naam wanneer we willen aangeven dat die persoon inmiddels is overleden.

Nu kun je dus 'Osiris' in het hiërogliefenschrift schrijven! Maar stel je eens voor hoe moeilijk het ontcijferen van al die tekens 200 jaar geleden geweest moet zijn, toen men zich met het hiërogliefenschrift ging bezighouden. Dat ontcijferen was alleen maar mogelijk doordat men een steen had gevonden waarop eenzelfde tekst in het Grieks, in het hiërogliefenschrift en in een ander Egyptisch schrift was geschreven. En toch was het nog heel moeilijk. Belangrijke geleerden hebben zich er hun hele leven mee beziggehouden. Die steen, de Steen van Rosette, kun je bekijken in het British Museum in Londen.

Tegenwoordig kunnen we bijna alles lezen. Niet alleen de tekens die op de muren staan, maar ook de tekens in de boeken. De tekens in de boeken zijn lang niet zo duidelijk. De oude Egyptenaren hadden prachtige boeken. Ze waren niet van papier gemaakt, maar van een soort Nijlriet, dat in het Grieks *papyros* wordt genoemd. Daar komt ons woord 'papier' vandaan.

Ze schreven op lange stroken en die stroken rolden ze op. Een groot aantal van die boekrollen is bewaard gebleven. Op die boekrollen lees je en zie je hoe wijs en slim de oude Egyptenaren waren. Wil je een spreuk horen die iemand 5000 jaar geleden opgeschreven heeft? Maar dan moet je er wel even goed over nadenken: 'Wijze woorden zijn zeldzamer dan smaragd, en toch hoor je ze van arme slavinnen die draaien aan de molensteen.'

Omdat de Egyptenaren zo wijs en machtig waren, heeft hun rijk lang standgehouden. Langer dan welk rijk ook. Bijna 3000 jaar lang. En zoals ze lijken zorgvuldig hebben bewaard, zodat ze niet zouden vergaan, zo hebben ze in de loop van de duizenden jaren ook de oude zeden en gebruiken in acht genomen. Hun priesters letten er goed op dat de zonen niet iets deden wat de vaders niet hadden gedaan. Alles wat oud was, was heilig voor hen.

Slechts tweemaal in die lange tijd zijn de mensen in opstand gekomen tegen de strenge regels, die bepaalden dat alles bij het oude moest blijven. Eén keer, vlak na de regeerperiode van koning Cheops in 2100 voor Christus, probeerden de onderdanen zelf alles te veranderen. Ze kwamen in opstand tegen de farao, hebben zijn opzichters gedood en haalden de mummies uit de graven. 'Zij die vroeger niet eens sandalen hadden, bezitten nu schatten, en zij die vroeger prachtige gewaden droegen, zijn nu gehuld in lompen,' staat er op een oude papyrusrol. 'Het land keert zich om als een pottenbakkersschijf.' Maar dat duurde niet lang, al snel was alles weer bij het oude. Waarschijnlijk ging het er daarna nog strenger aan toe dan daarvoor.

Een tweede keer probeerde een farao zelf alles te veranderen. Het was een merkwaardige man, die farao Achnaton, die rond 1370 voor Christus leefde. Hij vond dat het Egyptische geloof, met zijn vele goden en geheimzinnige gebruiken, nogal onwaarschijnlijk was. 'Er is maar één god,' leerde hij zijn volk, 'en dat is de zon, waarvan de stralen alles hebben geschapen en alles in stand houden. Je mag alleen maar tot de zon bidden.'

De oude tempel werd gesloten en koning Achnaton betrok met zijn vrouw een nieuw paleis. Omdat hij tegen het oude was en allerlei nieuwe, mooie ideeën had, liet hij de afbeeldingen in zijn paleis op een nieuwe manier schilderen. Niet meer zo streng en stijfjes als vroeger, maar heel natuurlijk en ongedwongen. Maar dat vonden de mensen helemaal niet zo leuk. Ze wilden dat het bleef zoals het eeuwenlang geweest was. Dus werden al snel na de dood van Achnaton de oude gebruiken en de oude kunstvormen weer in ere hersteld. En zolang het Egyptische rijk bestond, bleef alles bij het oude. Net als in de tijd van koning Menes begroef men de mensen bijna 3500 jaar lang als mummies, schreef men in hiërogliefen en bad men tot dezelfde goden. En nog steeds vereerde men de kat als een heilig dier. En als je het míj vraagt, hadden de Egyptenaren daar in ieder geval gelijk in.

4

Zondag, maandag...

De week telt zeven dagen. Dat zijn... Dat weet je natuurlijk wel! Maar waarschijnlijk weet je niet sinds wanneer de dagen niet meer één voor één voorbijgaan, zonder naam en zonder volgorde, zoals bij de oermensen, of wie de dagen in weken ordende en elke dag een eigen naam gaf. Dat gebeurde niet in Egypte. Dat gebeurde in een ander land. Ook daar was het warm. En in plaats van één rivier, zoals in Egypte de Nijl, stroomden er daar twee: de Eufraat en de Tigris. Daarom noemt men het land Tweestromenland. En omdat het land *tussen* de twee rivieren ligt, zegt men ook wel: Tussentweestromenland, of met een Grieks woord: Mesopotamië. Mesopotamië ligt niet in Afrika, maar in Azië, hoewel niet al te ver bij ons uit de buurt. Het ligt in Voor-Azië. De Eufraat en de Tigris monden uit in de Perzische Golf.

Je moet je een uitgestrekte vlakte voorstellen, en daar stromen die twee rivieren doorheen. Het is er warm en moerassig, en soms treden de rivieren buiten hun oevers. Op die vlakte zie je nu hier en daar nog hoge heuvels, maar dat zijn geen echte heuvels; wanneer je daar begint te graven, vind je eerst een hoop bakstenen en puin. En daarna stoot je op hoge, stevige muren. Want die heuvels zijn eigenlijk in verval geraakte steden, grote steden met lange, kaarsrechte straten, hoge huizen, paleizen en tempels. Omdat ze niet zoals in Egypte van steen waren gebouwd, maar van baksteen, zijn ze in de loop van de tijd door de zon verbrokkeld en ten slotte zijn ze ingestort en tot puin geworden.

Een van die ruïnes in die onherbergzame omgeving is Babylon, dat ooit de grootste stad van de wereld was. Er kwamen heel veel mensen uit alle windstreken, die hun koopwaar meebrachten en ruilden. Aan de rand van het gebergte, stroomopwaarts, ligt nog zo'n ruïne, en dat is de op één na grootste stad van het land: Nineve. Babylon was de hoofdstad van de Babyloniërs. Dat kon je zo zien. Nineve was de hoofdstad van de Assyriërs.

Dit land werd meestal niet door één koning geregeerd, zoals Egypte. Het was ook niet een rijk dat zo lang heeft standgehouden en dat vaste grenzen had. Er hebben daar vele volken gewoond en er regeerden vele koningen. De belangrijkste volken zijn de Soemeriërs, de Babyloniërs en de Assyriërs. Tot voor kort geloofde men nog dat het Egyptische volk het oudste volk was dat alles bezat wat je een cultuur noemt: steden met ambachtslieden, vorsten en koningen, tempels en priesters, ambtenaren en kunstenaars, een schrift en techniek.

Maar sinds enige jaren weten we dat de Soemeriërs in een aantal opzichten eerder waren dan de Egyptenaren. Opgravingen in de ruïnes die in de buurt van de Perzische Golf oprijzen uit de vlakte, tonen ons dat de bewoners daar al vóór 3100 voor Christus op het idee waren gekomen om bakstenen te maken van klei en zo huizen en tempels te bouwen. In een van de grootste heuvels vond men de ruïnes van de stad Ur, waarover in de bijbel wordt verteld dat de voorvaderen van Abraham ervandaan kwamen. Men vond hier een groot aantal graven, die ongeveer uit dezelfde tijd stammen als de piramide van Cheops in Egypte. Maar terwijl de piramide leeg was, heeft men hier prachtige en verbazingwekkende dingen gevonden. Zo vond men fraaie gouden sieraden voor vrouwen en gouden kruiken als offergave. Ook vond men gouden helmen en dolken met edelstenen. Verder schitterende harpen die versierd zijn met stierenkoppen en – stel je voor – een speelbord met velden zoals op een schaakbord, dat op schitterende wijze was versierd.

Ook vond men in de ruïnes ronde bakstenen en kleitabletten met opschriften. Ze waren niet beschreven met het hiërogliefenschrift, maar in een ander schrift, dat misschien nog moeilijker te ontcijferen was. Dat kwam doordat men geen afbeeldingen gebruikte, maar losse, spits toelopende streepjes, die eruitzien als driehoeken of spijkers. Daarom noemt men dit het spijkerschrift. Boeken van papyrus kende men niet in Mesopotamië. Men schreef op zachte klei, die dan in de oven werd gebakken, waarna men harde kleitabletten had. Er zijn veel van deze kleitabletten gevonden. Er stonden prachtige sagen en sprookjes op, die gingen over de held Gilgamesj en diens strijd met monsters en draken. Ook vond men kleitabletten waarop koningen vertelden wat ze hadden gedaan en waarop ze trots vermeldden welke tempels ze voor de eeuwigheid hadden gebouwd en hoeveel volken ze onderworpen hadden.

Er zijn zeer oude kleitabletten gevonden met mededelingen over kooplieden, met verdragen, bevestigingen, lijsten met koopwaar en meer van dat soort zaken. Zo weten we dat de oude Soemeriërs, en later ook de Babyloniërs en Assyriërs, belangrijke handelsvolken waren die uitstekend konden rekenen en recht en onrecht prima van elkaar wisten te onderscheiden.

Van een van de eerste Babylonische koningen die heersten over het gehele land, kennen we een heel uitgebreid opschrift, dat in een steen is gehouwen. Het is het oudste wetboek ter wereld, het wetboek van koning Hammoerabi. Die naam klinkt alsof hij uit een sprookjesboek komt, maar de wetten zijn nuchter, streng en rechtvaardig. Zo kun je ongeveer vaststellen wanneer Hammoerabi geleefd heeft, namelijk in 1700 voor Christus, dus 3700 jaar geleden.

De Babyloniërs waren streng en vlijtig, en dat gold later ook voor de Assyriërs. Maar kleurige afbeeldingen maken zoals de Egyptenaren deden ze niet. Op hun beelden en voorstellingen zie je meestal alleen de koning die op jacht is, de koning die knielt voor een geboeide gevangene, strijdwagens die vreemde volken voor zich uit drijven, en soldaten die tegen burchten vechten. De koningen hebben een duistere blik, ze dragen lange zwarte baarden en hebben lange krullen. Ook zie je ze wel eens een offer brengen aan een god: de zonnegod Baäl of de maangodin Isjtar, oftewel Astarte.

Want de Babyloniërs en de Assyriërs baden tot de zon, de maan en de sterren zoals ze tot hun goden baden. In de heldere, warme nachten hebben ze jaren- en eeuwenlang de loop van de sterren geobserveerd. En omdat het slimme mensen waren, viel het hun op dat de sterren met een zekere regelmaat rondjes draaien. Al snel herkenden ze de sterren die een vaste plaats in het hemelgewelf hadden en die elke nacht weer op dezelfde plaats stonden.

Ze gaven namen aan de figuren die ze aan de sterrenhemel zagen, zoals wij vandaag de dag spreken van de 'Grote Beer'. Maar ze hielden zich vooral bezig met de sterren die bewogen aan de hemel en die bijvoorbeeld nu eens in de buurt van de Grote Beer stonden, en dan weer bij de Weegschaal. Destijds geloofde men dat de aarde een vaste schijf was en de sterrenhemel een soort holle bol, die als een schaal over de aarde heen lag en dagelijks een keer ronddraaide. En dus was het verbazingwekkend dat niet alle sterren op die hemelschaal vastzaten, maar in plaats daarvan bij wijze van spreken aan de wandel gingen.

Nu weten we dat het de sterren zijn die, net als de aarde, rond de zon bewegen. We noemen ze planeten. Maar dat konden de oude Babyloniërs en Assyriërs onmogelijk weten, en dus geloofden ze dat er sprake was van geheimzinnige tovenarij. Ze gaven deze sterren namen en hielden ze goed in de gaten. Ze dachten namelijk dat deze sterren machtige wezens waren en dat hun plek aan de hemel iets kon zeggen over het lot van de mensen. Daarom wilden ze op grond van de plaats van die sterren de toekomst voorspellen. Dit geloof heet sterrenwichelarij, of met een Grieks woord: astrologie.

Van sommige planeten geloofde men dat ze geluk brachten, van andere meende men juist dat ze ongeluk brachten. Mars betekende oorlog, Venus liefde. Elke dag werd gewijd aan een planeetgod. En omdat het er met de maan en de zon meegerekend zeven waren, is zo onze week ontstaan. We zeggen nu nog steeds zon-dag en maan-dag. De vijf planeten die men destijds kende, waren Mars, Mercurius, Jupiter, Venus en Saturnus. In onze Nederlandse weekdagen zijn die planetennamen niet meer te herkennen, maar dat is wel het geval in een groot aantal andere talen die men nu nog spreekt. Kijk maar eens naar de namen van de Franse weekdagen. Dat zijn *mar-di* (van Mars), *merc-redi* (van Mercurius), *jeu-di* (van Jupiter) en *ven-dredi* (van Venus). Bij zaterdag kun je weer naar het Nederlands kijken: *zater-dag* (van Saturnus). Toch is het in het Nederlands iets ingewikkelder, omdat we de Grieks-Romeinse godennamen vervangen hebben door Germaanse. Dinsdag (*mar[s]-di*) komt misschien van Tiwaz-dag, want Tiwaz was de Germaanse god van de oorlog. En donderdag (*jeu-di*) komt waarschijnlijk van Donar, de Germaanse god die

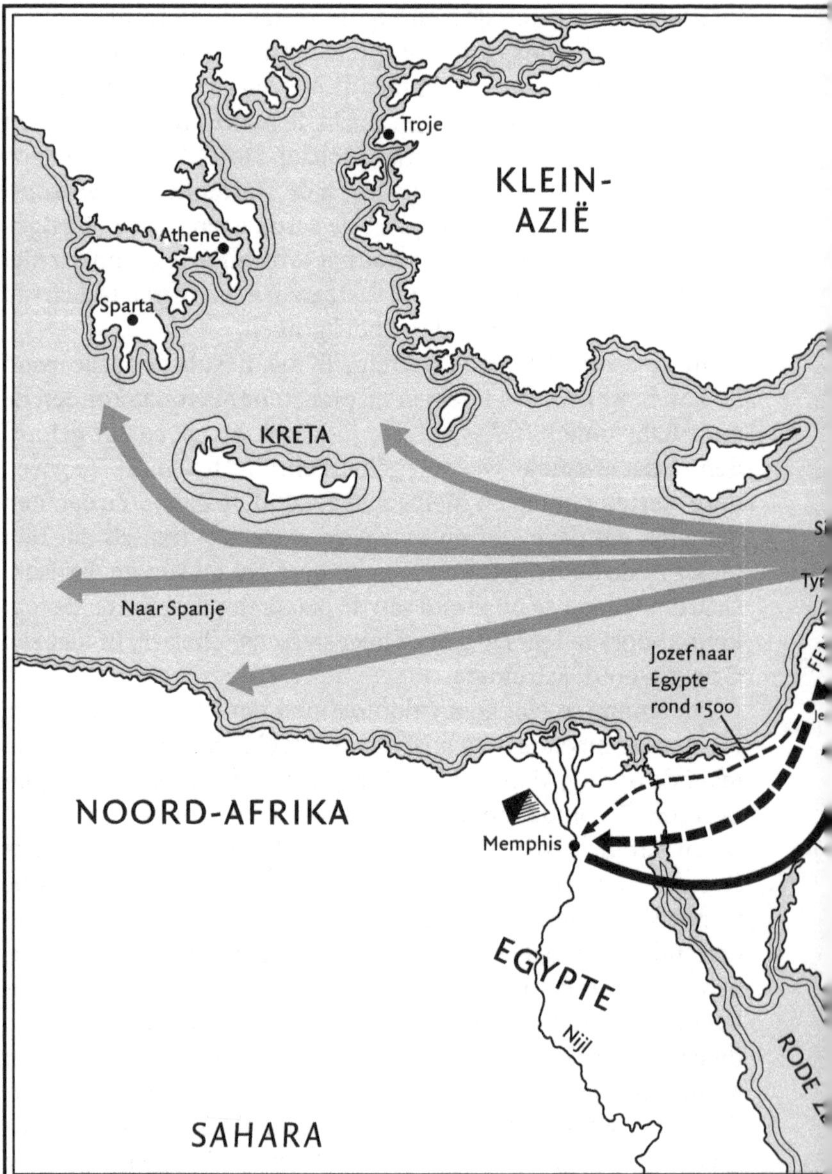
Troje
KLEIN-
AZIË
Athene
Sparta
KRETA
Naar Spanje
Jozef naar
Egypte
rond 1500
NOORD-AFRIKA
Memphis
EGYPTE
Nijl
SAHARA

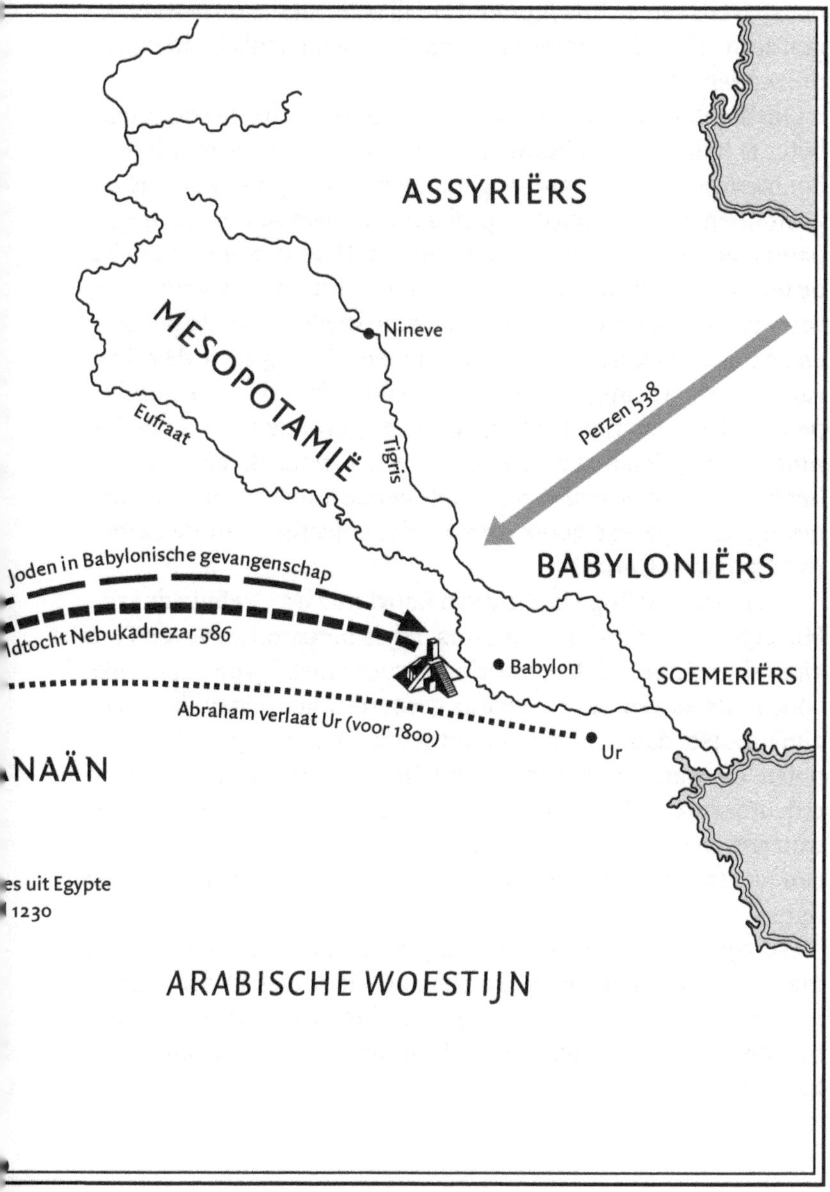
ASSYRIËRS
MESOPOTAMIË
Nineve
Eufraat
Tigris
Perzen 538
Joden in Babylonische gevangenschap
BABYLONIËRS
dtocht Nebukadnezar 586
Babylon
SOEMERIËRS
Abraham verlaat Ur (voor 1800)
Ur
NAÄN
es uit Egypte
1230
ARABISCHE WOESTIJN

net zo werd vereerd als Jupiter. Had jij gedacht dat onze weekdagen zo'n eerbiedwaardige en vreemde geschiedenis hadden, van duizenden jaren oud?

Om dichter bij hun sterren te zijn en om ze in het nevelige land beter te kunnen zien, bouwden de Babyloniërs – en vóór hen de Soemeriërs – merkwaardige gebouwen. Grote, brede torens die bestonden uit terrassen die op elkaar gebouwd waren. En met gigantische steunmuren en hoge trappen. Helemaal bovenaan lag de tempel voor de maan of de planeten. De mensen kwamen van verre om zich de toekomst te laten voorspellen door de priester, en ze brachten kostbare offergaven mee. Nu nog zie je de ruïnes van die terrasvormige torens op de vlakten in Irak uit de puinhopen oprijzen, en men heeft opschriften gevonden waarin de koningen uitlegden hoe ze die bouwwerken gemaakt en verbeterd hebben. Je moet je realiseren dat de eerste koningen in deze omgeving in ongeveer 3000 voor Christus leefden, en de laatste rond 550 voor Christus.

De laatste machtige koning van Babylonië was Nebukadnezar. Hij leefde rond 600 voor Christus. Hij is beroemd geworden om zijn veldtochten. Hij heeft oorlog gevoerd met Egypte en talrijke volken als slaven naar Babylon gevoerd. Maar eigenlijk waren zijn grootste daden niet zijn veldtochten, maar de geweldige kanalen en waterreservoirs die hij liet aanleggen om het land vruchtbaar te maken. Pas sinds deze kanalen gedempt zijn en de waterreservoirs tot puin zijn geworden, is het land verworden tot een woeste, moerassige vlakte, waar je af en toe een ruïne ziet liggen.

We zijn blij als de week voorbij is en als het zondag wordt, maar vanaf nu denken we daarbij aan die ruïnes in dat warme, moerassige land en aan strenge koningen met lange, zwarte baarden. Want nu weten we dat die dingen iets met elkaar te maken hebben.

5

Eén God

Tussen Egypte en Mesopotamië ligt een land met diepe dalen en uitgestrekte weiden. Herdersvolken hebben daar duizenden jaren lang hun schaapskuddes gehoed, wijn en graan verbouwd en 's avonds liederen gezongen – zoals mensen op het platteland dat doen. Omdat het land tussen Egypte en Babylonië lag, is het ooit door Egypte veroverd en overheerst, en daarna door de Babyloniërs. De volken die er woonden, werden van hot naar her gevoerd. Ze bouwden ook steden en burchten, maar ze waren niet machtig genoeg om weerstand te bieden tegen de machtige legers van hun buurlanden.

'Dat is jammer,' zul je zeggen, 'maar daarmee is het nog geen geschiedenis. Er waren toch heel veel van die kleine volken.' Daar heb je gelijk in. Maar toch was er iets bijzonders met dat volk. Daardoor is het niet alleen geschiedenis geworden, maar heeft het, hoe klein en machteloos het ook was, zelf geschiedenis geschreven, dat wil zeggen: het heeft de gebeurtenissen in de loop van de geschiedenis bepaald. Dat bijzondere was de godsdienst van het volk.

Alle andere volken baden tot vele goden. Je herinnert je Isis en Osiris, of Baäl en Astarte. Maar deze herders baden tot slechts één god. Tot hún god, van wie ze geloofden dat hij hen beschermde en leidde. En wanneer ze 's avonds bij het kampvuur zongen over hun daden en hun strijd, zongen ze daarmee over zíjn daden en zíjn strijd. Hún god, zongen ze, is sterker, beter en verhevener dan al die goden van de heidenen. Ja, hij is de enige, zongen ze zelfs in de loop van de tijd. De enige god, hij die de hemel, de aarde, de zon, de maan, het water, het land, de planten, de dieren en ook de mensen heeft geschapen. Hij, die vreselijk tekeer kan gaan als het onweert, maar die zijn volk uiteindelijk niet in de steek zal laten als de Egyptenaren het in het nauw brengen en als de Babyloniërs het wegvoeren. Want dat was hun geloof en hun trots: dat ze één volk zijn en hij hún god is.

Misschien heb je al geraden wie dat merkwaardige, machteloze herdersvolk was. Het waren de joden. De liederen die ze over hun daden zongen, die de daden van hun god zijn, dat is het Oude Testament in de bijbel.

Wanneer je de bijbel echt gaat lezen – hoewel je daar nog wel even mee kunt wachten – dan zul je zien dat je er heel veel levendige verhalen uit de Oudheid in kunt vinden. Veel verhalen uit de bijbel kun je je misschien nu al iets beter voorstellen. Je kent de geschiedenis van Abraham. Herinner je je nog waar hij vandaan kwam? Dat staat in Genesis, het eerste boek van Mozes, in hoofdstuk 11: uit Ur, in Chaldea. Ur, dat was die ruïne bij de Perzische Golf, waar men nog niet zo lang geleden allerlei oude voorwerpen heeft opgegraven: harpen en speelborden, wapens en sieraden. Abraham leefde daar niet in de allervroegste tijd, maar waarschijnlijk in de tijd van Hammoerabi, de koning die de wetten maakte. Dat was, zoals je misschien nog weet, in 1700 voor Christus. Veel van die strenge en rechtvaardige wetten vind je terug in de bijbel.

Maar dat is niet het enige wat er over het oude Babylonië in de bijbel staat. Je herinnert je misschien wel het verhaal van de toren van Babel. De bewoners van een grote stad laten een toren bouwen die reikt tot aan de hemel, om op die manier op dezelfde hoogte als God te zijn. Dan straft God de mensen in het verhaal, want hij laat ze allemaal verschillende talen spreken, zodat ze elkaar niet meer kunnen verstaan. Babel is Babylon. Dat verhaal kun je je nu ook beter voorstellen. Je weet dat de Babyloniërs werkelijk enorme torens hebben gebouwd, ‘waarvan de spitsen tot in de hemel reiken’, en dat deden ze om dichter bij de zon, de maan en de sterren te kunnen zijn.

Ook het verhaal van Noach en de zondvloed speelt zich af in Mesopotamië. Men heeft daar kleitabletten met spijkerschrift opgegraven, waarop ongeveer net zulke verhalen staan als in de bijbel.

Een nakomeling van Abraham uit Ur (zo lezen we in de bijbel) was Jozef, de zoon van Jakob – dezelfde die zijn broer aan mensen uit Egypte had verkocht, waar hij vervolgens de persoonlijke bediende van de farao werd. Je weet misschien hoe dat verhaal verdergaat: het land wordt getroffen door een hongersnood en de broers van Jozef trekken naar het rijke Egypte om graan te kopen. Destijds stonden de piramides er al meer dan 1000 jaar, dus Jozef en zijn broers zullen zich daar net zo over verbaasd hebben als wij dat nu nog doen.

De zonen van Jakob en hun kinderen trokken naar Egypte en al snel moesten ze hard werken voor de farao, zoals de Egyptenaren in de tijd van de piramides. In Exodus, het tweede boek van Mozes, staat in het eerste hoofdstuk: 'Daarom beulden ze hen af en maakten ze hun het leven ondraaglijk met zwaar werk: ze moesten stenen maken van klei en op het land werken, en ze werden voortdurend mishandeld.' Ten slotte heeft Mozes hen Egypte uit geleid, de woestijn in. Dat was waarschijnlijk rond 1250 voor Christus. Van daaruit probeerden ze het Beloofde Land te veroveren, dat wil zeggen het land waar hun voorouders sinds Abraham hadden gewoond. En na een lange en bloedige strijd is het hun gelukt. Dus hadden ze een eigen, klein rijk met een hoofdstad: Jeruzalem. De eerste koning van dit rijk was Saul, die tegen het buurvolk de Filistijnen vocht en bij die strijd sneuvelde.

Over de volgende koningen, David en Salomo, worden in de bijbel vele prachtige verhalen verteld. De wijze en rechtvaardige koning Salomo regeerde kort na 1000 voor Christus, dus ongeveer 700 jaar na koning Hammoerabi en 2100 jaar na koning Menes. Hij bouwde de Eerste Tempel, die even mooi en groot was als de Egyptische en Babylonische tempels. De tempel werd niet gebouwd door joodse architecten, maar door andere, uit de buurlanden. Toch was er een groot verschil: binnen in de heidense tempels stonden de godenbeelden van Anubis met zijn jakhalskop, of van Baäl, aan wie men zelfs mensen offerde. Maar in het allerheiligste van de joodse tempel stond geen beeld. Van God, zoals die aan de joden als eerste volk is verschenen, van de grote en enige God kon en mocht men geen beeld maken. Daarom bevonden zich daar alleen maar de tien geboden. Daarin heeft God zich getoond.

Na de heerschappij van Salomo ging het de joden niet meer zo voor de wind. Hun rijk viel uiteen in een rijk Israël en een rijk Juda. Er waren veel oorlogen en uiteindelijk werd de ene helft, het rijk Israël, in 722 door de Assyriërs veroverd en vernietigd.

Het merkwaardige is dat het kleine joodse volk dat nog was overgebleven, door al dat ongeluk nog vromer werd. Er stonden mannen in het volk op, geen priesters, maar eenvoudige lieden, die voelden dat ze het volk moesten toespreken, omdat God in hen sprak. Telkens weer zeiden ze: 'Al dat ongeluk is jullie eigen schuld. God straft jullie voor je zonden.' In de woorden van deze profeten hoorde het joodse volk aldoor weer dat al het leed een straf en een beproeving was en dat de grote verlossing ooit zou komen: de Messias, de Redder, die het volk de macht van vroeger en oneindig geluk zou geven.

Maar het einde van het leed en het ongeluk was nog lang niet in zicht. Je herinnert je de machtige Babylonische oorlogsheld en heerser Nebukadnezar. Tijdens zijn veldtocht tegen Egypte trok hij door het Beloofde Land, verwoestte in 586 voor Christus Jeruzalem, stak koning Sedekia de ogen uit en leidde de joden in gevangenschap naar Babylon.

Daar bleven ze bijna vijftig jaar lang, totdat het Babylonische rijk in 538 door de Perzen werd vernietigd. Toen ze terugkeerden naar hun eigen land, was alles anders geworden. Ze waren anders dan de volken om hen heen. Ze sloten zich van hen af, want ze vonden dat de andere volken godsdienaren waren die de ware god niet hadden erkend. Pas toen werd de bijbel geschreven zoals wij die nu, 2500 jaar later, nog steeds kennen. Maar de andere volken vonden de joden vaak vreemd en belachelijk, omdat ze het altijd maar over die ene God hadden, die niemand kon zien, en omdat ze de strengste en de moeilijkste wetten en gebruiken zorgvuldig naleefden, alleen maar omdat die onzichtbare god dat zou hebben opgedragen. Aanvankelijk sloten de joden zich van de anderen af, maar later sloten de anderen zichzelf steeds meer af van de joden, dat kleine volkje dat zich het 'uitverkoren volk' noemde en dat zich dag en nacht over zijn heilige geschriften boog en zich afvroeg waarom de enige God zijn volk zo liet lijden.

6

J.I.J K.U.N.T L.E.Z.E.N

Hoe doe je dat? 'Dat weet toch ieder kind uit de eerste klas,' zul je zeggen. 'Je spelt!' 'Wat betekent dat?' 'Je ziet dat er een j staat, en dan een i, en dan weer een j, en dus staat er "jij". En met 26 letters kun je alles opschrijven.' Alles? Ja, alles. In alle talen? Eigenlijk wel, ja.

Is dat niet wonderlijk? Met 26 eenvoudige tekens, die uit een paar streepjes bestaan, kun je alles opschrijven. Verstandige dingen en domme dingen. Heilige dingen en ernstige dingen. In alle talen en in allerlei zinnen. Zo eenvoudig was dat bij de Egyptenaren met de hiërogliefen niet. En ook niet met het spijkerschrift. Dan had men veel meer tekens nodig, en dat waren geen letters, maar hele lettergrepen. Maar dat elk teken maar één klank was en dat je met 26 klanken alle denkbare woorden kunt samenstellen, dat was helemaal nieuw. Dat is uitgevonden door mensen die veel moesten schrijven. Niet alleen heilige teksten en liederen, maar ook veel brieven, verdragen en verklaringen.

Het waren kooplieden die het hebben uitgevonden. Kooplieden die verre reizen over zee maakten en producten uit alle mogelijke landen ruilden, verstuurden en verhandelden. Ze woonden vlak bij de joden. In steden die veel groter en machtiger waren dan Jeruzalem, in de havensteden Sidon en Tyrus, waar het bijna net zo druk was als in Babylon. Ook hun taal en godsdienst vertoonden veel overeenkomsten met die van de Mesopotamische volken. Maar de Feniciërs (zo heette het volk uit Tyrus en Sidon) waren veel minder oorlogszuchtig. Ze veroverden liever op een andere manier. Ze zeilden over de uitgestrekte zeeën naar vreemde kusten en zetten daar handelsposten op. Met de volken die daar woonden, ruilden ze pelzen en edelstenen tegen gereedschappen, kruiken en kleurige stoffen. Want de Feniciërs waren beroemde ambachtslieden en hebben bijvoorbeeld meegeholpen bij de bouw van de Tempel van Salomo in Jeruzalem. De beroemdste en gewildste artikelen die ze meenamen op hun zeetochten, waren hun kleurige stoffen, en dan vooral de paarse. Veel Feniciërs bleven op de handelsnederzettingen aan de vreemde kusten wonen en daar bouwden ze steden. De Feniciërs waren overal welkom, in Afrika, in Spanje en in Zuid-Italië, want ze namen mooie spullen mee.

Zelf waren ze ook niet zo ver verwijderd van hun eigen land. Ze konden brieven schrijven aan hun vrienden in Tyrus of Sidon. Brieven in dat fraaie, eenvoudige schrift dat ze hadden uitgevonden – en waarmee we vandaag de dag nog steeds schrijven. Ja, echt waar! De 'B' die je hier ziet staan, verschilt nauwelijks van de 'B' die de Feniciërs 3000 jaar geleden gebruikten als ze een brief naar huis schreven, naar de drukke havensteden in hun vaderland. Nu je dat weet, zul je de Feniciërs niet zo snel meer vergeten.

7

Helden en hun wapens

Let op de woorden: ze tikken op de maat, de een na de ander,
Wanneer je het hardop leest, dan merk je meteen hoe het ratelt.
Zoals in een tunnel een trein, dat zul je niet snel weer vergeten.
Hexameters worden ze genoemd, dit soort verzen, hexameters!
Dat is de maatsoort waarin de oude Helleense zangers
Vroeger het lijden en de strijd van de oude helden bezongen:
Welke daden ze verrichtten in reeds lang vervlogen tijden,
Hoe ze op zee en op aarde hun heldendom altijd bewezen,
Hoe ze op eigen kracht en met hulp van de listige goden
Steden bezetten en reuzen bedwongen. Je kent het verhaal
Van de oorlog met Troje, die ontstond toen Paris de herder
De gouden appel van Venus, die trotse godin, in handen kreeg,
Omdat zij de mooiste was van de olympische schare godinnen.
Hoe hij met de hulp van Venus de mooie Helena schaakte.
De vrouw van de Griekse koning, van de aanvoerder in de strijd,
Menelaos.
Dat een geweldig en dapper Grieks leger optrok naar Troje
Om de geroofde te halen, een leger van uitgelezen helden.
Ken je de namen Achilles, Agamemnon, Odysseus en Ajax,
Die voor de Grieken zo lang en hard vochten met Priamus' zonen,
Hector en Paris, en Troje een lange tien jaar belegerden,
Uiteindelijk viel de vesting, in brand en compleet verwoest.
Weet je nog hoe Odysseus, die slim en prachtig kon spreken,
Lang over zee heeft gevaren en veel avonturen beleefde
Met sprookjesachtige nimfen en sterke, vervaarlijke reuzen
Tot hij dan eindelijk alleen, met vreemde, betoverde schepen,
Weer thuis bij zijn vrouw kwam, die lang op hem wachtte en trouw
aan hem bleef?

Dit alles zongen de Griekse zangers bij muziek van de lier, op gelagen en feesten van belangrijke lieden, en dan kregen ze vaak als beloning voor het zingen een lekker en mals en vet stuk gebraad. Later schreef men die liederen op en men dacht en wist dat één enkele dichter, die heette Homerus, die liederen schreef die men nu nog steeds met plezier leest – ook jij zult er nog van genieten; verhalen vol leven en kleurrijk, vol kracht en van wijsheid doordrongen. Dat zijn ze nog steeds en dat zullen ze blijven tot de wereld vergaat.

Maar, zul je nu zeggen, dat zijn verhaaltjes, dat is geen geschiedenis. Ik wil weten wanneer dat gebeurd is en hoe het zo gebeurd is. Dat was precies wat een Duitse koopman zo'n honderd jaar geleden ook dacht. Die las voortdurend in Homerus en hij wilde niets liever dan naar die prachtige landschappen gaan die de dichter beschrijft. En ook wilde hij graag de prachtige wapens zien waarmee de helden streden. En het is hem gelukt. Hij stelde vast dat het allemaal echt heeft bestaan. Natuurlijk niet de helden die in de verhalen worden genoemd. En ook niet de sprookjesfiguren, zoals de reuzen en de heksen. Maar de serviezen waarover Homerus schrijft, en de wapens, de gebouwen, de schepen, de prinsen die ook herders waren, en de helden die ook zeerovers waren – dat alles heeft hij niet uit zijn duim gezogen. Toen Schliemann – zo heette die Duitse koopman – dat vertelde, werd hij door iedereen uitgelachen. Maar hij liet zich niet van de wijs brengen. Hij spaarde zijn leven lang om uiteindelijk naar Griekenland te kunnen gaan. En toen hij genoeg geld bij elkaar had, huurde hij arbeiders in en groef hij op alle plekken die bij Homerus worden genoemd. In de stad Mycene vond hij paleizen en graven van koningen, wapenrustingen en schilden, allemaal precies als in de liederen van Homerus. Ook Troje vond hij en ook daar deed hij opgravingen. Hij stelde vast dat de stad inderdaad ooit door brand verwoest was. Maar in de graven en de paleizen vond hij geen beschreven materiaal, en dus wist men gedurende lange tijd niet wanneer dit allemaal was gebeurd, totdat men in Mycene toevallig een ring vond die niet uit Mycene afkomstig was. Er stonden hiërogliefen op, en wel met de naam van een Egyptische koning die rond 1400 voor Christus leefde. Hij was de voorganger van de grote vernieuwer Achnaton.

In die tijd woonde er in Griekenland en op de vele nabijgelegen eilanden en kusten een oorlogszuchtig volk, dat zeer rijk was. Hun rijk vormde geen eenheid; het waren kleine vestingsteden met paleizen waar koningen heersten. Het waren voornamelijk zeevaarders, net als de Feniciërs, maar ze dreven minder handel en voerden vooral oorlog. Ze hadden het dikwijls met elkaar aan de stok, maar vaak ook verzoenden ze zich weer met elkaar, om dan gezamenlijk andere kustgebieden te plunderen. Zo werden ze rijk aan goud en andere schatten, en ze werden moedig. Want zeerovers moeten moedig en sluw zijn. Daarom zijn de tochten waarschijnlijk ondernomen door de aanzienlijke burgers die in de burchten woonden; de anderen waren eenvoudige boeren en herders.

Maar de aanzienlijke burgers vonden het niet zo belangrijk dat alles bij het oude zou blijven, zoals de Egyptenaren, de Babyloniërs of de Assyriërs. Door hun vele strooptochten en oorlogen tegen vreemde volken kregen ze een open blik en begonnen ze afwisseling te waarderen. Daarom ontwikkelt sindsdien de wereldgeschiedenis zich in dit deel van de wereld veel sneller. Want sinds die tijd waren de mensen er daar niet meer van overtuigd dat het goed is zoals het is. Alles veranderde voortdurend, en wanneer je in de buurt van Griekenland of ergens anders in Europa bijvoorbeeld een potscherf vindt, dan kun je zeggen: 'Die komt ongeveer uit die of uit die tijd, want honderd jaar later was zo'n kruik niet meer modern, niemand wilde meer zo'n kruik hebben.'

Tegenwoordig gaat men ervan uit dat de koningen van de Griekse steden die door Schliemann werden opgegraven, al die mooie dingen niet zelf hebben uitgevonden. De fraaiste vazen en dolken met jachttaferelen, de gouden schilden en helmen, de sieraden en de kleurige schilderingen aan de wanden van hun paleizen – die zijn niet in Griekenland uitgevonden en ook niet in Troje, maar op een eilandje niet ver daarvandaan. Dat eiland heet Kreta. Op Kreta stonden er ten tijde van koning Hammoerabi – wanneer was dat? – al grote, prachtige koninklijke paleizen met oneindig veel kamers, trappen op, trappen af, met zalen en hallen, met zuilen, binnenplaatsen, gangen en kelders. Een compleet labyrint.

Heb je misschien wel eens gehoord van de sage van de boosaardige minotaurus, die half mens, half stier was en die in zijn labyrint zat, waar de Grieken hem mensenoffers moesten geven? Weet je waar zich dat afspeelde? Ook op Kreta. Dus ook dit verhaal bevat misschien wel een kern van waarheid. Misschien hebben de koningen van Kreta inderdaad geregeerd over de Griekse steden en moesten de Grieken schattingen betalen. Die mensen uit Kreta moeten een merkwaardig volk gevormd hebben, waarvan we nog maar weinig weten. Ook de schilderingen die ze in de grote paleizen maakten, zien er heel anders uit dan de schilderingen die in die tijd in Egypte of Babylon werden gemaakt. Je weet nog wel dat de Egyptische schilderingen wel erg mooi waren, maar een beetje streng en stijf, zoals hun priesters dat ook waren. Op Kreta was dat heel anders. Men schilderde daar niets liever dan dieren of mensen die snel bewogen. En niets vonden ze te moeilijk om te schilderen: jachthonden die achter wilde zwijnen aan zitten, mensen die over stieren heen springen. De koningen in de Griekse steden hebben dus veel geleerd van de Kretenzers. Waarschijnlijk hebben ze ook het schrift van de Kretenzers geleerd. Het Griekse schrift was niet zo simpel als dat van de Feniciërs en werd ook niet gebruikt om brieven te schrijven, maar om lijsten op te stellen. Pas kort geleden is het wetenschappers gelukt die lijsten te ontcijferen.

Maar al die pracht en praal duurde niet langer dan tot 1200 voor Christus. Toen – het was dus nog voor de tijd van koning Salomo – kwamen er uit het noorden andere volken. Of die volken verwant waren met de mensen die daarvoor in Griekenland woonden en Mycene hebben gebouwd, is niet zeker. Maar het is wel waarschijnlijk. In ieder geval hebben ze de koningen verdreven en de macht gegrepen. Kreta was daarvóór al verwoest. Maar de herinnering aan al die pracht bleef leven onder de nieuwe bewoners, hoewel ze hun eigen nieuwe steden bouwden en eigen heiligdommen oprichtten. In de loop van de eeuwen zijn de verhalen over hun eigen veroveringen en oorlogen versmolten met de oude verhalen over de Myceense koningen.

Dat nieuwe volk, dat waren de Grieken. De sagen en de liederen die aan de hoven van de voorname Grieken werden verteld en gezongen, waren de sagen van Homerus, waarmee we dit hoofdstuk zijn begonnen. We weten dat ze rond 800 voor Christus al werden geschreven.

Toen de Grieken naar Griekenland verhuisden, waren het nog geen Grieken. Dat klinkt misschien een beetje vreemd, maar het is wel waar. Ik bedoel: toen de volken uit het noorden naar hun latere woongebied trokken, vormden ze nog niet één volk. Ze spraken verschillende dialecten en ze gehoorzaamden aan verschillende leiders. Het waren aparte 'stammen' – niet veel anders dan de Sioux of de Mohikanen uit de indianenboeken. Deze stammen waren bijna net zo dapper en oorlogszuchtig als de indianen en ze heetten bijvoorbeeld Doriërs, Ioniërs en Aeoliërs. Maar in sommige opzichten waren ze wel anders dan de indianen. De indianen kenden het ijzer al, terwijl de mensen in Mycene en op Kreta, net als in de liederen van Homerus, alleen maar bronzen wapens gebruikten. Deze volken zijn met vrouwen en kinderen verhuisd. Eerst kwamen de Doriërs; die gingen ook het verst naar het zuiden, tot aan het zuidelijkste puntje van Griekenland, dat eruitziet als een esdoornblad: de Peloponnesus. Daar onderwierpen ze de vroegere bewoners en lieten ze als knechten werken op het veld. Zijzelf woonden in een stad die Sparta heette.

De Ioniërs, die daarna kwamen, hebben lang niet allemaal een plekje in Griekenland gevonden. Een groot deel van hen vestigde zich ten noorden van het esdoornblad. Daar ligt het schiereiland Attica. Ze gingen aan zee wonen en verbouwden wijn, graan en olijven. Ze stichtten ook een stad, die ze wijdden aan de godin Athene, dezelfde godin die Odysseus, die over de zeeën voer, zo had geholpen. Die stad heette Athene.

De Atheners waren belangrijke zeevaarders, net als alle Ioniërs, en in de loop van de tijd bezetten ze de naburige eilandjes. Die heten sindsdien de Ionische eilanden. Daarna gingen ze verder en stichtten ze langs de vruchtbare kusten van Klein-Azië een aantal steden. De Feniciërs hoorden van die nieuwe steden en zeilden er snel naartoe om handel te drijven. De Grieken zullen hun waarschijnlijk olie en graan hebben verkocht, en ook zilver en andere metalen die daar werden gedolven. Al snel leerden ze zoveel van de Feniciërs dat ze zelf verder zeilden en langs vergelegen kusten ook steden stichtten, die men koloniën noemde. En van de Feniciërs leerden ze ook om met letters te schrijven. Je zult zien dat de Grieken die kunst ook leerden te gebruiken.

8

Een ongelijke strijd

Tussen 550 en 500 voor Christus gebeurde er in de wereld iets merkwaardigs. Eigenlijk weet ik ook niet hoe het is gegaan, maar dat is nu juist het spannende: in het Aziatische hooggebergte dat ten noorden van Mesopotamië ligt, woonde lange tijd een eenvoudig bergvolk. De godsdienst van dat volk was mooi: men vereerde het licht en de zon en was ervan overtuigd dat er een voortdurende strijd tegen de duisternis moest worden gevoerd, dus tegen de duistere machten van het kwaad.

Dat bergvolk waren de Perzen. Ze werden eeuwenlang overheerst door de Assyriërs en daarna door de Babyloniërs. Maar op een dag hadden ze er genoeg van. Een belangrijke, dappere en slimme heerser met de naam Cyrus liet die afhankelijkheid van zijn volk niet over zijn kant gaan. Hij stuurde ruiters naar de vlakte van Babylon. De Babyloniërs moesten lachen toen ze van achter hun reusachtige muren naar het groepje strijders keken dat van plan was hun stad in te nemen. Toch slaagden de Perzen er onder leiding van Cyrus door list en dapperheid in de stad in te nemen. Zo werd Cyrus heerser over het grote rijk. Het eerste wat hij deed, was het vrijlaten van alle volken die door de Babyloniërs gevangen waren genomen. En dus keerden ook de joden terug naar Jeruzalem. Dat was in 538 voor Christus. Maar Cyrus had niet genoeg aan zijn grote rijk en trok verder, in de richting van Egypte. Onderweg stierf hij, maar zijn zoon Cambyses veroverde Egypte wel en zette de farao af. Dat was het einde van het Egyptische rijk, dat bijna 3000 jaar had bestaan. Nu was het kleine Perzische volk heer en meester in bijna de gehele toen bekende wereld. Bijna. Want Griekenland was nog niet veroverd; dat land kwam nu aan de beurt.

Na de dood van Cambyses werd de Perzische koning Darius de grote heerser. Hij bestuurde het reusachtige Perzische rijk, dat zich uitstrekte van Egypte tot aan de grens met India, op zo'n manier dat overal precies gebeurde wat hij wilde. Hij liet wegen aanleggen, zodat zijn bevelen tegelijk in alle delen van zijn rijk opgevolgd konden worden, en hij liet ook zijn hoogste ambtenaren, die men satrapen noemde, schaduwen door detectives, die men 'de ogen en de oren van de koning' noemde. Deze Darius had zijn rijk uitgebreid tot aan Klein-Azië, aan de kusten waarvan de Ionisch-Griekse steden lagen.

De Grieken waren niet gewend om bij een groot rijk te horen en een heerser te moeten gehoorzamen die ergens in Azië zijn strenge bevelen uitvaardigde. In de Griekse koloniën woonden voornamelijk rijke kooplieden, die gewend waren hun bestuurlijke aangelegenheden samen en zelfstandig te regelen. Ze wilden niet overheerst worden, en waren ook niet bereid de Perzische koning te betalen. Daarom kwamen ze in opstand en stuurden ze de Perzische ambtenaren hun steden uit.

De Grieken – en vooral de Atheners – in het moederland, die destijds deze koloniën hadden gesticht, steunden hen en stuurden schepen. Dat was de grote koning van Perzië, de koning der koningen – zo luidde zijn titel – nog nooit overkomen: dat een klein volkje tegen hém, de heerser van de hele wereld, in opstand durfde te komen. De Ionische steden in Klein-Azië liep hij zo onder de voet. Maar dat vond hij niet genoeg, want hij was woedend op de Atheners, die zich met zijn zaken hadden bemoeid. Hij liet een grote vloot samenstellen die Athene moest verwoesten en Griekenland moest veroveren. Maar die vloot kwam in een storm terecht, liep op de klippen en ging verloren. Uiteraard werd hij nog woedender. Er wordt gezegd dat hij zijn slaven de opdracht gaf om hem bij elke maaltijd driemaal toe te roepen: 'Heer, denk aan de Atheners.' Zo kwaad was hij.

Daarop stuurde hij zijn schoonzoon met een nieuwe, machtige vloot naar Athene. Hij veroverde een groot aantal eilanden die hij onderweg tegenkwam, en hij verwoestte vele steden. Uiteindelijk kwam hij in de buurt van Athene, bij een plaats die Marathon heet. Daar ging het enorme leger van de Perzen aan land om naar Athene te marcheren. Het waren misschien wel 70.000 soldaten:

meer nog dan het aantal inwoners van Athene. Het Atheense leger was zevenmaal zo klein, en bestond dus uit zo'n 10.000 man. Hun lot was eigenlijk al bezegeld. Maar nog niet helemaal. De Atheners hadden een veldheer met de naam Miltiades, een moedige, slimme man die lange tijd te midden van de Perzen had gewoond en hun strijdwijze precies kende. En alle Atheners wisten waar het om ging: om hun vrijheid en om hun leven en dat van hun vrouwen en kinderen. Dus stelden ze zich bij Marathon op in het gelid en vielen de Perzen aan, die dat totaal niet hadden verwacht. Er sneuvelden veel Perzen. De soldaten die overbleven, gingen snel aan boord van hun schepen en voeren weg.

Andere volken waren, na het behalen van zo'n overwinning op zo'n grote overmacht, zo blij geweest dat ze nergens anders meer aan dachten. Maar Miltiades was niet alleen moedig, hij was ook slim. Hij had gezien dat de Perzische schepen helemaal niet waren weggevaren, maar dat ze in de richting van Athene gingen, waar op dat moment natuurlijk geen soldaten waren en dat gemakkelijk te overrompelen was. Gelukkig was de route over zee vanuit Marathon langer dan de route over land. De Perzen moesten om een lange landtong heen varen, die je ook te voet kon oversteken. Dat deed Miltiades. Hij stuurde een bode, die zo snel hij kon naar Athene moest rennen om de inwoners te waarschuwen. Dat was de beroemd geworden marathonloop. Want de bode liep zo hard dat hij bij aankomst alleen nog maar zijn boodschap kon overbrengen en toen dood neerviel.

Ook Miltiades en het complete leger gingen zo snel ze konden via dezelfde route naar Athene. En juist op het moment dat ze bij de haven van Athene aankwamen, verscheen de Perzische vloot aan de horizon. Dat hadden de Perzen niet verwacht. Met dat dappere leger wilden ze niet nog eens op de vuist. Ze voeren terug naar huis. Niet alleen Athene, heel Griekenland was gered. Dat gebeurde in 490 voor Christus.

Je kunt je voorstellen dat koning Darius ziedend was toen hij hoorde dat zijn leger bij Marathon was verslagen. Maar op dat moment kon hij weinig nieuwe plannen uitvoeren tegen Griekenland, want in Egypte was een opstand uitgebroken en daar moesten zijn troepen tegen optreden. Niet lang daarna stierf hij.

Hij gaf zijn opvolger Xerxes de opdracht wraak te nemen op de Grieken.

Xerxes, een harde, heerszuchtige man, liet zich dit geen tweemaal zeggen. Hij stelde een leger samen uit alle volken die de Perzen hadden onderworpen en dat bestond uit Egyptenaren, Babyloniërs, Perzen en soldaten uit Klein-Azië. Ze waren in hun eigen klederdracht gekomen en hadden hun wapens bij zich: pijl en boog, schild en zwaard, speren, strijdwagens en katapulten. Het was een kleurig geheel; er waren meer dan 1 miljoen mensen verzameld en het was niet te voorzien wat de Grieken zouden doen als dat enorme leger zou naderen. Ditmaal kwam Xerxes zelf ook mee. Toen het leger bij de zee-engte waar tegenwoordig Istanbul ligt, over de schipbrug trok, waren de golven dermate hoog dat de brug niet standhield. Toen werd Xerxes zo woedend dat hij opdracht gaf de zee met zwepen te slaan. Daar zal de zee waarschijnlijk niet veel van hebben gevoeld.

Een deel van het reusachtige leger ging per schip naar Griekenland, een ander deel marcheerde over land. In het noorden van Griekenland probeerde een Spartaans leger met zijn bondgenoten de Perzen tegen te houden in een pas, de Thermopylae. De Perzen droegen de Spartanen op hun wapens in te leveren. ‘Kom ze maar halen,’ luidde het antwoord. ‘Wij hebben zo veel pijlen,’ dreigden de Perzen, ‘dat de zon erdoor verduisterd zal raken.’ ‘Des te beter,’ zeiden de Spartanen, ‘want dan kunnen we in het donker vechten.’ Maar een verrader onder de Grieken toonde de Perzen een pad dat over de bergen heen leidde. Zo kon het Spartaanse leger worden omsingeld. Alle 300 Spartanen en hun 700 bondgenoten sneuvelden tijdens de slag, maar niemand vluchtte weg. Zo luidde hun wet nu eenmaal. Later heeft men op die plek een grafschrift geplaatst, waarvan de tekst luidt:

> Vreemdeling, ga aan die van Sparta melden dat wij hier liggen, na hun opdracht te hebben uitgevoerd.

In Athene had men na de grote overwinning bij Marathon niet stilgezeten. Een nieuwe leider, Themistocles, drong er bij zijn medeburgers op aan dat een wonder als dat bij Marathon slechts eenmaal gebeurt, en dat Athene een vloot nodig had als het se-

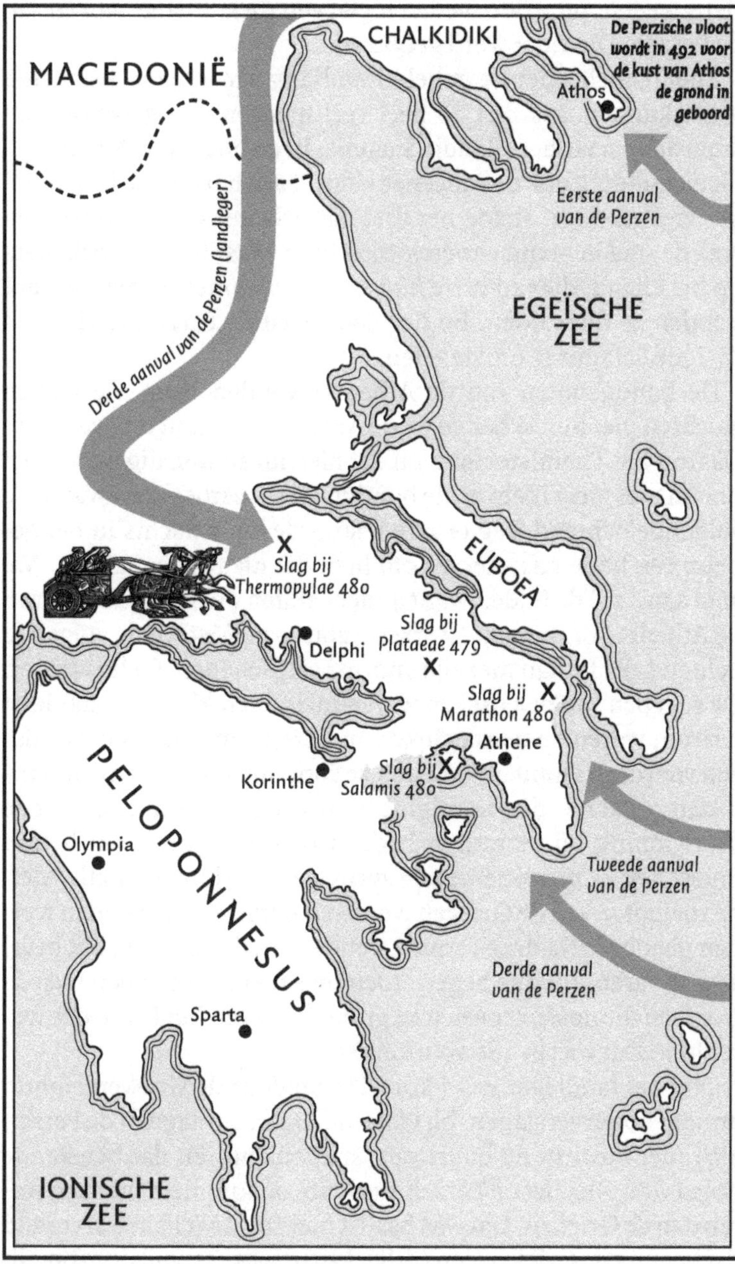
MACEDONIË
CHALKIDIKI
De Perzische vloot wordt in 492 voor de kust van Athos de grond in geboord
Athos
Eerste aanval van de Perzen
Derde aanval van de Perzen (landleger)
EGEÏSCHE ZEE
Slag bij Thermopylae 480
EUBOEA
Slag bij Plataeae 479
Delphi
Slag bij Marathon 480
Athene
Slag bij Salamis 480
Korinthe
PELOPONNESUS
Olympia
Tweede aanval van de Perzen
Derde aanval van de Perzen
Sparta
IONISCHE ZEE

rieus weerstand wilde bieden tegen een toekomstige aanval van de Perzen. Die vloot werd gebouwd.

Themistocles liet de gehele bevolking van Athene evacueren – het kunnen dus niet zo heel veel mensen zijn geweest – en stuurde ze naar het eilandje Salamis, in de buurt van Athene. Bij dit eilandje lag ook de Atheense vloot. Toen het Perzische landleger er aankwam, stelde het vast dat Athene verlaten was; men stak de stad in brand en verwoestte haar. Maar tegen de Atheners op het eiland, die van verre hun stad in vlammen zagen opgaan, konden ze niets doen. En dus verscheen de Perzische vloot en dreigde Salamis te omsingelen.

De bondgenoten van de Atheners werden bang. Ze wilden vluchten met hun schepen en de Atheners aan hun lot overlaten. Daarop liet Themistocles zien dat hij slim en moedig was. Toen praten niet meer hielp en de bondgenoten vastbesloten waren de volgende ochtend weg te varen, stuurde hij 's nachts in het geheim een bode naar Xerxes om hem dat nieuws te melden. 'Val snel aan,' zei de bode, 'want anders zullen de bondgenoten van de Atheners ontkomen.' Xerxes trapte erin. Meteen de volgende ochtend viel hij aan met zijn enorme slagschepen. En hij verloor. De schepen van de Grieken waren misschien kleiner, maar juist daarom waren ze beweeglijker. In deze eilandrijke zee was dat een voordeel. Opnieuw vochten ze voor hun vrijheid en opnieuw deden ze dat met de overtuiging waarmee ze tien jaar daarvoor de overwinning bij Marathon hadden behaald. Vanaf een heuvel moest Xerxes toezien hoe zijn zware galeien door de snelle, kleine roeiboten van de Grieken werden geramd en de grond in werden geboord. Na deze verpletterende nederlaag gaf hij het bevel weg te varen. En dus zegevierden de Atheners voor een tweede maal, en ditmaal over een nog groter leger van het Perzische wereldrijk. Dat was in 480 voor Christus.

Ook het landleger werd kort daarop door de Grieken en hun bondgenoten verslagen, bij Plataeae. Daarna waagden de Perzen zich niet meer in de buurt van Griekenland. En dat betekende nogal wat. Niet dat de Perzen slechtere of dommere mensen waren dan de Grieken. Dat was beslist niet zo. Maar ik heb al verteld dat het met de Grieken een verhaal apart was. Terwijl de grote rijken in het Oosten meestal vasthielden aan hun gebruiken en gewoonten, was het in Griekenland en vooral in Athene precies omgekeerd. Zo'n beetje elk jaar verzonnen ze wel weer iets nieuws. Er was geen instelling die ze lang in stand hielden. En ook was er geen leider die lang aan de macht bleef. Dat ondervonden de grote helden uit de Perzische oorlogen, Miltiades en Themistocles. Aanvankelijk werden ze geprezen en geëerd, en ze kregen standbeelden – maar daarna werden ze aangeklaagd, belasterd en verbannen. Dat was misschien geen goede eigenschap van de Atheners, maar dat zat nu eenmaal in hun karakter. Altijd iets nieuws, altijd iets anders proberen, nooit tevreden, nooit genoeg en altijd onrustig! En dus gebeurde er in de honderd jaar na de Perzische oorlogen in de hoofden van de mensen in de kleine stad Athene meer dan in 1000 jaar in de grote koninkrijken van het Oosten. Wat destijds bedacht, geschilderd, gedicht en uitgeprobeerd werd, en de onderwerpen waarover de jongeren op de markt en de volwassenen in de raadhuizen discussieerden, daar teren we vandaag de dag eigenlijk nog steeds op. Het is heel vreemd dat dit zo is, en toch is het waar. Waarop we zouden hebben geteerd als de Perzen in 490 bij Marathon of in 480 bij Salamis hadden gewonnen, dat weet ik niet.

9

Twee kleine steden in een klein land

Ik heb het er al over gehad dat Griekenland vergeleken met het Perzische wereldrijk een klein schiereiland was, waar een paar kleine steden lagen waar vlijtig handel werd gedreven. Er waren grote, onherbergzame bergen en stenige velden, waarop niet veel verbouwd kon worden. Daar kwam nog eens bij dat de bevolking uit verschillende stammen was samengesteld, zoals je misschien nog wel weet: de Doriërs in het zuiden en de Ioniërs en Aeoliërs in het noorden. Deze stammen verschilden niet zoveel van elkaar in taal en uiterlijk. Ze spraken wel verschillende dialecten, maar konden elkaar goed verstaan, als ze wilden. Maar vaak wilden ze dat niet. Zoals je wel vaker ziet, konden uitgerekend die naburige stammen het slecht met elkaar vinden. Ze roddelden over elkaar en waren eigenlijk jaloers op elkaar. Griekenland had immers geen gemeenschappelijke koning en geen gemeenschappelijk bestuur, maar elke stad was een rijk op zichzelf.

Toch was er iets wat de Grieken met elkaar verbond: geloof en sport. Vreemd genoeg waren dat geen twee aparte zaken, want sport en godsdienst hingen nauw met elkaar samen. Ter ere van de oppergod Zeus bijvoorbeeld organiseerde men elke vier jaar belangrijke wedstrijden in zijn heiligdom. Dat heiligdom heette Olympia. Er stond daar een grote tempel en er lag een sportterrein, waar alle Grieken samenkwamen: Doriërs, Ioniërs, Spartanen en Atheners. Ze hielden wedstrijden in hardlopen, discuswerpen, speerwerpen, worstelen en wagenrennen. Daar te winnen gold als de grootste eer die een mens in zijn leven kon behalen. De prijs was een simpele olijftak, maar de overwinnaars werden uitgebreid gehuldigd: de grootste dichters bezongen hun overwinning in fraaie liederen, de belangrijkste beeldhouwers maakten beelden van hen voor Olympia, beelden waarop ze te zien waren als wagenmenners of als discuswerpers, maar ook beelden waarop te zien was hoe ze hun lichaam voorafgaand aan de wedstrijd met olie insmeerden. Zulke beelden zijn vandaag de dag nog te bewonderen. Misschien staat er wel een in het museum van de plaats waarin je woont.

Omdat de Olympische Spelen, die eens in de vier jaar plaatsvonden, door alle Grieken werden bezocht, vormden ze een handig middel voor de gemeenschappelijke tijdrekening in het hele land. Dat is geleidelijk aan ingeburgerd. Zoals wij zeggen: 'na Christus', zo zeggen de Grieken 'in de zo-en-zoveelste Olympische Spelen'. De eerste Olympische Spelen vonden plaats in 776 voor Christus. Wanneer vonden de tiende Spelen plaats? Vergeet niet dat ze slechts eens per vier jaar werden gehouden!

De Olympische Spelen waren niet het enige wat alle Grieken gemeenschappelijk hadden. Het tweede was een ander heiligdom, dat van de zonnegod Apollo in Delphi. Dat was iets buitengewoon merkwaardigs. Er was daar in Delphi een spleet in de aarde, en daar kwam stoom uit, iets wat je in een vulkanisch gebied wel vaker ziet. Wanneer je die stoom inademde, raakte je in de letterlijke zin van het woord beneveld, dat wil zeggen: je raakte er zo van in de war dat men onsamenhangend begon te praten, als iemand die dronken is of hoge koorts heeft.

Juist dit schijnbaar betekenisloze gebrabbel werd door de Grieken heel geheimzinnig gevonden. Men dacht dat de goden nu met de mond van de mensen spraken. Dus plaatste men een priesteres, Pythia, op een stoel met drie poten boven de spleet in de aarde. De andere priesters verduidelijkten de woorden die ze uitkraamde. Op die manier werd de toekomst voorspeld. Dat was het orakel van Delphi. Grieken die in een moeilijke situatie waren beland, kwamen uit alle windstreken hiernaartoe om de god Apollo om raad te vragen. De antwoorden waren vaak moeilijk te begrijpen. Ze waren op allerlei manieren uit te leggen. Daarom worden onduidelijke, geheimzinnige antwoorden vandaag de dag nog steeds 'orakels' genoemd.

Van de Griekse steden gaan we er twee eens wat nader bekijken, de twee belangrijkste: Sparta en Athene. Over de Spartanen heb je al iets gehoord. We weten dat de Spartanen Doriërs waren, die toen ze het land binnen trokken rond 1100 voor Christus, de bewoners van het land onderwierpen en hen op het land lieten werken. Maar die slaven waren talrijker dan hun meesters, de Spartanen. Daarom moesten de Spartanen goed opletten dat ze er niet uit gegooid zouden worden. Ze moesten er voortdurend voor zorgen dat ze sterk en strijdlustig bleven, want alleen op die manier konden ze de slaven en de volken die in de buurt woonden, in toom houden.

En inderdaad dachten ze nergens anders aan. Daarvoor had hun wetgever Lycurgus gezorgd. Als er bij de Spartanen een kind ter wereld kwam dat schijnbaar zwak was en niet geschikt leek om te vechten, werd het zo snel mogelijk om het leven gebracht. Wanneer het een krachtig kind bleek te zijn, moest het nog krachtiger worden: het moest van 's morgens vroeg tot 's avonds laat turnen, het moest leren honger, pijn en kou te verdragen, het kreeg slecht te eten en hem werden geen pleziertjes gegund. Soms werden de jongens zonder reden geslagen, want zo zouden ze leren pijn te verdragen. Zo'n harde opvoeding heet ook nu nog Spartaans. Zoals je weet hadden ze er veel succes mee. In 480 voor Christus hebben alle Spartanen zich bij de Thermopylae laten afmaken door de Perzen, zoals hun wetten het voorschreven. Het is geen kleinigheid zo te kunnen sterven. Maar misschien is het nog moeilijker te kunnen leven. En daar hielden de Atheners zich mee bezig. Niet om een goed en aangenaam leven te krijgen, maar om een leven te krijgen dat zin heeft. Om een leven te krijgen waar nog iets van over is wanneer je sterft. Waar mensen later ook nog iets aan hebben. Je zult zien hoe ze daarin zijn geslaagd.

De Spartanen waren zo strijdlustig en dapper geworden omdat ze bang waren. Ze waren bang voor hun eigen slaven. In Athene was er weinig reden bang te zijn. Daar was alles anders. Er bestond daar niet zo'n verplichting om op te letten als in Sparta. Ook in Athene had ooit de adel geregeerd, net als in Sparta. Ook daar bestonden ooit strenge wetten, die waren opgesteld door een Athener met de naam Draco. Die wetten waren zo streng en hardvochtig dat er vandaag de dag nog steeds wordt gesproken van 'draconische' maatregelen. Maar de inwoners van Athene, die met hun schepen lange reizen maakten en van alles hadden gezien en gehoord, lieten dat niet lang over hun kant gaan.

Een van de edelen was zo slim om te proberen de staat opnieuw in te richten. Hij heette Solon en de wetten die hij Athene in 594 voor Christus – in de tijd van Nebukadnezar dus – bezorgde, werden naar hem vernoemd. Volgens die wetten mochten burgers van de stad altijd zelf beslissen wat er moest gebeuren. Ze moesten bijeenkomen op het marktplein van Athene en daar zou gestemd worden. De meerderheid besliste en koos een raad van ervaren mannen, die de beslissingen moest doorvoeren. Zo'n soort grondwet heet een volksheerschappij, in het Grieks 'democratie'. Niet iedere inwoner van Athene mocht stemmen in de vergadering. Er werd onderscheid gemaakt op grond van de rijkdom en macht van de verschillende burgers. Veel bewoners namen dus niet deel aan de vergaderingen. Maar iedereen was wel in de gelegenheid om het zo ver te brengen. En dus had iedereen belangstelling voor de zaken die speelden in de stad. Stad is *polis* in het Grieks, en de stedelijke aangelegenheden werden 'politiek' genoemd.

Een tijd lang trokken bepaalde edelen, die zich geliefd hadden gemaakt bij het volk, de macht naar zich toe. Zulke alleenheersers werden 'tirannen' genoemd. Maar al snel werden ze weer verdreven door het volk, en vanaf dat moment lette men er scherp op dat het volk zelf aan de macht zou blijven. Ik heb je al verteld dat de Atheners onrustig van aard waren. Daarom gooiden ze uit angst dat ze voor een tweede maal hun vrijheid zouden verliezen, alle politici de stad uit. Ze waren bang dat de politici een te grote aanhang zouden krijgen en dat ze op die manier alleenheersers zouden kunnen worden. Het was het vrije Atheense volk dat de Perzen versloeg, en het was datzelfde volk dat Miltiades en Themistocles vervolgens zo ondankbaar behandelde.

Eén politicus werd niet op een dergelijke manier behandeld. Dat was Pericles. Hij slaagde erin bij de volksvergaderingen zo te spreken dat de Atheners er vast van overtuigd waren dat ze zelf bepaalden en besloten wat er moest gebeuren, terwijl dat in werkelijkheid al lang door Pericles was bepaald. Niet omdat hij een of ander nieuw ambt had ontwikkeld of een bijzondere macht had, maar gewoon omdat hij de slimste was. Zo werkte hij zich omhoog en sinds 444 voor Christus – een jaartal dat even mooi is als de tijd die het vertegenwoordigt – bestuurde hij de staat zo'n beetje in zijn eentje. Hij vond het vooral belangrijk dat Athene machtig bleef op zee, en dat lukte hem door verbonden te sluiten met andere Ionische steden. Die betaalden belastingen aan Athene in ruil voor de bescherming die ze van deze machtige stad kregen. Op die manier werden de Atheners rijk en konden ze met hun talenten tot grote prestaties komen.

Maar nu word je ongeduldig en zeg je: 'Prima, maar wat voor geweldige dingen konden die Atheners dan presteren?' Daarop is mijn antwoord: 'Eigenlijk alles.' Maar er waren twee zaken waarvoor ze zich in het bijzonder interesseerden: voor waarheid en voor schoonheid.

Bij hun volksvergaderingen hadden de Atheners geleerd om over alle zaken openlijk te spreken, en daarbij gebruikten ze argumenten en tegenargumenten. Op die manier leerden ze goed na te denken. Al snel gebruikten ze die argumenten en tegenargumenten niet alleen bij voor de hand liggende zaken, zoals de vraag of er een belastingverhoging moest komen, nee, ze hielden zich bezig met de hele natuur. Deels waren de Ioniërs in de koloniën hun daarin al voor geweest. Die hadden erover nagedacht waar de wereld eigenlijk uit bestaat en wat de oorzaken zijn van alles wat er gebeurt in de wereld.

Dit nadenken heet 'filosofie'. In Athene dacht men er niet alleen over na, men hield het niet bij filosoferen. Men wilde ook weten wat de mensen moesten doen, wat goed was en wat kwaad was, wat recht was en wat onrecht was. Ze dachten erover na waarom de mens eigenlijk op aarde is en wat het wezenlijke van alle dingen is. Natuurlijk dacht niet iedereen hetzelfde over al deze ingewikkelde zaken; er waren verschillende meningen en stromingen. Er werd met behulp van argumenten over gediscussieerd, net als in de volksvergadering. En sindsdien is dat nadenken en dat discussiëren met argumenten, dat 'filosofie' wordt genoemd, niet meer opgehouden.

Maar het was niet zo dat de Atheners alleen maar in hun zuilengalerijen en op hun sportterreinen aan het discussiëren waren over de vraag wat het wezen van de wereld is, hoe dat te herkennen is en waarop het in het leven aankomt. Ze bekeken de wereld niet alleen opnieuw met hun gedachten, maar ook met hun ogen. Het was alsof er daarvóór nog nooit iemand naar de dingen in de wereld had gekeken, zo nieuw, zo eenvoudig en zo mooi waren de kunstwerken van de Grieken. Over de beelden van de olympische kampioenen hebben we het al gehad. We zien mooie mensen helemaal natuurlijk afgebeeld, alsof het totaal vanzelfsprekend is. En juist het vanzelfsprekende is mooi.

Met eenzelfde schoonheid en menselijkheid maakten ze destijds de godenbeelden. De beroemdste beeldhouwer op dit terrein was Phidias. Hij maakte geen geheimzinnige en bovennatuurlijke beelden, zoals de kolossale tempelbeelden in Egypte. Sommige tempelbeelden van zijn hand waren wel groot, prachtig en kostbaar (van ivoor of goud), maar desondanks waren ze eenvoudig, mooi en natuurlijk, zonder dat ze saai of protserig werden, en dus moest men wel vertrouwen hebben in die godenbeelden. Met de schilderingen en gebouwen van de Atheners was het net zo als met de beelden. Maar van de schilderingen waarmee ze hun galerijen en vergaderzalen versierden, is er niet één bewaard gebleven. We kennen alleen maar kleine schilderingen op aarden kruiken, vazen en urnen, en die zijn al zo mooi dat we ons een beetje kunnen voorstellen wat er verloren is gegaan.

De tempels staan er nog wel. Ze staan ook in Athene zelf. Vooral de burcht van Athene springt in het oog, de Akropolis, waar in de tijd van Pericles nieuwe heiligdommen van marmer werden gebouwd, aangezien de heiligdommen van oudere datum door de Perzen waren verwoest toen de Atheners op Salamis zaten. Deze Akropolis is ook nu nog het mooiste gebouw dat er bestaat. Het gebouw is helemaal niet zo groot of pronkerig. Het is gewoon mooi. Elk detail is zo duidelijk en eenvoudig vormgegeven dat je denkt dat het niet anders zou kunnen. Alle vormen die de Grieken daar hebben toegepast, worden sindsdien in de bouwkunst telkens weer gebruikt: de Griekse zuilen, waarvan er verschillende soorten zijn en die je op bijna alle huizen in de stad zult aantreffen als je er eenmaal op let. Maar eerlijk gezegd zijn ze nergens zo mooi als op de Akropolis in Athene, waar ze niet als versiering zijn gebruikt, maar om de reden waarom ze zijn uitgevonden: als fraai gevormde ondersteuning van het dak.

Het nadenken en de schoonheid werden door de Atheners verenigd in een derde kunstvorm: de dichtkunst. En ook op dat gebied hebben ze een uitvinding gedaan: het theater. Ook het theater was oorspronkelijk verbonden met religie, net als de sport: er werden feesten georganiseerd voor de god Dionysus, die ook wel Bacchus wordt genoemd. Op de feestdagen werden toneelstukken opgevoerd, die vaak de hele dag duurden. Men speelde in de openlucht, en de toneelspelers hadden reusachtige maskers op en droegen hoge hakken, zodat ze van ver ook nog duidelijk te zien waren. De stukken die destijds werden opgevoerd, zijn voor een deel bewaard gebleven. Er zijn serieuze stukken bewaard, stukken van een grootse, plechtige ernst. Dat zijn de tragedies. Maar er werden ook vrolijke stukken gespeeld, stukken waarin bepaalde inwoners van Athene werden bespot. Ze zijn scherp en grappig. Dat zijn de komedies. Ik zou je nog een heleboel kunnen vertellen over de Atheense geschiedschrijvers, artsen, zangers, denkers en kunstenaars. Maar het is beter dat je hun werk later zelf gaat bestuderen. Dan zul je zien dat ik niet overdreven heb.

10

De Verlichte en zijn land

We gaan naar de andere kant van de wereld. Eerst naar India, en dan naar China. We willen eens kijken wat er in die reusachtige landen is gebeurd rond de tijd van de Perzische oorlogen. Ook in India was er al lange tijd een cultuur zoals in Mesopotamië. Ongeveer in dezelfde tijd als toen de Soemeriërs aan de macht waren in de stad Ur, dat wil zeggen rond 2500 voor Christus, lag er in het dal van de Indus (een grote rivier in Pakistan) een fantastische stad met waterleidingen, kanalen, tempels, huizen en winkels. Die stad heette Mohenjo-Daro, en tot aan de ontdekking in 1920 had niemand kunnen vermoeden dat zoiets daar mogelijk was. Maar enige tijd geleden heeft men de stad opgegraven en net zulke opvallende dingen gevonden als in de puinhopen die de vroegere stad Ur bedekten. Wat voor soort mensen er hebben gewoond, weten we nog niet. We weten alleen dat er later pas volken dit gebied in zijn getrokken die vandaag de dag nog steeds in India en Pakistan wonen. Ze spraken een taal die verwant is aan de taal van de Perzen en de Grieken, en ook aan die van de Romeinen en Germanen. 'Vader' is in het Oudindisch *pitar*, in het Grieks *patèr* en in het Latijn *páter*.

Omdat de Indiërs en de Germanen de twee volken zijn die het verst van elkaar vandaan wonen, noemen we al deze talen Indo-Germaanse talen. Of alleen de talen op elkaar lijken of dat veel van die volken ook verre bloedverwanten van elkaar zijn, weten we niet precies. In ieder geval is het zo dat de Indiërs, die een Indo-Germaanse taal spraken, India op dezelfde manier zijn binnengevallen als de Doriërs Griekenland. Ook zij moesten de inheemse bevolking onderwerpen.

In de loop van de tijd onderwierpen de nazaten van deze veroveraars een groot deel van het continent. Ze bleven strikt gescheiden van de inheemse bevolking. Deze scheiding ontwikkelde zich tot een ordening van de maatschappij die nu nog bestaat: het kastenstelsel. In dit stelsel zijn de verschillende beroepen streng van elkaar gescheiden. Een deel van de mensen was krijger, en ze moesten altijd soldaat blijven. Ook hun zonen konden alleen maar soldaat worden. Dat was de krijgerskaste. Maar er waren nog meer kasten, die al net zo streng van de andere werden gescheiden. Bijvoorbeeld de ambachtslieden en de boeren. Wie tot zo'n kaste behoorde, mocht er nooit meer uit. Een boer kon nooit ambachtsman worden, en omgekeerd; ook zijn zoon mocht dat niet. Hij mocht zelfs niet trouwen met een meisje uit een andere kaste, hij mocht zelfs niet met iemand van een andere kaste aan één tafel zitten eten of dezelfde wagen nemen. In sommige gebieden van India is dat nu nog steeds zo.

De hoogste kaste was die van de priesters, de brahmanen. Zij stonden nog boven de krijgers, waren verantwoordelijk voor de offers en de tempels en bovendien waren ze, net als in Egypte, de geleerden. Ze moesten de heilige gebeden en gezangen uit het hoofd leren en zo bleven die meer dan 1000 jaar onveranderd bestaan, totdat ze werden opgeschreven. Dat zijn dus de vier kasten, die elk weer waren ingedeeld in allerlei onderkasten, die op hun beurt weer van elkaar verschilden.

Er was ook een klein deel van de bevolking dat bij geen enkele kaste hoorde. Dat waren de paria's. Ze werden ingezet bij de smerigste en minst aangename werkjes. Niemand mocht met hen samen zijn, ook de leden van een lage kaste niet. Alleen al zo iemand aan te raken was besmettelijk, zei men. En dus werden ze de onaanraakbaren genoemd. Ze moesten er zelfs voor zorgen dat de schaduw van hun lichaam niet op die van een ander viel. Want zelfs hun schaduw gold als bezoedelend. Zo wreed kunnen mensen zijn.

Overigens waren de Indiërs geen wreed volk. Integendeel, hun priesters waren waardige, ernstige mensen die zich dikwijls terugtrokken in de eenzame wouden om daar in alle rust na te denken over de moeilijkste vragen. Ze dachten na over hun talrijke woeste goden en over Brahma, de verhevene, de hoogste god. Ze voelden dat al het leven in de natuur – de goden en de mensen, de dieren en de planten – bestaat door de ademtocht van dit hoogste wezen, en dat dit hoogste wezen bij alles en iedereen op dezelfde wijze aanwezig is: in het licht van de zon, in het grasspriet-je op het veld, in het groeien en in het sterven. God is overal in de wereld, zoals een zoutkorrel die je in het water gooit elke druppel zout maakt. De verscheidenheid in de natuur, het draaien en het wisselen, is in wezen slechts oppervlakkig. Een ziel is de ene keer een mens, maar na de dood van die mens kan hij een tijger worden of een brilslang, behalve wanneer de ziel dermate gelouterd is dat hij één kan worden met het goddelijk wezen. Want dat is het wezenlijke dat altijd en overal aanwezig is: de ademtocht van de hoogste god, Brahma. Om ervoor te zorgen dat hun leerlingen het goed zouden onthouden, bedachten de Indiase priesters een mooie formule, waarover je kunt nadenken. Deze luidt simpelweg: 'dat ben jij', en betekent: alles wat je ziet, de dieren, de planten en de mensen, zijn hetzelfde als jij bent: een product van de ademtocht van god.

De Indiase priesters bedachten een merkwaardige methode om die eenheid goed te kunnen voelen. Ze gingen in het dichtbegroeide woud zitten en dachten erover na. Urenlang, dagenlang, maandenlang, jarenlang. Ze zaten bewegingloos op de grond, met gekruiste benen en de blik naar beneden gericht. Ze ademden zo weinig mogelijk, ze aten zo weinig mogelijk. Sommigen kwelden zichzelf op een bijzondere manier om boete te doen en om rijp te worden, en om de ademtocht van god in zich te voelen.

Van dergelijke heilige mannen, boetelingen en kluizenaars waren er 3000 jaar geleden in India heel veel, en ze bestaan nu nog. Maar een van hen was anders dan de anderen. Dat was de koningszoon Gautama, die rond 500 voor Christus leefde.

Men zegt dat deze Gautama, die later de 'Verlichte', de Boeddha, werd genoemd, in alle pracht en rijkdom van het Oosten opgroeide. Hij zou drie paleizen hebben gehad, één voor de zomer, één voor de winter en één voor de maanden waarin het regende. Er klonk daar altijd prachtige muziek en hij verliet zijn paleis nooit. Zijn vader wilde niet dat hij de zolder zou verlaten, want hij wilde dat zijn zoon niet in aanraking zou komen met de boze buitenwereld. Daarom mochten mensen die pijn hadden, niet in zijn buurt komen. Toch zag Gautama op een dag, toen hij zijn paleis verliet, een oud, krom mannetje. Hij vroeg de wagenmenner die hem begeleidde, wat dat was. Die moest het hem wel uitleggen. Peinzend keerde hij terug naar zijn paleis. Een tweede keer zag hij een zieke. Ook over ziekte had men hem nog nooit iets verteld. Hij begon nog dieper na te denken en keerde terug naar zijn vrouw en zijn zoontje. Een derde maal zag hij een dode. Toen wilde hij niet meer terug naar het paleis, en toen hij ten slotte een kluizenaar zag, besloot hij zich af te zonderen en na te denken over het leed op deze aarde, dat hem geopenbaard was in ouderdom, ziekte en dood.

'En zo,' vertelde hij in een van zijn preken, 'gebeurde het dat ik, die fris en blozend was, opgewekt, met donker haar, met een gelukkige jeugd achter de rug, als jonge man, tegen de wens van mijn huilende en klagende ouders in, met afgeschoren haar en baard en gekleed in een verschoten gewaad, van huis vertrok, op weg naar de eenzaamheid.'

Zes jaar lang leefde hij als kluizenaar en boeteling. Hij dacht dieper na dan alle anderen. Hij kwelde zichzelf meer dan wie ook daarvoor. Hij ademde bijna niet meer terwijl hij daar zat, en leed daarbij de vreselijkste pijnen. Hij at zo weinig dat hij helemaal slap werd en omviel. Maar in die zes jaren kon hij de innerlijke rust niet vinden. Want hij dacht er niet alleen maar over na wat de wereld voorstelde en of alles in wezen hetzelfde was. Hij dacht immers ook over al het ongeluk in de wereld na. Over de pijn en het lijden van de mensen. Over ouderdom, ziekte en dood. En dus hielp zelfs boetedoening niet.

Hij begon weer te eten, verzamelde zijn krachten en ademde weer, zoals alle mensen. Om die reden werd hij veracht door de andere kluizenaars, die hem daarvóór nog bewonderd hadden. Maar hij liet zich niet van de wijs brengen. Op een nacht, toen hij op een aangenaam open plekje in het bos zat, onder een vijgenboom, kreeg hij het inzicht. Ineens begreep hij waarnaar hij al die jaren had gezocht. Het was alsof hij plotseling een innerlijk licht zag. Daarom was hij nu de Verlichte, de Boeddha. En hij ging op pad om zijn grote innerlijke ontdekking aan de mensen te verkondigen.

Al snel vond hij gelijkgestemden, die ervan overtuigd waren

dat hij de verlossing van het menselijk lijden had ontdekt. Die mensen, die Boeddha vereerden, stichtten een soort monniks- of nonnenorde. Die orden zijn er vandaag de dag nog steeds in Azië. De aanhangers zijn herkenbaar aan hun gele kleding en aan hun sobere levenswijze.

Nu zul je wel graag willen weten wat Gautama onder de bodhiboom (de verlichtingsboom) tot het inzicht bracht hoe we van alle twijfel verlost kunnen worden. Ik zal dat uitleggen, maar dan moet je er wel even over nadenken. Gautama heeft er tenslotte zelf maar liefst zes jaar over nagedacht. De grote verlichting, de grote verlossing van het lijden was de gedachte dat we bij onszelf moeten beginnen wanneer we ons willen bevrijden van het leed. Al het lijden komt voort uit wensen. Het gaat dus ongeveer zo: wanneer je verdrietig bent omdat je een mooi boek of een stuk speelgoed niet hebt gekregen, terwijl je dat zo graag wilde, dan kun je twee dingen doen: je kunt proberen het boek of het speelgoed toch te krijgen, of je kunt ophouden het graag te willen. Wanneer het je lukt een van die twee te bereiken, dan zul je niet meer verdrietig zijn. Boeddha onderwees: als we zouden ophouden al die mooie en aangename dingen te wensen, als we niet altijd maar dorstig zouden zijn naar geluk, naar welbehagen, erkenning en tederheid, dan zouden we ook niet zo vaak verdrietig zijn als het ons niet ten deel zou vallen. En wie niets meer zou wensen, zou ook niet meer verdrietig zijn. Wanneer je de behoefte de baas bent, ben je ook het leed de baas.

'Maar je kunt er toch niets aan doen dat je wensen hebt,' zul je misschien zeggen. Boeddha dacht daar anders over. Hij zei dat je het door jarenlang aan jezelf te werken voor elkaar kunt krijgen dat je alleen dat wenst wat je wensen wilt. Dat je meester kunt zijn over je wensen, zoals een olifantendrijver meester is over zijn olifanten. En dat dit het hoogste is wat je op aarde kunt bereiken: dat je niets meer te wensen hebt. Dat is de 'innerlijke rust' waar hij het over heeft, de grote rust en gelukzaligheid van een mens die op aarde niets begeert, van een mens die vriendelijk is tegen alle anderen en van niemand iets verlangt. Wie meester is geworden over al zijn wensen, zo onderwees Boeddha, zal ook niet opnieuw op aarde komen als hij eenmaal is gestorven. Want de zielen worden opnieuw geboren – althans, dat geloofden de

Indiërs – omdat ze verslaafd zijn aan het leven. Wie niet meer verslaafd is aan het leven, zal na de dood niet terugkeren in de 'kringloop van de geboorte'. Hij zal toetreden tot het Niets. Tot het Niets zonder wensen en zonder pijn, dat door de boeddhisten nirwana wordt genoemd.

Dat was dus de verlichting van Boeddha onder de vijgenboom – de leer die zegt hoe je je kunt bevrijden van je wensen zonder ze te vervullen, hoe je je dorst kunt wegnemen zonder hem te lessen. De weg die daarheen leidt, is niet eenvoudig, dat kun je je wel voorstellen. Boeddha noemde het de 'middenweg', omdat hij het midden houdt tussen nutteloze zelfkwelling en gedachteloos genieten, en zo tot verlossing leidt. Het komt daarbij aan op de juiste inzichten, de juiste bedoelingen, de juiste woorden, het juiste handelen, de juiste levenswijze, de juiste inspanning, de juiste aandacht en de juiste concentratie.

Dat was het belangrijkste uit de leer van Gautama. Die leer maakte zo veel indruk op de mensen dat ze hem volgden en vereerden als een god. Tegenwoordig zijn er bijna net zo veel boeddhisten op de wereld als christenen, vooral in India, Sri Lanka, Tibet, China en Japan. Toch zijn maar weinig volgelingen in staat de leer van Boeddha in praktijk te brengen en de innerlijke stilte te bereiken.

11

Een groots leider van een groot volk

Toen ik nog op school zat, lag China voor ons bij wijze van spreken 'aan de andere kant van de wereld'. We hadden hoogstens wat plaatjes van het land gezien op theekopjes of vazen en stelden ons voor dat er daar stramme mannetjes met lange vlechten rondliepen en dat er fraaie tuinen waren met sierlijke bruggen en torentjes met eindeloos veel klokken.

Zo'n sprookjesland bestond natuurlijk niet echt, maar wel is het zo dat de Chinezen bijna 300 jaar lang, tot 1912, vlechten moesten dragen en dat ze in onze contreien aanvankelijk bekendheid genoten door sierlijke porseleinen en ivoren voorwerpen, die daar door vaardige ambachtslieden werden gemaakt. China werd al meer dan 1000 jaar vanuit het paleis in de hoofdstad geregeerd door keizers, door de beroemde 'keizer van China', die zich de 'zoon van de hemel' noemde, precies zoals de Egyptische farao de 'zoon van de zon' werd genoemd. In de tijd waarover ik het wil hebben, zo'n 2500 jaar geleden, was dat er allemaal nog niet, maar toch was China toen al een oud en uitgestrekt rijk – zo oud en uitgestrekt dat het al uit elkaar aan het vallen was. Er woonden daar toen al miljoenen hardwerkende boeren die rijst en graan verbouwden, en er lagen grote steden, waar de mensen rondliepen in kleurige, zijden gewaden.

Over al die mensen regeerde een koning, maar onder die koning regeerden vorsten, die de vele provincies van het gigantische land mochten besturen – dat groter was dan Egypte, en groter dan Assyrië en Babylonië samen. Deze vorsten waren al snel zo machtig dat de koning hun niets meer mocht bevelen, ook al was hij dan de koning van China. Ze lagen voortdurend met elkaar overhoop en de grote provincies slokten de kleintjes op. In 221 voor Christus bleef er ten slotte nog maar één over: Tj'in Shi Hwang-ti, de eerste keizer van heel China. Hij noemde zich de 'zoon van de hemel'. Het rijk was zo groot dat de Chinezen in de uithoeken van het land verschillende talen spraken. Het zou zeker uit elkaar zijn gevallen als al die Chinezen niet één ding gemeenschappelijk hadden gehad, en dat was het schrift.

Je zult misschien zeggen: 'Wat heb je nu aan een gemeenschappelijk schrift als de talen verschillend zijn, zodat niemand begrijpt wat er geschreven staat?' Maar bij het Chinese schrift is dat niet zo. Dat kun je lezen, al begrijp je geen woord van de taal. Is dat tovenarij? Nee, helemaal niet, het is niet eens ingewikkeld. Men schrijft daar geen woorden, maar voorwerpen. Wanneer je 'zon' wilt schrijven, maak je een tekeningetje, zo: 日. Dat kun je uitspreken als 'zon' of als 'soleil', of op zijn Mandarijn-Chinees: 'dzjeu'. Maar iedereen die het teken kent, begrijpt wat je bedoelt. Nu wil je bijvoorbeeld 'boom' schrijven. Dan teken je met een paar streepjes een boom, zo: 木. In het Mandarijn zeg je 'moe', maar dat hoef je helemaal niet te weten om te zien dat het een boom is.

'Ja,' zul je zeggen, 'bij voorwerpen kan ik me dat voorstellen, die teken je gewoon. Maar wat moet je doen als je "wit" wilt schrijven, moet je dat dan met witte verf schilderen? Of als je "Oosten" wilt schrijven? "Oosten" kun je toch niet tekenen!' Het systeem werkt consequent. 'Wit' schrijf je door gewoon iets wits te tekenen. Een zonnestraal. Een streep die uit de zon komt, 白, dat betekent 'bei', 'wit', 'blanc', enzovoort. En 'Oosten'? 'Oosten' is de plaats waar de zon achter de bomen opkomt. Dus teken ik een plaatje van de zon achter de bomen: 東!

Dat is handig, nietwaar? Nou ja, alles heeft een keerzijde. Bedenk maar eens hoeveel woorden en begrippen er bestaan. Voor elk ding moet je een teken leren. Er zijn er nu al 40.000, en bij sommige onderwerpen wordt het flink ingewikkeld en moeilijk. Dan zijn wij toch blij met onze Feniciërs en onze 26 letters, nietwaar? Maar de Chinezen schrijven al 4000 jaar op deze manier, en in een groot deel van Azië kan men die tekens lezen, ook wanneer men geen woord Chinees kan. Op die manier konden de gedachten en inzichten van de grote mannen in China zich snel verbreiden.

Want in de tijd dat in India Boeddha de mensen uit hun lijden wilde verlossen (dat was rond 500 voor Christus, zoals je weet), was er ook in China een belangrijk man die probeerde de mensen gelukkig te maken door middel van zijn inzichten. En toch was hij heel anders dan Boeddha. Hij was geen koningszoon, maar kwam uit een eenvoudig gezin. Hij werd geen kluizenaar, maar ambtenaar en leraar. Het ging hem er niet om dat de mens niet meer zou wensen en niet zou lijden. Voor hem was het belangrijk dat de mensen in vrede zouden samenleven: de ouders met hun kinderen, de heersers met hun onderdanen. Dat was zijn doel: de leer van het samenleven in vrede. En dat doel heeft hij ook bereikt. Mede door zijn leer leefde het grote Chinese volk in de loop van de duizenden jaren vrediger en rustiger met elkaar samen dan andere mensen op de wereld. Waarschijnlijk ben je wel geïnteresseerd in de leer van Confucius, die in het Chinees K'oeng Foe-tse heet. Die leer is niet moeilijk te begrijpen, en ook niet moeilijk te onthouden. Daarom had hij er ook zo veel succes mee.

De weg die leidt naar het doel dat Confucius had gesteld, is eenvoudig. Misschien vind je er nu nog niet zoveel aan, maar er steekt meer wijsheid in dan je denkt. Hij onderwees namelijk dat uiterlijkheden in het leven belangrijker zijn dan je zou vermoeden: het buigen voor ouderen, de deur voor iemand openhouden, opstaan wanneer je met een hogergeplaatste spreekt, en nog meer van dat soort zaken, waarvoor er in China veel meer regels bestonden dan bij ons. Het is niet voor niets dat die dingen bestaan, vond hij. Ze betekenen iets of hebben ooit iets betekend. Meestal iets goeds. Daarom zei Confucius: 'Ik geloof in de ouderdom en ik houd ervan.' Dat wil zeggen: hij geloofde in de zin van diepgewortelde, duizenden jaren oude zeden en gebruiken, en drukte zijn landgenoten telkens weer op het hart die te respecteren. Alles gaat een stuk gemakkelijker wanneer je dat doet, vond hij. Het gaat bij wijze van spreken vanzelf, je hoeft er niet bij na te denken. Het is niet zo dat je een goed mens wórdt door deze omgangsvormen, maar het is wel gemakkelijker een goed mens te blíjven.

Want Confucius dacht heel positief over de mensen. Hij zei dat alle mensen geboren worden als goede, fatsoenlijke mensen. En dat ze in wezen allemaal goed en fatsoenlijk zijn: elk mens dat een kind aan de waterkant ziet spelen, zal bang zijn dat het in het water zal vallen, zei hij. Die zorg om de medemens, het gevoel van medelijden als het slecht gaat, dat alles is ons aangeboren. Je hoeft er dus alleen maar voor te zorgen dat het niet verloren gaat. En daarvoor heb je je familie, zo was zijn overtuiging. Wie altijd lief is voor zijn ouders, hun gehoorzaamt en voor hen zorgt – wat ons immers is aangeboren – zal ook lief zijn voor andere mensen en de wetten van de staat gehoorzamen – zoals je gewend bent om je vader te gehoorzamen. Daarom vond hij de familie, de liefde tussen broers en zussen en de eerbied voor je ouders het belangrijkste wat er was. Hij noemt dat de 'wortels van de menselijkheid'.

Hij bedoelde niet dat de onderdaan ondergeschikt moest zijn aan de heerser, en ook niet andersom. Integendeel, Confucius en zijn volgelingen waren dikwijls te gast bij de weerspannige vorsten en zeiden hun dan gewoonlijk flink de waarheid. Want vooral de vorst moet zich houden aan de juiste omgangsvormen: hij moet vaderlijke liefde uitstralen en hij moet zorgzaam en rechtvaardig zijn. Is hij dat niet en laat hij zijn onderdanen lijden zonder er iets aan te doen, dan is het begrijpelijk dat hij door het volk wordt afgezet, vonden Confucius en zijn volgelingen. Want de belangrijkste plicht van de vorst is een voorbeeld te zijn voor alle bewoners van zijn rijk.

Misschien vind je dat Confucius alleen maar dingen heeft gezegd die vanzelfsprekend zijn. Maar dat is nu precies wat hij wilde. Hij wilde immers dat iedereen uit zichzelf zou kunnen begrijpen wat hij zei, en het ermee eens was. Dan zouden de mensen gemakkelijker met elkaar kunnen samenleven. Ik heb al verteld dat het hem gelukt is. Alleen door zijn leer is het grote rijk met de vele provincies niet uit elkaar gevallen.

Maar je moet niet denken dat er in China geen andere mensen waren, mensen zoals Boeddha, bij wie het niet ging om samenleven of om het buigen voor een ander, maar om de grote geheimen van deze wereld. Ongeveer in dezelfde tijd als Confucius leefde er in China ook zo'n wijze man. Hij heette Lao-zi. Bij ons wordt hij ook wel Lau-tse genoemd. Men zegt wel dat hij ambtenaar was en dat het samenleven met andere mensen hem niet beviel. Dus legde hij zijn ambt neer en wandelde hij naar het afgelegen berglandschap aan de grenzen van China om kluizenaar te worden.

Een eenvoudige douanebeambte op een landweggetje bij de grens schijnt hem gezegd te hebben dat hij zijn gedachten moest opschrijven voordat hij de mensen zou verlaten. En dat deed Lautse. Of de douanebeambte er iets van begrepen heeft, is de vraag, want de aantekeningen zijn erg geheimzinnig en ingewikkeld. Ze behelzen ongeveer het volgende: de hele wereld, weer en wind, de planten en de dieren, de wisseling van dag en nacht en de stand van de sterren, worden beheerst door een grote wetmatigheid. Die wet noemt hij: Tao, dat betekent zoveel als 'weg'. Alleen de mens met zijn onrust, zijn bedrijvigheid, met zijn vele plannen en gedachten en met zijn offers en gebeden, houdt zich niet aan deze wet, hij laat de wet zijn werk niet doen, hij stoort zijn werking.

Het enige wat men daarom moet doen, zegt Lau-tse, is: niets doen. Helemaal stil zijn vanbinnen. Niet om je heen kijken en niet je oor te luisteren leggen, niets willen en nergens iets van vinden. Wie erin slaagt te worden als een boom of een bloem, geen vooropgezette plannen heeft en zijn wil niet doordrukt, zal deel worden van de grote algemene wet, de Tao, die de hemel doet draaien en de lente doet beginnen. Je begrijpt wel dat deze leer moeilijk te begrijpen is, en nog veel moeilijker na te volgen. Misschien is Lau-tse er in de eenzame bergen door niets te doen in geslaagd zijn wet op te volgen. Maar misschien is het maar goed dat niet Lau-tse maar Confucius de grote leraar van het volk is geworden. Wat vind jij ervan?

12

Het grootste avontuur

De mooie tijd in Griekenland heeft maar kort geduurd. Daarna was het afgelopen. De Grieken konden zo'n beetje alles, maar de rust bewaren konden ze niet. Vooral Athene en Sparta lagen voortdurend met elkaar overhoop. Al voor 420 voor Christus kwam het tot een lange, bittere oorlog tussen de twee steden. Dat was de Peloponnesische oorlog. De Spartanen trokken op tot voor Athene en verwoestten het land op vreselijke wijze. Ze hakten alle olijfbomen om. Dat was heel erg, want het duurt heel lang voordat een aangeplante olijfboom vrucht kan dragen. De Atheners trokken op tegen de Spartaanse koloniën ten zuiden van Italië, tegen Syracuse op Sicilië. Het was een eindeloos gekrakeel, er heerste een ernstige epidemie in Athene, waar Pericles aan bezweek, en ten slotte verloor Athene de oorlog: de muren van de stad bezweken onder het oorlogsgeweld. Maar zoals dat altijd gaat bij oorlogen, was uiteindelijk het hele land afgemat door de strijd. Ook de overwinnaars. En het werd nog erger toen een kleine stam in de buurt van Delphi, die de daar aanwezige priesters hadden uitgedaagd, het orakel van Apollo bezette en plunderde. Er ontstond een enorme chaos.

In die chaos mengde zich een vreemd volk – hoewel niet een heel vreemd volk. Het waren de mensen die in de bergen ten noorden van Griekenland woonden en Macedoniërs werden genoemd. De Macedoniërs waren verwant aan de Grieken, maar ze waren onbeheerst en strijdlustig, en ze hadden een buitengewoon wijze koning: Philippus. Deze Philippus van Macedonië sprak uitstekend Grieks en kende de Griekse gebruiken en de Griekse cultuur heel goed. Hij wilde dolgraag koning van heel

Griekenland worden. Tijdens de strijd om het Griekse heiligdom Delphi, dat voor alle volken met de Griekse religie van belang was, vond hij een goede gelegenheid om in te grijpen. Weliswaar was er in de volksvergadering in Athene een politicus en beroemd redenaar die zich telkens weer verzette tegen deze plannen van koning Philippus van Macedonië, dat was de redenaar Demosthenes, wiens redevoeringen tegen Philippus 'filippica' worden genoemd – maar Griekenland was al te verdeeld om zich goed te kunnen verdedigen.

Bij het plaatsje Chaeronea werden de Grieken verslagen door koning Philippus en het nietige Macedonië, terwijl diezelfde Grieken zich honderd jaar daarvoor nog hadden weten te verdedigen tegen het machtige Perzische leger. Maar nu was het uit met de Griekse vrijheid. Dat einde aan de vrijheid, waar de Grieken uiteindelijk zo slordig mee waren omgegaan, kwam in 338 voor Christus. Maar koning Philippus was niet van plan Griekenland te onderwerpen of te plunderen. Hij was iets heel anders van plan: hij wilde uit de Grieken en Macedoniërs een groot leger samenstellen en daarmee optrekken naar Perzië om dat land te veroveren.

Dat was op dat moment minder ingewikkeld dan het in de tijd van de Perzische oorlogen was. Want de Perzische koningen waren allang niet meer zo streng als Darius I, of zo machtig als Xerxes. Ze beheersten hun gebieden niet meer zelf, maar waren al blij als hun satrapen het liefst zo veel mogelijk geld uit de verschillende provincies stuurden. Daarmee bouwden ze prachtige paleizen en hielden er een chique hofhouding op na, met gouden serviezen en vele fraai geklede slaven en slavinnen. Ze aten er goed van en dronken nog meer. En de satrapen deden dat net zo. Een dergelijk rijk moet te overwinnen zijn, dacht koning Philippus. Maar voordat hij met de voorbereidingen voor de oorlog gereed was, werd hij vermoord.

Zijn zoon, die heel Griekenland van hem erfde en Macedonië erbij, was toen nauwelijks twintig jaar oud. Hij heette Alexander. De Grieken dachten dat ze nu snel vrij zouden zijn, want met zo'n jong ventje konden ze toch gemakkelijk afrekenen. Maar Alexander was geen gewone jongen. Het liefst had hij de troon nog eerder bestegen. Men zegt wel dat hij als kind zat te huilen als zijn vader, koning Philippus, weer een Griekse stad had veroverd. 'Mijn vader laat niets voor mij over om te veroveren als ik eenmaal koning ben.' En nu had hij alles van hem geërfd. Een Griekse stad die zich wilde losmaken werd, bij wijze van waarschuwing, verwoest, en de bewoners werden als slaven verkocht. Daarna belegde Alexander in de Griekse stad Korinthe een vergadering waarbij alle Griekse aanvoerders aanwezig waren, om met hen de veldtocht naar Perzië te bespreken.

Nu moet je weten dat de jonge koning Alexander niet alleen een moedige, eerzuchtige veroveraar was, maar ook een mooie man met lang krulhaar, die bovendien alles wist wat je destijds weten kon. Hij had namelijk les gehad van de beroemdste leraar die destijds op aarde te vinden was: de Griekse filosoof Aristoteles. Wat dat betekent, kun je je misschien voorstellen als ik je zeg dat Aristoteles niet alleen de leraar was van Alexander, maar eigenlijk van alle mensen in de afgelopen 2000 jaar. Wanneer de mensen het in die volgende 2000 jaar ergens niet over eens waren, pakten ze de geschriften van Aristoteles erbij. Hij was de scheidsrechter. Wat er in zijn geschriften stond, moest wel waar zijn. Hij had over zo'n beetje alles geschreven wat je in zijn tijd kon weten. Hij schreef over de natuur, over de sterren, de dieren en de planten, hij schreef over de geschiedenis en over de mensen die samenleven in de staat (politiek), over het juiste denken, dat in het Grieks 'logica' wordt genoemd, en over het juiste handelen, dat in het Grieks 'ethiek' wordt genoemd. Verder schreef hij over de dichtkunst en wat daar mooi aan was, en ten slotte schreef hij zijn gedachten over God op, die onbeweeglijk en onzichtbaar boven de sterrenhemel zweeft.

Dat alles leerde Alexander ook, en hij was een goede leerling. Het liefst las hij in de oude heldensagen van Homerus. Men zegt dat hij die 's nachts zelfs onder zijn hoofdkussen legde. En toch was hij niet echt een boekenwurm; hij hield veel meer van sport. Vooral in paardrijden was er niemand zo goed als hij. Zijn vader kocht ooit een mooi, wild paard voor hem, dat door niemand getemd kon worden. Het dier heette Bucephalus. Het wierp iedereen van zijn rug. Maar Alexander kwam erachter hoe dat kwam: dit paard was bang voor zijn eigen schaduw. Daarom draaide Alexander het tegen de zon in, zodat het dier zijn eigen schaduw op de grond niet kon zien. Hij aaide het dier, ging erop zitten en reed ermee in de rondte, terwijl de gehele hofhouding er applaudisserend omheen stond. Bucephalus werd zijn lievelingspaard.

Toen Alexander verscheen bij de Griekse aanvoerders in Korinthe, waren ze allemaal dolenthousiast en zeiden ze allerlei vriendelijke dingen tegen hem. Op eentje na. Dat was een zonderling, een filosoof met de naam Diogenes. Die had inzichten die niet veel verschilden van de inzichten van Boeddha. Wat men bezit en wat men nodig heeft, zei hij, is alleen maar lastig bij het nadenken en stoort je in je welbehagen. Hijzelf had alles weggegeven en was bijna naakt in een ton op het marktplein van Korinthe gaan zitten. Daar woonde hij. Hij was even vrij en onafhankelijk als een hond zonder baas. Ook Alexander wilde kennismaken met deze merkwaardige kerel, en dus bracht hij hem een bezoek. Hij ging met zijn fraaie wapenrusting en met wapperende vederbos op zijn helm voor de ton staan en zei: 'Jou mag ik wel, wanneer ik iets voor je kan betekenen, zeg het dan, ik geef het je.' Diogenes, die juist lekker in het zonnetje lag, zei: 'Ja, koning, ik heb inderdaad een wens.' 'Zeg het maar,' zei Alexander. 'U staat in mijn zon, gaat u alstublieft weg uit mijn zon.' Dit maakte zo'n indruk op Alexander dat hij gezegd zou hebben: 'Als ik Alexander niet was, zou ik Diogenes willen zijn.'

Over een dergelijke koning waren de Grieken in het leger al snel even enthousiast als de Macedoniërs. Ze wilden graag voor hem vechten. Daarom was Alexander vol vertrouwen toen hij naar Perzië trok. Alles wat hij bezat, gaf hij aan zijn vrienden. Die schrokken en vroegen hem: 'Wat houd je zelf dan nog over?' 'De hoop,' zou hij hebben geantwoord. En die hoop heeft hem niet in de steek gelaten. Met zijn leger kwam hij als eerste in Klein-Azië. Daar trof hij het eerste Perzische leger. Dat was weliswaar groter dan het zijne, maar in feite was het een ongeordende troep soldaten, zonder echte aanvoerders. De Perzen sloegen meteen op de vlucht, want het leger van Alexander streed zeer moedig. Alexander zelf was misschien wel het moedigst en was altijd daar te vinden waar het hardst werd gevochten.

In het veroverde Klein-Azië speelt zich de beroemde geschiedenis van de gordiaanse knoop af. Dat ging zo: in de stad Gordium stond in een tempel een oude strijdwagen, waarvan het juk met de disselboom verbonden was door een touw waarin een schier onontwarbare knoop was gelegd. Nu was voorspeld dat degene die deze knoop kon ontwarren, heerser zou worden over de gehele wereld. Alexander prutste maar eventjes aan de knoop, die naar het schijnt nog veel ingewikkelder was dan de knoop die in je schoenveter zit als je haast hebt. Hij deed iets wat mijn moeder zeker niet had goedgekeurd: hij nam zijn zwaard en hakte de knoop door. Dat betekende tegelijkertijd: 'Met het zwaard in de hand verover ik de wereld en zo komt de voorspelling uit.' En dat gebeurde inderdaad.

Het verdere verloop van de veroveringstocht kun je het best bekijken op de landkaart. Alexander trok niet meteen door naar Perzië. Hij wilde de Perzische provincies Fenicië en Egypte niet in de rug hebben en moest ze dus eerst onderwerpen. Toen hij op weg daarnaartoe was, probeerden de Perzen hem bij de stad Issus tegen te houden. Hij versloeg hen en maakte de prachtige tenten en schatten van de Perzische koning buit. Ook nam hij de vrouw en de zus van de koning gevangen; hij behandelde hen hoffelijk en netjes. Dat gebeurde in 333 voor Christus.

Het was vrij lastig Fenicië te veroveren. Zeven maanden lang moest hij de stad Tyrus belegeren. Daarna maakte hij die stad zo'n beetje met de grond gelijk. In Egypte verging het hem beter. De Egyptenaren waren blij dat ze van de Perzen verlost werden en onderwierpen zich vrijwillig aan hem, omdat hij de vijand van de Perzen was. Maar hij wilde de echte heerser van de Egyptenaren zijn, zoals ze dat zelf gewend waren. Dus trok hij door de woestijn naar een tempel van de zonnegod en liet de priester zeggen dat hij de zoon van de zon was, en dus de echte farao. Voordat hij vanuit Egypte verder trok, stichtte hij een stad aan zee. Hij noemde de stad naar zichzelf: Alexandrië. De stad bestaat nog steeds en behoorde lange tijd tot de machtigste en rijkste steden ter wereld.

Pas nu trok hij op tegen Perzië. De Perzische koning had inmiddels een reusachtig leger bijeengebracht en wachtte Alexander op in de buurt van het oude Nineve, bij de plaats Gaugamela. Voorafgaand aan de slag stuurde hij bodes naar Alexander om hem als geschenk zijn halve koninkrijk en zijn dochter aan te bieden als hij niet zou aanvallen. Een van de vrienden van

Alexander, Parmenios, zei daarop: 'Als ik Alexander was, zou ik dat aannemen.' Alexander antwoordde: 'Ik ook, als ik Parmenios was.' Hij wilde liever over de hele wereld heersen dan over de halve. En daarna versloeg hij het laatste en grootste Perzische leger. De Perzische koning vluchtte de bergen in en werd daar vermoord.

Alexander strafte de moordenaars. Hij was nu koning van heel Perzië. Tot zijn rijk behoorden nu Griekenland, Egypte, Fenicië met Palestina, Babylonië, Assyrië, Klein-Azië en Perzië. Hij begon het te organiseren. Zijn bevelen reikten nu werkelijk van de Nijl tot in het huidige Siberië.

Voor jou en voor mij was dat waarschijnlijk voldoende geweest. Maar voor Alexander niet. Hij wilde heersen over nieuwe, nog niet bekende landen. Hij wilde de raadselachtige verre volken zien, waarover de kooplieden vertelden die met zeldzame producten uit het Oosten naar Perzië kwamen. Hij wilde, net als de god Bacchus uit een van de Griekse sagen, een triomftocht tot bij de door de zon verbrande Indiërs maken en zich door hen laten huldigen. En dus bleef hij niet lang in de Perzische hoofdstad. In 327 trok hij met zijn leger weg. Hij beleefde talrijke avonturen, trotseerde grote gevaren en trok over de passen van het vreemde, onontdekte hooggebergte om vervolgens af te dalen naar het dal van de Indus, naar India. Maar de Indiërs gaven zich niet zonder slag of stoot aan hem over. Vooral de boetepredikers en kluizenaars in de bossen gingen tekeer tegen de veroveraars uit het verre Westen. En dus moest Alexander alle steden, die door de Indiase krijgers uit de krijgerskaste dapper werden verdedigd, afzonderlijk belegeren en veroveren.

Hijzelf toonde daarbij hoe dapper hij was. Bij een zijrivier van de Indus werd hij opgewacht door de Indiase koning Porus, die een geweldig leger van oorlogsolifanten en voetvolk bijeen had gebracht. Hij stond aan de andere kant van de rivier, en Alexander moest zijn soldaten over de rivier zetten terwijl het vijandelijke leger aan de overkant stond toe te kijken. Dat hij daarin is geslaagd, mag een wonder heten. En het is misschien nog opmerkelijker dat hij dat leger in de gloeiende, vochtige hitte van India daadwerkelijk heeft verslagen. Porus werd geboeid naar hem toe gebracht. 'Wat wil je van mij?' vroeg Alexander. 'Dat je me koninklijk behandelt,' antwoordde Porus. 'Verder niets?' vroeg Alexander. 'Nee, daarmee is alles gezegd.' Dit maakte zo'n indruk op Alexander dat hij Porus zijn koninkrijk teruggaf.

Zelf wilde hij nog verder naar het Oosten, naar nog vreemdere, geheimzinniger volken in het dal van de rivier de Ganges. Maar toen hadden zijn soldaten geen zin meer. Ze wilden niet steeds verder en verder, tot aan het einde van de wereld. Ze wilden eindelijk wel eens terug naar huis. Alexander smeekte hen, hij dreigde dat hij alleen zou gaan, hij bleef drie dagen zitten mokken in zijn tent. Maar ten slotte wonnen de soldaten: hij moest omkeren.

Maar er was één ding dat hij toch voor elkaar kreeg: dat ze niet dezelfde weg terug zouden nemen als die ze tijdens hun opmars hadden genomen. Dat was wel het gemakkelijkst geweest, aangezien die gebieden inmiddels veroverd waren. Maar Alexander wilde iets nieuws zien, nieuwe landen veroveren. En dus trok hij van de rivier de Indus in zuidelijke richting, naar de zee. Hij stuurde een deel van het leger per schip terug naar huis. Zelf trok hij onder nieuwe en zware omstandigheden door de troosteloze, stenige woestijn. Hij doorstond de ontberingen waaronder zijn leger ook te lijden had, en gunde zichzelf niet meer water of rust dan de anderen. Hij streed aan het front en ontkwam als door een wonder aan de dood.

Op een dag werd een vesting belegerd. Men plaatste ladders en klom op de muur. Alexander deed dat als eerste. Toen hij boven stond, brak de ladder onder het gewicht van de soldaten die erop waren geklommen, en hij stond alleen op de muur. Ze schreeuwden dat hij naar beneden moest springen, aan hun kant, maar in plaats daarvan sprong hij de stad in, binnen de muren dus. Hij stelde zich op tegen de muur en beschermde zich met zijn schild tegen de overmacht aan vijanden. Hij was al gewond door een pijl toen zijn soldaten eindelijk over de muur kwamen om hem te redden. Het was een opwindend avontuur.

Uiteindelijk kwamen ze weer terug in de Perzische hoofdstad. Maar die had Alexander tijdens de verovering in brand gestoken. En dus hield hij hof in Babylon. Hij had immers keuze genoeg. Hij, die nu voor de Egyptenaren de zoon van de zon was en voor de Perzen de koning der koningen, die in India en in Athene troepen gelegerd had, wilde nu voor de dag komen zoals men van een echte wereldleider verwacht.

Misschien deed hij dat niet uit trots, maar omdat hij door de lessen van Aristoteles de mensen zeer goed kende en wist dat macht alleen in combinatie met pracht en praal een juiste indruk achterlaat. En dus voerde hij de plechtige ceremoniën in die aan de hoven van Babylon en Perzië al duizenden jaren gebruikelijk waren. Men moest voor hem knielen en sprak met hem alsof hij werkelijk een god was. Hij trouwde met een aantal vrouwen, net als de oosterse koningen. Een van hen was de dochter van de Perzische koning Darius, want alleen op die manier kon hij diens ware opvolger worden. Want hij wilde geen onbekende veroveraar blijven, hij wilde de wijsheid en de rijkdommen van het Oosten doen versmelten met de inzichtelijkheid en de levenskracht van de Grieken, en op die manier iets nieuws en wonderbaarlijks tot stand brengen.

Maar daar hadden de Grieken geen trek in. Ten eerste wilden zij, als veroveraars, de enige heersers blijven. Ten tweede waren ze als vrije mensen die aan vrijheid gewend waren, niet bereid voor wie dan ook te knielen. 'Slijmen' noemden ze dat. En zo werden zijn Griekse vrienden en soldaten steeds opstandiger en was hij gedwongen hen naar huis te sturen. Zijn belangrijke taak om de twee volken te verenigen wilde niet lukken. Toch gaf hij 10.000 Macedonische en Griekse soldaten die waren getrouwd met Perzische vrouwen een rijke bruidsschat mee en organiseerde hij een groot feest voor hen.

Hij had grote plannen. Hij wilde nog veel meer steden bouwen als Alexandrië in Egypte. Hij wilde wegen laten aanleggen en hij was van plan om, tegen de wil van de Grieken in, de hele wereld te veroveren. Je moet niet vergeten dat er destijds al regelmatig post heen en weer ging van India naar Athene! Maar tijdens het maken van al die mooie plannen stierf hij, in het zomerpaleis van Nebukadnezar, op een leeftijd waarop de meeste mensen pas echt mens worden: hij was 32 jaar oud, het was 323 voor Christus.

Op de vraag wie zijn opvolger moest worden, antwoordde hij, koortsig als hij was: 'De waardigste.' Maar die was er helemaal niet. Alle veldheren en vorsten in zijn omgeving waren eerzuch-

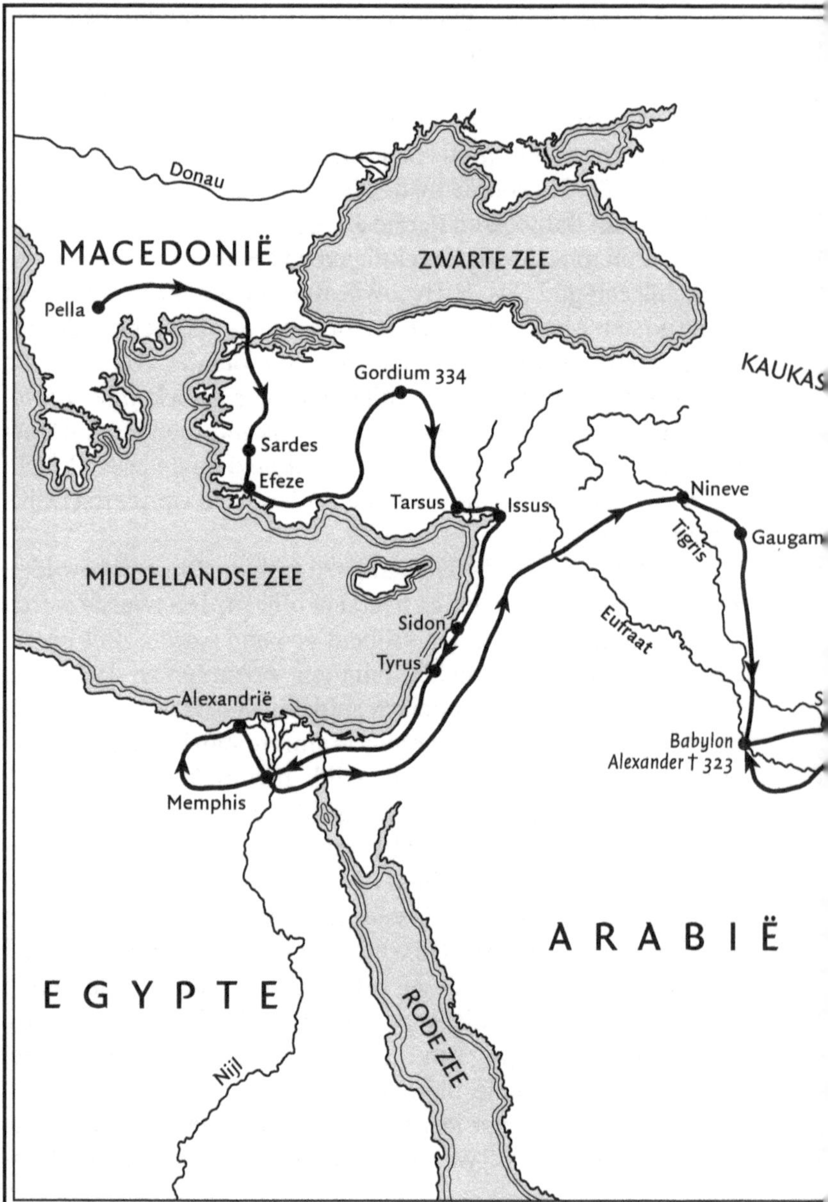
Donau
MACEDONIË
ZWARTE ZEE
Pella
KAUKAS
Gordium 334
Sardes
Efeze
Tarsus
Issus
Nineve
Gaugam
Tigris
MIDDELLANDSE ZEE
Sidon
Eufraat
Tyrus
Alexandrië
Babylon
Alexander † 323
Memphis
ARABIË
EGYPTE
RODE ZEE
Nijl

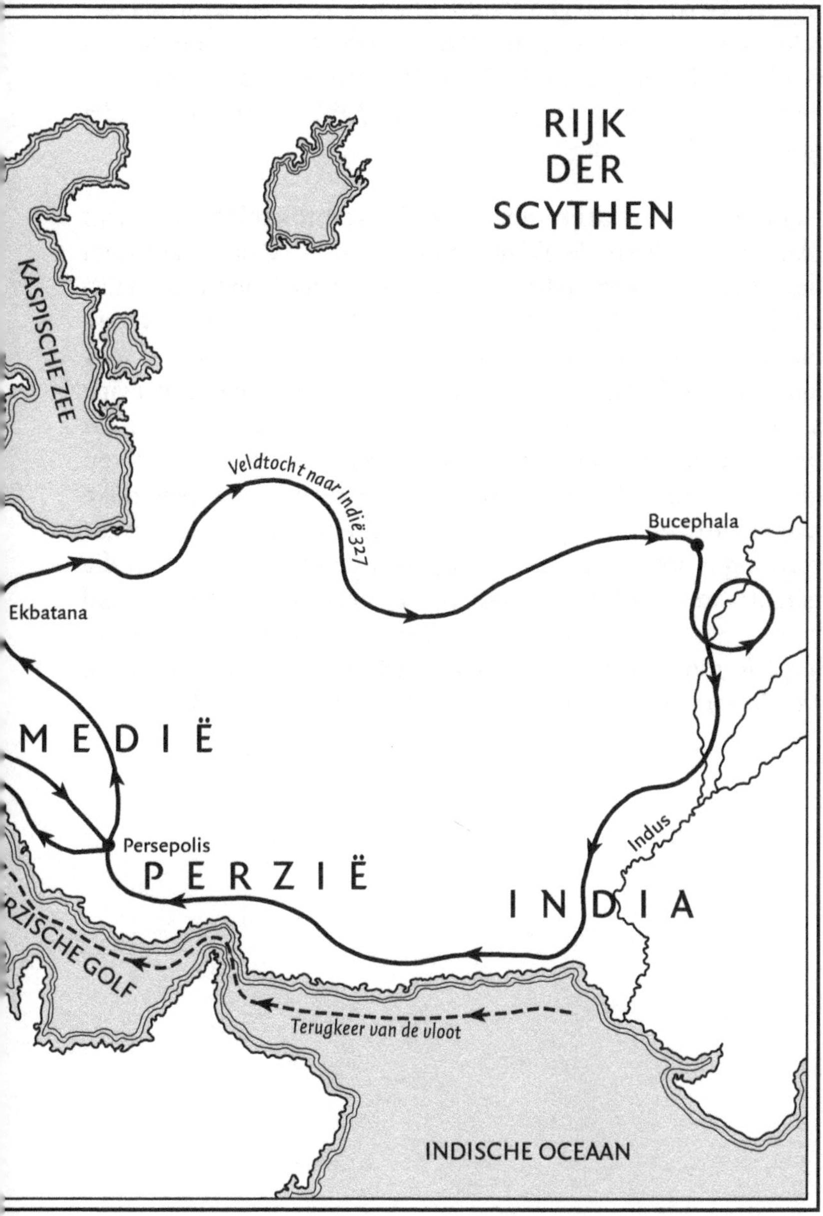

RIJK
DER
SCYTHEN
KASPISCHE ZEE
Veldtocht naar Indië 327
Bucephala
Ekbatana
MEDIË
Persepolis
PERZIË
Indus
INDIA
RZISCHE GOLF
Terugkeer van de vloot
INDISCHE OCEAAN

tige, verkwistende en gewetenloze lieden. Ze streden om het wereldrijk totdat het uiteenviel. Daarna heerste er een familie van veldheren in Egypte, de Ptolemeeërs, een in Mesopotamië, de Seleuciden, en ook nog een in Klein-Azië, de Ataliden. India ging geheel verloren.

Hoewel het wereldrijk van Alexander verbrokkelde, werd zijn plan in de loop van de tijd toch uitgevoerd. De Griekse kunst en het Griekse denken deden hun intrede in Perzië, in India en uiteindelijk zelfs in China. En de Grieken begrepen dat de wereld uit meer steden bestond dan alleen Athene en Sparta, dat er voor hen belangrijker taken waren weggelegd dan alleen de eeuwige strijd tussen de Doriërs en de Ioniërs. En juist in de periode dat het kleine beetje politieke macht dat ze hadden geheel verloren ging, werden de Grieken de dragers van de grootste geestelijke macht die er ooit was geweest, een macht die ook wel de Griekse vorming wordt genoemd. Weet je wat de grondslagen van die macht waren? De bibliotheken. Bijvoorbeeld in Alexandrië stond zo'n Griekse bibliotheek, en die bezat al snel 700.000 boekrollen. Die 700.000 boekrollen waren de Griekse soldaten die nu de wereld veroverden. En dat wereldrijk bestaat nog steeds.

13

Over nieuwe strijders en gevechten

Alexander trok alleen maar naar het Oosten. Hoewel, 'alleen maar' is misschien niet helemaal de juiste uitdrukking! Alles wat ten westen van Griekenland lag, vond hij niet belangrijk. Er lagen een paar Fenicische en Griekse koloniën, en verder lag er een aantal dichtbeboste schiereilanden waar stoere, arme, oorlogszuchtige boeren woonden. Een van die schiereilanden was Italië en een van die boerenvolken was dat van de Romeinen. In de tijd van Alexander de Grote was het Romeinse Rijk nog een klein vlekje in het midden van Italië. Rome was een kleine stad met veel kronkelige straatjes waar een stevige muur omheen stond, en de bewoners van Rome waren trotse mensen. Ze vertelden graag en veel over hun roemrijke geschiedenis en geloofden dat voor hen een grote toekomst in het verschiet lag. Ze lieten hun geschiedenis beginnen bij de oude Trojanen. Een gevluchte Trojaan, Aeneas, was naar Italië gekomen, vertelden ze. Zijn nakomelingen waren de tweelingen Romulus en Remus, wier vader de oorlogsgod Mars was. Ze werden gezoogd en opgevoed door een wilde wolvin in het bos. Romulus, zo vervolgt de sage, heeft daarna Rome gesticht. Men noemt zelfs een jaartal: 753 voor Christus. Later telden de Romeinen de jaren vanaf dat jaartal, zoals de Grieken aan de hand van de Olympische Spelen telden. Ze zeiden: in het zo- en zoveelste jaar na de stichting van de stad. Het Romeinse jaar 100 komt volgens onze tijdrekening dus overeen met het jaar 653 voor Christus.

De Romeinen kenden over de vroegste geschiedenis van hun stad nog allerlei mooie verhalen: over goede en slechte koningen die er hadden geheerst, en over de oorlogen met de naburige steden – bijna had ik 'naburige dorpen' gezegd. De zevende en laatste koning, Tarquinius de Hoogmoedige, zou vermoord zijn door een edelman, Brutus. Daarna heersten de edelen, die patriciërs werden genoemd, wat zoiets als 'stadsvaders' betekent. Toch moet je je in het Rome van die tijd geen echte stedelingen voorstellen, maar eerder herenboeren die uitgestrekte weiden en akkers bezaten. Alleen zij hadden het recht de bestuurders van de stad te kiezen, aangezien er geen koningen meer waren.

De belangrijkste bestuurders in Rome waren de consuls. Er waren er altijd twee tegelijk, en ze oefenden hun ambt slechts één jaar lang uit. Daarna moesten ze aftreden. Behalve de patriciërs waren er natuurlijk nog meer inwoners. Maar die hadden geen beroemde voorvaderen, bezaten weinig akkers en waren om die reden minder belangrijk. Ze werden 'plebejers' genoemd. Ze vormden feitelijk een eigen kaste, ongeveer zoals in India. Een plebejer mocht niet met een vrouw uit de patriciërsklasse trouwen. En hij kon al helemaal geen consul worden. Hij mocht zelfs niet stemmen in de volksvergadering op het Marsveld, vlak buiten de stad. Maar omdat de plebejers talrijk waren en voor geen kleintje vervaard waren – net als de patriciërs hadden ze een ijzeren wil – lieten ze dit allemaal niet zo gemakkelijk over hun kant gaan als de zachtmoedige Indiërs. Een aantal malen dreigden ze dat ze zouden verhuizen als ze niet beter behandeld werden en ook hun een deel van de veroverde akkers en weiden kregen – want die hadden de patriciërs tot dan toe zelf gehouden. Na een eeuwenlange, onverbiddelijke strijd kregen de plebejers het uiteindelijk voor elkaar dat ze in de Romeinse staat dezelfde rechten kregen als de patriciërs. Een van de twee consuls moest een patriciër zijn, de ander een plebejer. Dat was rechtvaardig. Het einde van die lange, ingewikkelde strijd viel ongeveer samen met de tijd waarin Alexander de Grote leefde.

Die strijd geeft ongeveer aan wat voor soort mensen de Romeinen waren. Ze dachten niet zo snel en waren niet zulke grote uitvinders als de Atheners. Mooie voorwerpen, gebouwen, beelden en liederen vonden ze ook niet zo belangrijk, net zomin als het nadenken over de wereld en het leven. Maar wanneer ze zich iets hadden voorgenomen, zouden ze het voor elkaar krijgen ook. Ook als dat 200 jaar moest duren. Het waren boeren die al eeuwen en eeuwen hun land bewerkten, en geen drukke zeevaarders, zoals de Atheners. Hun bezit, hun kuddes en hun landerijen – daar bekommerden ze zich om. Ze waren niet van die wereldreizigers, ze hadden ook geen koloniën gesticht. Ze hielden van het land waar ze vandaan kwamen, ze hielden van hun stad. Ze wilden dat die stad machtig werd, en daarvoor hadden ze alles over. Daar streden ze voor en daar stierven ze voor. Behalve hun geboortegrond was er nog iets wat ze heel belangrijk vonden: hun recht. Niet recht in de zin van gerechtigheid – dat alle mensen gelijk zijn – maar recht in de zin van wet. Dat wat opgeschreven is. Hun wetten waren vastgelegd op twaalf bronzen tafels op het marktplein. Die weinige welgekozen en ernstige bewoordingen golden precies zoals ze waren opgeschreven. Zonder uitzonderingen, zonder medelijden, zonder genade. Het waren immers de wetten van hun eigen voorvaderen. Alleen daarom al deugden die wetten.

Er bestaan veel mooie, oude verhalen die gaan over de vaderlandsliefde van de Romeinen en over hun trouw aan de wet. Verhalen over vaders die hun eigen zonen ter dood veroordeelden zonder met de ogen te knipperen, omdat de wet het immers zo voorschreef; verhalen over helden die zich bij slachtpartijen of in gevangenschap zonder aarzeling opofferden voor hun landgenoten. Die verhalen zijn misschien niet allemaal letterlijk waar, maar ze tonen wel aan waar het bij de Romeinen op aankwam bij het beoordelen van hun medemensen: op de hardvochtigheid en gestrengheid jegens zichzelf en anderen, vooral als het om recht of om het vaderland gaat. De Romeinen lieten zich door geen enkele tegenslag afschrikken. Zelfs toen hun stad door een volk uit het noorden, de Galliërs, in 390 voor Christus werd ingenomen en platgebrand, gaven ze niet op. Ze bouwden hun stad weer op, en ook de versterkingen, en dwongen de naburige steden steeds vaker gehoorzaam te zijn.

In de tijd na Alexander de Grote hadden ze aan die kleine oorlogjes tegen kleine steden op een zeker moment niet meer genoeg. Langzaam maar zeker veroverden ze het hele schiereiland. Maar dat deden ze niet tijdens één grote zegetocht, zoals Alexander dat had gedaan. Ze deden dat kalmpjes aan. Stukje voor stukje, stad voor stad, gebied voor gebied. Met de taaiheid en onverstoorbaarheid die zo kenmerkend voor hen was. Meestal ging het zo: aangezien Rome een machtige stad was geworden, sloten andere Italiaanse steden bondgenootschappen met de Romeinen. De Romeinen vonden dat op hun beurt prima. Maar wanneer de bondgenoten ergens een andere mening over hadden en niet volgzaam waren, werd het oorlog. De Romeinse compagnieën, die 'legioenen' werden genoemd, behaalden meestal de overwinning. Maar op een keer riep een stad in het zuiden van Italië de hulp in van een Griekse vorst en legeraanvoerder, Pyrrhus, om tegen de Romeinen te vechten. Hij kwam met oorlogsolifanten op de proppen, iets wat de Grieken hadden geleerd van de Indiërs. Met die olifanten behaalde hij een overwinning op de Romeinse legioenen. Maar er waren zoveel van zijn eigen soldaten gesneuveld dat hij gezegd zou hebben: 'Nog zo'n overwinning zou ik niet overleven.' Daarom spreekt men vandaag de dag nog van een pyrrusoverwinning als er bij een overwinning te veel slachtoffers vallen.

Pyrrhus vertrok al snel daarna uit Italië, en daarmee hadden de Romeinen heel zuidelijk Italië in handen. Maar dat was nog niet voldoende voor hen. Ze wilden ook het eiland Sicilië onderwerpen, dat bijzonder vruchtbaar was. Daar groeide buitengewoon goed graan, en bovendien waren er rijke Griekse koloniën. Sicilië behoorde toen al niet meer toe aan de Grieken, maar aan de Feniciërs.

Je herinnert je misschien dat de Feniciërs nog voordat de Grieken dat deden overal handelsposten en steden stichtten, vooral in Spanje en Noord-Afrika. Een van die Noord-Afrikaanse steden was Carthago, dat precies tegenover Sicilië lag. Het was de rijkste en machtigste stad in de wijde omtrek. De bewoners waren Feniciërs, maar die werden in Rome Puniërs genoemd. Hun schepen voeren ver over zee en brachten producten van het ene land naar het andere. En aangezien ze zo dicht bij Sicilië woonden, haalden ze daar hun graan vandaan.

De Carthagers waren de eerste grote tegenstanders van de Romeinen. En het waren gevaarlijke tegenstanders. Meestal vochten ze niet zelf, zoals de Romeinen, want ze hadden genoeg geld om huursoldaten voor zich te laten vechten. In de oorlog die nu op Sicilië uitbrak, waren de Feniciërs aanvankelijk aan de win-

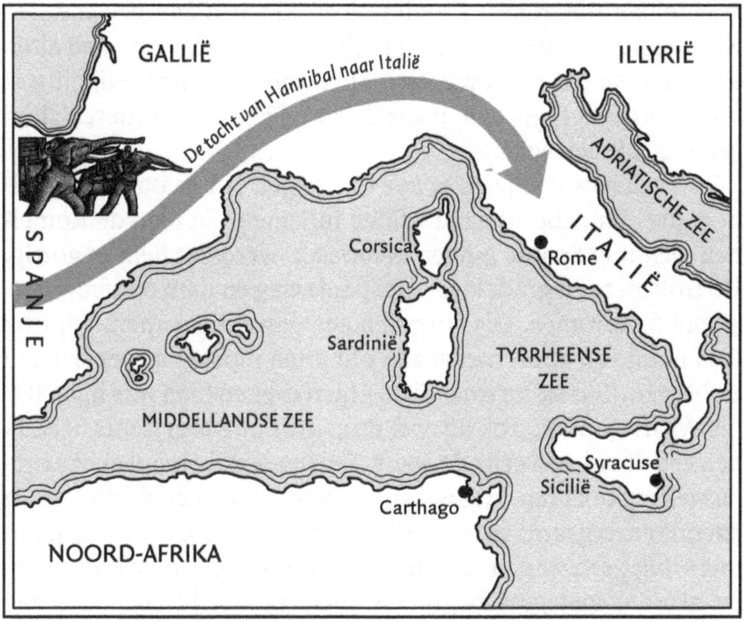

nende hand, vooral omdat de Romeinen geen schepen hadden en helemaal niet gewend waren om op zee te varen of er oorlog te voeren. Ze waren ook totaal niet bedreven in het bouwen van schepen. Maar op een dag strandde er een Carthaags schip voor de Italiaanse kust. Dat gebruikten de Romeinen als voorbeeld en in twee maanden tijd bouwden ze een groot aantal van die schepen na. Al hun geld gaven ze uit aan schepen, en met de nieuwe vloot zegevierden ze over de Carthagers, die Sicilië nu kwijt waren aan de Romeinen. Dat was in 241 voor Christus.

Maar dat was nog maar het begin van de strijd tussen de twee steden. De Carthagers dachten: als jullie Sicilië van ons afpakken, zullen wij Spanje wel even veroveren. Daar zaten geen Romeinen, alleen maar onontwikkelde volksstammen. Maar ook dat stonden de Romeinen niet toe. Nu hadden de Carthagers in Spanje een legeraanvoerder, wiens zoon Hannibal een geweldige kerel was. Hij was opgegroeid tussen de soldaten en kende de oorlog als geen ander. Honger en kou, hitte en dorst, dagen- en nachtenlang marcheren – hij was er allemaal aan gewend. Hij was dapper, hij kon bevelen uitdelen, hij was zijn vijanden altijd te slim af en gaf niet op voor hij hen verslagen had. Hij ging er niet roekeloos tegenaan, maar dacht bij het oorlog voeren altijd eerst na, als een schaker.

Bovendien was hij een goede Carthager. Hij haatte de Romeinen, die zijn geboortestad wilden innemen. En toen de Romeinen zich met Spanje gingen bemoeien, werd het hem te gortig. Hij trok met een groot leger uit Spanje weg en nam opnieuw oorlogsolifanten mee. Die vormden een geweldig wapen. Hij trok heel Frankrijk door; met al zijn olifanten moest hij over rivieren en bergen. Ten slotte trok hij de Alpen over en toen was hij in Italië. Waarschijnlijk trok hij over de pas die nu Mont Cenis heet. Ik ben er zelf ook wel eens geweest. Tegenwoordig loopt er een brede weg vol bochten. Het is onbegrijpelijk hoe men destijds door dat onherbergzame gebergte heeft kunnen trekken: er lagen immers ook geen wegen. Er zijn daar diepe dalen, steile afgronden en gladde, met gras begroeide rotswanden. Ik zou daar niet graag met een olifant lopen, laat staan met veertig olifanten. Bovendien was het al september, en in de hogere gedeelten lag al sneeuw. Maar Hannibal trok er met zijn leger langs, en daarna stond hij beneden, in Italië. De Romeinen stonden hem op te wachten. Hij versloeg hun leger; de veldslag was bloedig. Een tweede Romeins leger overviel zijn kamp 's nachts, maar Hannibal wist zich door een list te redden. Hij bond brandende fakkels aan de hoorns van een kudde ossen en joeg de dieren de berg af waarop zijn kamp lag. Het was donker en de Romeinen dachten dat de soldaten van Hannibal daar met hun fakkels liepen. Ze gingen erachteraan. Maar toen ze in de buurt kwamen, zagen ze dat het ossen waren. Wat zullen ze gebaald hebben!

De Romeinen hadden een zeer slimme veldheer: Quintus Fabius Maximus, en die wilde Hannibal niet aanvallen. Hij was ervan overtuigd dat Hannibal in dat vreemde land waar hij nu was, op een gegeven moment ongeduldig zou worden en een domme streek zou uithalen. Maar de Romeinen hielden niet van wachten. Ze staken de draak met Quintus Fabius Maximus en noemden hem Cunctator, wat 'treuzelaar' betekent. Ze vielen Hannibal toch aan. Dat gebeurde bij het plaatsje Cannae. En ze werden in de pan gehakt. Bij de Romeinen vielen er 40.000 doden. Deze slachtpartij, die plaatsvond in 217 voor Christus, was de grootste nederlaag die ze leden. Toch trok Hannibal daarna niet naar Rome. Hij was voorzichtig. Hij wachtte tot hij nieuwe troepen zou krijgen, en dat was zijn grote ongeluk. Want de Carthagers stuurden geen nieuwe troepen. En zijn eigen troepen werden zo langzamerhand onhoudbaar: ze plunderden en roofden in de Italiaanse steden. De Romeinen vielen hen niet meer aan, want die waren bang voor hen. Ze riepen iedereen op voor de militaire dienst. Iedereen. Ook de jongens, en zelfs de slaven. Elke man in Italië werd soldaat, en dat waren geen huursoldaten, zoals die van Hannibal, maar Romeinen. Je weet wat dat betekent. Ze streden tegen de Carthagers op Sicilië en in Spanje. Overal waar Hannibal hun tegenstander niet was, overwonnen ze.

Ten slotte moest Hannibal na veertien jaar weg uit Italië en terug naar Afrika, want daar hadden ze hem nodig. De Romeinen waren namelijk onder leiding van hun veldheer Scipio in de richting van Carthago getrokken. En deze slag werd door Hannibal verloren. In 202 voor Christus werden de Carthagers verslagen door de Romeinen. De Carthagers moesten hun gehele vloot in brand steken en daarnaast moesten ze enorme bedragen aan herstelbetalingen voldoen. Hannibal was gedwongen te vluchten en later vergiftigde hij zichzelf, want hij wilde niet door de Romeinen gevangengenomen worden. Rome was door deze overwinning zo machtig geworden dat het ook Griekenland veroverde, dat nog steeds onder Macedonische heerschappij stond, maar zoals gewoonlijk verdeeld en verscheurd was. Uit de stad Korinthe namen de Romeinen de prachtigste kunstwerken mee en vervolgens brandden ze de stad plat.

Ook in noordelijke richting breidde Rome zich uit, en wel in het land van de Galliërs, die 200 jaar daarvoor Rome nog hadden verwoest. De Romeinen veroverden het huidige Noord-Italië. Maar voor velen was zelfs dat niet voldoende. Ze konden het niet verdragen dat Carthago nog steeds bestond. Van een patriciër, Cato, die een verbeten maar rechtvaardig en waardig man was, wordt gezegd dat hij tijdens de vergaderingen van de Romeinse staatsraad (in de Senaat) bij elke passende en minder passende gelegenheid opmerkte: 'Overigens ben ik van mening dat Carthago verwoest moet worden.' En uiteindelijk deden de Romeinen dat ook. Ze verzonnen een smoesje en vielen aan. De Carthagers verdedigden zich vertwijfeld. Toen de Romeinen de stad eenmaal hadden ingenomen, moesten ze nog zes dagen lang om elk huis strijden. Maar toen waren alle Puniërs gedood of gevangengenomen. Men verwoestte de huizen en maakte de plek waar ooit Carthago had gelegen, met de grond gelijk. Men ging er met de ploeg overheen en strooide er zout, zodat er nooit meer iets zou groeien. Dat gebeurde in 146 voor Christus. Het betekende het einde van de stad van Hannibal. Rome was de machtigste stad van de wereld geworden.

14

Een vijand van de geschiedenis

Wanneer je de geschiedenis tot nu toe een beetje vervelend vond, dan zul je dit hoofdstuk waarschijnlijk wel leuk vinden.

In China was er namelijk in de tijd waarin Hannibal in Italië was (dus na 220 voor Christus) een keizer die niet van geschiedenis hield. Daarom liet hij in 213 voor Christus alle geschiedenisboeken en alle oude oorkonden en bekendmakingen vernietigen; ook alle geschriften van Confucius en Lau-tse en al die andere onpraktische onzin moest eraan geloven. Alleen boeken over akkerbouw en andere nuttige dingen stond hij toe. Wie een ander boek in bezit had, moest gedood worden.

Deze keizer heette Tj'in Shi Hwang-ti en hij was een van de grootste oorlogshelden die er ooit bestaan heeft. Hij was niet als keizerlijke prins ter wereld gekomen, maar als zoon van een van de vorsten over wie ik heb verteld, en hij werd de eerste keizer van China. De provincie waarover hij heerste, heette Tj'in, en zo luidde ook de naam van zijn familie. Naar hem is waarschijnlijk het huidige China genoemd.

Er waren genoeg redenen China naar de vorst van Tj'in te noemen, want hij werd door zijn veroveringstochten niet alleen de leider van heel China, hij heeft het land ook compleet opnieuw ingericht. De andere vorsten gooide hij eruit en daarna deelde hij het reusachtige rijk opnieuw in. En juist daarom wilde hij de herinnering aan de tijd daarvoor helemaal uitwissen: hij wilde werkelijk opnieuw beginnen. Want China moest door hém gemaakt zijn. Hij legde wegen aan in het hele land en begon aan een reusachtig project: de Chinese Muur. Dat is een machtige, meer dan 2000 km lange, hoge grensmuur met kantelen en torens, die zich door vlakten en dalen en over steile bergen slingert. Keizer Tj'in Shi Hwang-ti liet de muur bouwen om zijn talrijke vlijtige en vreedzame boeren en burgers te beschermen tegen de brute volken op de steppen, en tegen de oorlogszuchtige ruiters die in de onherbergzame vlakten in de binnenlanden van Azië rondzwierven. De enorme muur moest deze horden, die China telkens weer aanvielen om te plunderen, te roven en te moorden, ervan weerhouden het rijk binnen te komen. Daar bleek de Muur zeer geschikt voor te zijn. Duizenden jaren hield hij stand; af en toe moest hij natuurlijk opgeknapt worden. Vandaag de dag staat hij er nog steeds.

Keizer Tj'in Shi Hwang-ti zelf heeft niet lang geregeerd. Al snel na hem kwam er een andere familie op de troon van de zonen van de hemel. Dat was de Han-familie. Het goede wat keizer Tj'in Shi Hwang-ti had bewerkstelligd, hielden ze in ere. Ook tijdens hun regeerperiode bleef China een solide eenheidsstaat. Maar ze waren geen vijanden van de geschiedenis. Integendeel, ze herinnerden zich wat China te danken had aan de leer van Confucius. Overal zocht men nu naar oude geschiften. Al snel bleek dat veel mensen de moed hadden gehad om ze niet te verbranden. Nu werden ze met veel ijver verzameld en men was er dubbel zo zuinig op. Alleen mensen die de geschriften goed kenden, mochten in China ambtenaar worden.

China is eigenlijk het enige land ter wereld waar in de loop van de duizenden jaren niet de adel, niet de soldaten en niet de priesters hebben geregeerd, maar de geleerden. Of iemand van voorname of geringe afkomst was, speelde geen rol. Wie zijn examens haalde, kon ambtenaar worden. En wie de zwaarste examens het beste aflegde, kreeg het hoogste ambt. Maar die examens waren niet gemakkelijk. Men moest vele duizenden karakters kunnen schrijven. Je weet dat dit in China niet echt gemakkelijk is. Men moest ook nog veel oude boeken uit het hoofd leren en de leer en regels van Confucius en de andere oude wijzen correct kunnen opzeggen.

De boekverbrandingen van Tj'in Shi Hwang-ti hebben dus geen enkel nut gehad. Als je het al leuk vond, dan is de lol snel weer voorbij. Het heeft waarschijnlijk geen zin de geschiedenis plompverloren te verbieden. Juist degene die iets nieuws wil maken, moet het oude grondig kennen.

15

De heersers in de westerse wereld

De Romeinen hebben nooit dezelfde plannen gehad als Alexander de Grote. Het was niet hun bedoeling van de door hen veroverde landen één groot rijk te maken, waarin alle mensen dezelfde rechten zouden hebben. Nee, alle landen die door de Romeinse legioenen werden veroverd – en het Rijk werd steeds groter – werden Romeinse provincies. Dat betekende dat er in hun steden voortaan Romeinse troepen gelegerd waren en dat Romeinse bestuurders er de touwtjes in handen hadden. Die gedroegen zich nogal arrogant jegens de oorspronkelijke bewoners, ook wanneer die oorspronkelijke bewoners Feniciërs, joden of Grieken waren, dat wil zeggen: volken met een oude cultuur. In de ogen van de Romeinen bestonden ze hoogstens om te worden geteld. Ze moesten vreselijk veel belasting betalen en zo vaak mogelijk graan naar Rome sturen.

Wanneer ze dat netjes deden, werden ze min of meer met rust gelaten. Ze mochten hun godsdienst blijven uitoefenen en hun eigen taal spreken. Ja, de Romeinen bezorgden hun ook allerlei fraaie zaken. Zo legden ze veel wegen aan: prachtig geplaveide wegen die vanuit Rome door de vlakten en over de verste bergpassen slingerden. De Romeinen deden dat niet omdat ze de inwoners van die afgelegen gebieden zo aardig vonden, maar omdat ze via die wegen snel berichten en troepen naar alle delen van het rijk konden sturen. Ook op andere terreinen bouwden ze praktische zaken.

Zo legden ze schitterende waterleidingen aan – vanuit de bergen tot in het dal en de stad, waar dan heldere bronnen en badhuizen lagen, zodat de Romeinse bestuurders in de provincies over hetzelfde konden beschikken als thuis.

Maar een burger van de stad Rome bleef altijd iets anders dan een oorspronkelijke bewoner. Hij leefde volgens het Romeinse recht. Waar hij zich ook bevond in het uitgestrekte Romeinse Rijk, altijd kon hij zich tot een Romeinse bestuurder wenden. 'Ik ben een Romeins burger!' – dat was destijds een soort toverformule. Daarvóór werd er misschien niet op hem gelet, maar wanneer hij dat zei, waren alle mensen direct hoffelijk en vriendelijk.

De echte heersers van het rijk waren eigenlijk de Romeinse soldaten. Zij hielden het geweldige rijk bijeen, ze onderdrukten weerspannige oorspronkelijke bewoners en ze straften iedereen die het waagde in opstand te komen. Ze waren dapper, altijd bereid om te vechten en eerzuchtig, en elk decennium veroverden ze wel een nieuw land in het noorden, het zuiden of het oosten.

Wanneer de troepen, gedrild en geoefend, keurig in het gelid binnen kwamen gemarcheerd, met hun leren en met metaal versterkte harnassen, hun schilden en hun speren, met hun katapulten en hun zwaarden, met hun ballista's en hun kruisbogen, dan was het voor de anderen zinloos zich nog te verweren. Oorlog voeren was het leukste wat ze konden bedenken. En wanneer ze weer eens een overwinning hadden behaald, trokken ze Rome binnen met hun veldheer voorop, en met alle gevangenen en de oorlogsbuit. Dan liepen ze onder luid trompetgeschal en bejubeld door het volk onder erepoorten en triomfbogen door. Ze droegen afbeeldingen en platen waarop hun overwinningen te zien waren. De veldheer stond in zijn met sterren versierde, purperen mantel op zijn strijdwagen, een laurierkrans op het hoofd en gehuld in het heilige gewaad waarop de tempelbeeltenis van de oppergod Jupiter stond. Zo reed hij als een tweede Jupiter over de steile weg naar de tempel op de Romeinse burcht, het Capitool. En terwijl hij boven de god op feestelijke wijze een dankoffer bracht, werd beneden de aanvoerder van de verslagen vijand een kopje kleiner gemaakt.

Veldheren die hun vijanden dikwijls versloegen, hun troepen een vette oorlogsbuit meegaven en hun landgoederen schonken als ze oud waren en het leger vaarwel zeiden, waren bij de soldaten immens populair. Ze waren bereid om alles voor zo'n veldheer te doen. Niet alleen in het land van de vijand, maar ook in het vaderland. Want zo'n geweldige oorlogsheld zal ook thuis de zaak wel op orde weten te houden, redeneerden ze. En dat was vaak nodig, want in Rome liep lang niet altijd alles op rolletjes. Het was een grote stad geworden, waar veel armen woonden, die vrijwel geen bezittingen hadden. Wanneer er geen graan uit de provincies naar Rome werd gestuurd, brak er hongersnood uit in de stad.

Rond 130 voor Christus (dus zestien jaar na de verwoesting van Carthago) probeerden twee broers deze verarmde, uitgehongerde mensenmassa's in dienst te nemen om hen in Afrika als boer aan het werk te zetten. Dat waren de gebroeders Gracchus. Maar in de loop van de politieke strijd werden ze verslagen.

Net als de soldaten waren die mensenmassa's bereid om voor een willekeurige man alles te doen wat hij wilde, zolang hij hun maar brood en spelen bezorgde. Want de Romeinen waren dol op feesten. En dan niet van die spelen zoals bij de Grieken, bij wie de voorname ingezetenen zelf sport bedreven en liederen zongen ter ere van hun oppergod. Dat vonden de Romeinen belachelijk. Hoe kon je een waardig man nu serieus nemen wanneer hij liederen zong of zijn feestelijk gewaad, zijn toga, afdeed om in het bijzijn van anderen met speren te gaan gooien? Zulke dingen liet men over aan de gevangenen. Die moesten onder het toeziend oog van duizenden, ja, tienduizenden mensen het theater in om te worstelen en te boksen, tegen wilde dieren te vechten of complete slachtpartijen op te voeren. Dat was meestal een bloedige aangelegenheid. Juist dat vonden de Romeinen opwindend: niet alleen liet men ervaren sportlieden met elkaar vechten, ook wierp men ter dood veroordeelden in de ring die het moesten opnemen tegen wilde dieren, zoals leeuwen, beren, tijgers en olifanten.

Wie het volk veel van dit soort schitterende gevechten kon voorschotelen en veel graan uitdeelde, was geliefd in de stad en kon zich van alles veroorloven. Je kunt je voorstellen dat veel mensen dat hebben geprobeerd. Soms had een van hen het leger en de rijke burgers op zijn hand en een ander juist de arme stedelingen en boeren. Dan streden die twee lang om de macht, waarbij soms de ene en soms de andere aan de winnende hand was. Marius en

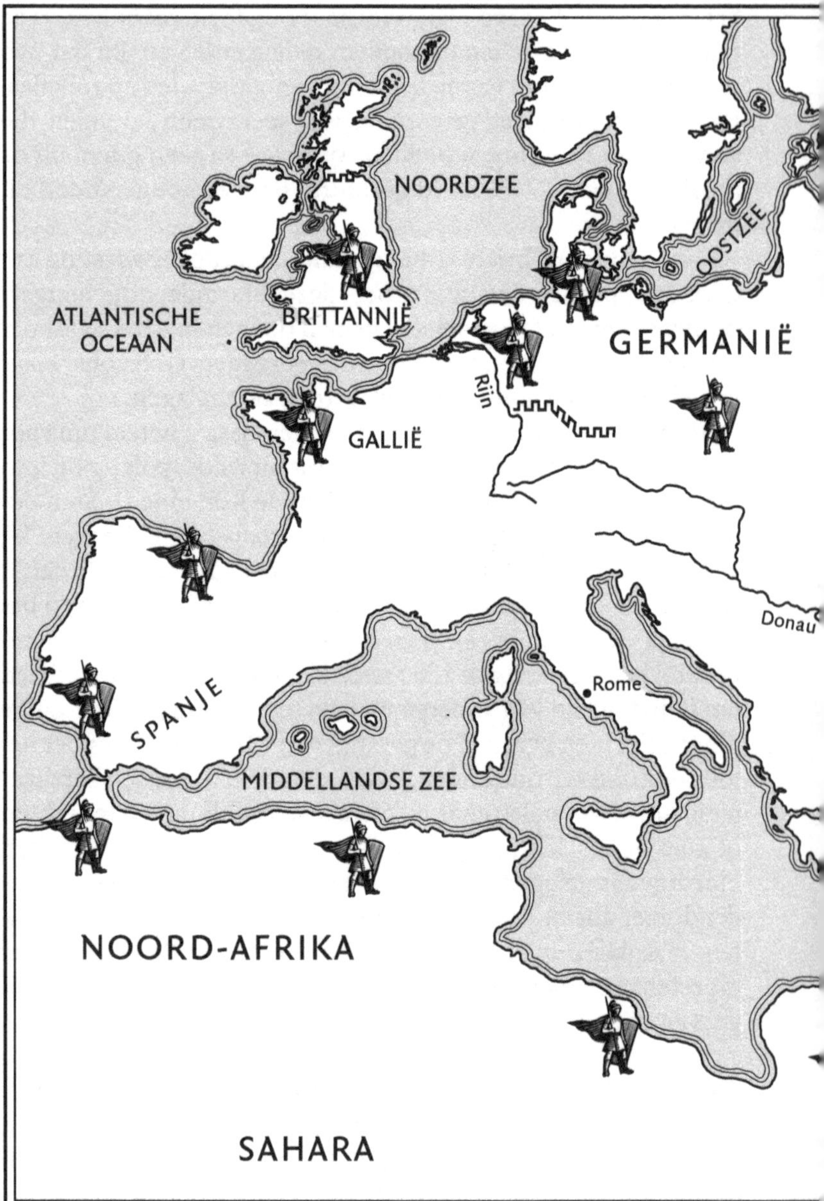
NOORDZEE
OOSTZEE
ATLANTISCHE OCEAAN
BRITTANNIË
GERMANIË
Rijn
GALLIË
Donau
Rome
SPANJE
MIDDELLANDSE ZEE
NOORD-AFRIKA
SAHARA

SARMATIË
ZWARTE ZEE
KASPISCHE ZEE
KLEIN-AZIË
Tigris
Eufraat
PERZISCHE GOLF
ARABIË
EGYPTE
Nijl
RODE ZEE

Sulla zijn daar een goed voorbeeld van. Marius had in Afrika gestreden en had het Romeinse Rijk later behoed voor een grote nederlaag. In 113 voor Christus was Italië vanuit het noorden opnieuw aangevallen door oorlogszuchtige volken (zoals destijds de Doriërs in Griekenland, of, 700 jaar later, de Galliërs in Rome). Dat waren de Cimbren en de Teutonen; ze zijn verwant aan de huidige Duitsers. Die streden zo dapper dat ze zelfs de Romeinse legioenen op de vlucht joegen. Marius en zijn leger slaagden erin hen tegen te houden en uiteindelijk te verslaan.

En dus was hij de gevierde man in Rome. Maar Sulla had inmiddels gevochten in Afrika en had daar ook een overwinning behaald. Nu kwam het tot een strijd tussen hen beiden. Marius liet alle vrienden van Sulla vermoorden. Sulla liet op zijn beurt lijsten maken van alle Romeinen die tot het kamp van Marius behoorden, en liet hen vermoorden. Hun bezittingen schonk hij grootmoedig aan de staat. Vervolgens heerste hij tot 79 voor Christus met zijn soldaten over het Romeinse Rijk.

In deze verwarrende tijd waren de Romeinen sterk veranderd. Ze waren geen boeren meer. Sommige rijke mensen hadden kleine boerderijen opgekocht en lieten het werk op de uitgestrekte landerijen opknappen door slaven. De Romeinen waren er inmiddels aan gewend alle klusjes door slaven te laten opknappen. Niet alleen de arbeiders in de mijnen en de steengroeven, maar ook de privéonderwijzers van rijke kinderen waren vaak slaven, krijgsgevangenen of nakomelingen van krijgsgevangenen. Ze werden verhandeld alsof het producten waren. Men kocht en verkocht hen alsof het ossen of schapen waren. Wie een slaaf had gekocht, was diens meester. Hij kon met hem doen wat hij wilde, hij kon hem ook vermoorden. Slaven hadden geen rechten. Veel slavenbezitters verkochten hen voor de spelen in de arena, waar ze met wilde dieren moesten vechten. Dergelijke slaven werden 'gladiatoren' genoemd. Op zeker moment kwamen de gladiatoren in opstand tegen deze behandeling. Een slaaf met de naam Spartacus riep hen op om dat te doen, en talloze slaven die te werk waren gesteld op de landgoederen, sloten zich bij hem aan. Ze vochten wanhopig, en het lukte de Romeinen slechts met moeite om het slavenleger te verslaan. Daarna volgde de Romeinse wraak. Dat gebeurde in 71 voor Christus.

In deze periode waren er nieuwe veldheren die geliefd waren bij het Romeinse volk, en dan vooral Gaius Julius Caesar. Net als de anderen begreep hij dat hij enorme geldbedragen moest uitgeven om het volk te trakteren op feesten in de arena en om het van brood te voorzien. Maar hij begreep nog veel meer. Hij was een groot veldheer. Een van de grootsten die er ooit zijn geweest. Op een dag trok hij ten strijde. Al na een aantal dagen werd er in Rome een brief van hem bezorgd, waarin slechts drie Latijnse woorden stonden: *veni, vidi, vici*. In het Nederlands: ik kwam, ik zag, ik overwon. Zo snel ging dat bij hem.

Hij veroverde Frankrijk, dat destijds Gallië werd genoemd, en maakte er een Romeinse provincie van. Dat was geen kleinigheid, want daar woonden buitengewoon dappere en strijdlustige volken, die zich niet gemakkelijk aan de kant lieten zetten. Zeven jaar lang voerde Caesar daar oorlog, tussen 58 en 51 voor Christus. Hij vocht tegen de Zwitsers, die toen nog Helvetiërs heetten, tegen de Galliërs en tegen de Germanen. Tweemaal is hij over de Rijn naar Duitsland getrokken en tweemaal over zee naar Engeland, dat door de Romeinen Brittannië werd genoemd. Dat deed hij om de buurvolken gepaste eerbied voor de Romeinen bij te brengen. Hoewel de Galliërs zich dapper verweerden, won Caesar elke keer, en overal liet hij zijn troepen achter. Daarna was Gallië een Romeinse provincie. De bevolking wende er al snel aan Latijn te spreken. Net als in Spanje. Omdat de talen van de Fransen en de Spanjaarden ontstaan zijn uit het Latijn, noemen we dat Romaanse talen.

Na de verovering van Gallië trok Caesar met zijn leger naar Italië en was hij de machtigste man ter wereld. Andere veldheren met wie hij vroeger verbonden had gesloten, bestreed en overwon hij. Ook raakte hij bevriend met de mooie Egyptische koningin Cleopatra en zo wist hij Egypte bij het Romeinse wereldrijk te voegen. Daarna ging het erom orde te scheppen. En daar was hij zeer goed in. Want ook in zijn hoofd was alles goed geordend. Hij kon twee brieven tegelijk dicteren zonder in de war te raken. Stel je dat eens voor!

Niet alleen in zijn rijk stelde hij orde op zaken, maar ook in de tijd. Wat ik daarmee bedoel? Hij bedacht een nieuwe indeling voor de kalender. Die zag er ongeveer net zo uit als onze huidige kalender, met twaalf maanden en een schrikkeljaar. De kalender is naar hem genoemd, naar Gaius Julius Caesar, en heet de juliaanse kalender. En omdat hij een zeer belangrijke man was, heeft men een maand naar hem genoemd: juli. Die is dus genoemd naar die man met zijn smalle schouders en zijn kale hoofd, die graag een gouden laurierkrans op zijn hoofd droeg en die ondanks zijn zwakke, zieke lichaam zo'n krachtige wil en zo'n helder verstand had.

Caesar was op dat moment de machtigste man ter wereld. Hij had koning van het Romeinse wereldrijk kunnen worden. Maar de Romeinen waren jaloers. Dat gold zelfs voor zijn beste vriend, Brutus. Ze wilden niet dat hij de baas over hen was. Maar omdat ze bang waren dat hij de baas over hen zou gaan spelen, besloten ze hem te vermoorden. In de Romeinse staatsraad, de senaat, stonden ze plotseling om hem heen en staken hem met hun dolken. Caesar verweerde zich, maar toen hij Brutus zag, zei hij: 'Jij ook, Brutus?' Daarna liet hij zich door zijn tegenstanders neersteken zonder zich nog te verzetten. Dat gebeurde in 44 voor Christus.

Na juli komt augustus. Caesar Octavianus Augustus was namelijk de aangenomen zoon van Caesar. Na een lange strijd te land en ter zee tegen verschillende veldheren slaagde hij er in 31 voor Christus in om het hele rijk voor zich alleen op te eisen. Hij was de eerste Romeinse keizer. Weet je waar het woord 'keizer' vandaan komt? Dat lijkt onwaarschijnlijk op het eerste gezicht: van 'Caesar'. Dat spraken de Romeinen namelijk niet uit zoals wij, 'see-sar', maar als 'kai-sar'. Daar hebben wij 'keizer' van gemaakt.

Omdat er naar Julius Caesar een maand was genoemd, werd er naar Augustus ook een maand genoemd. En dat verdiende hij ook. Hij was misschien niet zo'n heerser als Caesar, maar wel een rechtvaardige, bedachtzame man die zichzelf goed in de hand kon houden en daarom ook het recht had over anderen te heersen. Er wordt wel van hem gezegd dat hij nooit een bevel gaf of een besluit nam wanneer hij boos was. Wanneer hij boos was, ging hij rustig zitten en zei hij het alfabet op. De tijd verstreek, en langzaam maar zeker werd hij weer helder in zijn hoofd. Hij was sowieso iemand met een helder hoofd; hij wist het rijk op een goede en rechtvaardige manier te besturen. Hij was niet iemand die alleen maar van oorlog hield of van feesten en gevechten in de arena. Hij leidde een eenvoudig bestaan en had veel belangstelling voor mooie beelden en gedichten. En omdat de Romeinen niet zo goed waren in beeldhouwen en gedichten schrijven als de Grieken in hun tijd, liet hij de allermooiste kunstwerken van de Grieken namaken en opstellen in zijn paleizen en tuinen. Ook de Romeinse dichters uit die tijd (en dat zijn de allerberoemdste Romeinse dichters) deden hun best om net zo te dichten als de Grieken. Dat waren hun voorbeelden. Toen al was alles wat Grieks was het mooiste wat er was. En daarom was het chic om in Rome Grieks te spreken, de oude Griekse dichters te lezen en Griekse kunstwerken te verzamelen. En daar hebben wij geluk bij. Want als de Romeinen dat niet hadden gedaan, waren wij vandaag de dag van al die zaken misschien wel veel minder goed op de hoogte geweest.

16

De blijde boodschap

Augustus regeerde van 31 voor Christus tot 14 na Christus. Daaraan kun je zien dat in die tijd Jezus Christus werd geboren. In Palestina, dat destijds ook een Romeinse provincie was. Hoe Jezus leefde en wat hij heeft gezegd, kun je lezen in de bijbel. Je weet waar het in zijn leer op aankomt: dat het niet belangrijk is of iemand rijk is of arm, voornaam of onbetekenend, een meester of een slaaf, een groot denker of een kind. Hij heeft gezegd dat alle mensen kinderen zijn van God. En dat de liefde van deze Vader oneindig is. Dat voor hem geen mens zonder zonde is, maar dat God hun die zonden vergeeft. En dat het niet op gerechtigheid aankomt, maar op genade.

Je weet wat genade is: de grote, vrijgevige en vergevingsgezinde liefde van God. En dat wij onze medemens behandelen zoals wij hopen dat God, onze Vader, ons behandelt. Daarom zei Jezus: 'Heb je vijanden lief, wees goed voor wie jullie haten, zegen wie jullie vervloeken, bid voor wie jullie slecht behandelen. Als iemand je op de wang slaat, bied hem dan ook de andere wang aan, en weiger iemand die je je bovenkleed afneemt niet ook je onderkleed. Geef aan ieder die iets van je vraagt, en eis je bezit niet terug als iemand het je afneemt.'

Je weet dat Jezus slechts korte tijd door het land trok en predikte, zieken genas en armen troostte. Je weet ook dat hij ervan werd beschuldigd dat hij tot koning van de joden gekroond wilde worden. Onder de Romeinse bestuurder Pontius Pilatus werd hij aan het kruis geslagen, omdat Hij een opstandige jood was. Deze vreselijke straf werd uitsluitend uitgevoerd bij slaven, dieven en ingezetenen van een onderworpen staat. Het werd algemeen beschouwd als de grootst mogelijke schande. Maar Christus zei dat de grootste pijn in de wereld ook een bepaalde zin heeft, dat de bedelaars, de treurenden, de vervolgden en degenen die lijden zalig zijn in hun ongeluk. En zo werd juist de lijdende, gepijnigde Zoon van God voor de eerste christenen het symbool van zijn leer. We kunnen ons nu nauwelijks nog voorstellen wat dat betekent. Het kruis was nog erger dan de galg. En juist dat kruis werd het symbool van de nieuwe leer. Stel je eens voor wat een Romeinse bestuurder, een Romeinse soldaat, een Romeinse wijsgeer met een Griekse opleiding die trots was op zijn wijsheid, zijn redenaarskunst en zijn kennis van de filosofie, stel je voor wat al die mensen gedacht moeten hebben als ze een van de grote predikers, bijvoorbeeld de apostel Paulus in Athene of in Rome, hoorden vertellen over de leer van Christus. De apostel predikte daar wat we in zijn eerste brief aan de Korinthiërs kunnen lezen, in hoofdstuk 13:

> Al sprak ik de talen van alle mensen en die van de engelen – had ik de liefde niet, ik zou niet meer zijn dan een dreunende gong of een schelle cimbaal. Al had ik de gave om te profeteren en doorgrondde ik alle geheimen, al bezat ik alle kennis en had ik het geloof dat bergen kan verplaatsen – had ik de liefde niet, ik zou niets zijn. Al verkocht ik mijn bezittingen omdat ik voedsel aan de armen wilde geven, al gaf ik mijn lichaam prijs en kon ik daar trots op zijn – had ik de liefde niet, het zou mij niet baten. De liefde is geduldig en vol goedheid. De liefde kent geen afgunst, geen ijdel vertoon en geen zelfgenoegzaamheid. Ze is niet grof en niet zelfzuchtig, ze laat zich niet boos maken en rekent het kwaad niet aan, ze verheugt zich niet over het onrecht maar vindt vreugde in de waarheid. Alles verdraagt ze, alles gelooft ze, alles hoopt ze, in alles volhardt ze. De liefde zal nooit vergaan.

Wanneer Paulus zo predikte, zullen de rijke en voorname Romeinen, voor wie recht het allerbelangrijkste was, wel met hun hoofd hebben geschud. Maar de armen en gekwelden begrepen dat er voor het eerst iets heel nieuws zijn intrede in de wereld had gedaan: de verkondiging van de goddelijke genade, die meer om het lijf heeft dan recht en die de goede boodschap wordt genoemd. 'Goede' of 'blijde boodschap' is *eu-angelion* in het Grieks, 'evangelie' dus. Deze blijde boodschap van de genade van de goddelijke Vader, die uniek en onzichtbaar is, en die aan de joden, tussen wie Christus leefde en predikte, voor het eerst werd geopenbaard, die blijde boodschap werd al snel in het hele Romeinse Rijk verkondigd.

En toen begonnen de Romeinse bestuurders op te letten. Je weet dat ze zich nooit inlieten met godsdienstige zaken. Maar hier was iets anders aan de hand. De christenen, die in hun unieke God geloofden, wilden geen wierook strooien voor de beelden van de keizer. Toch was dat gebruikelijk vanaf het moment dat er keizers waren in Rome. Die lieten zich als goden vereren, net zoals de Egyptische, Chinese, Babylonische en Perzische heersers dat hadden gedaan. Hun standbeelden stonden overal in het land, en een goede staatsburger offerde af en toe een paar korreltjes wierook voor deze keizersbeelden. De christenen deden dat niet. En dus wilde men hen ertoe dwingen.

Ongeveer dertig jaar na de kruisdood van Christus (dus ongeveer in 60 na Christus) heerste er een wrede keizer over Rome: Nero. Nu nog is hij hét voorbeeld van een vreselijke booswicht. Het afstotelijkste aan hem is niet dat hij zo'n meedogenloos en slecht mens was, maar dat hij gewoon een slap, ijdel, wantrouwig en lui mannetje was dat zelf gedichten schreef en zong en dat de heerlijkste gerechten at, of eigenlijk vrat – een man, kortom, zonder fatsoen en zonder vastberadenheid. Hij was niet onaantrekkelijk, maar had een tevreden, wreed glimlachje rond zijn mond. Hij liet zijn eigen moeder, zijn vrouw en zijn leraar vermoorden, en nog veel meer vrienden en familieleden. Hij was voortdurend bang dat men hem ook zou vermoorden, want laf was hij ook nog eens.

Nu brak er in die tijd een enorme brand uit in Rome, die dagen achtereen duurde en waarbij wijk na wijk in de as werd gelegd. Honderdduizenden mensen raakten dakloos, want Rome was toen al een zeer grote stad, waar meer dan één miljoen mensen woonden. En wat deed Nero?

Hij stond op het balkon van zijn fraaie paleis en zong bij de muziek van zijn lier een door hemzelf gecomponeerd lied over de brand van Troje. Dat vond hij wel passend op dat moment.

Maar toen werd het volk, dat hem tot op dat moment niet eens zo vreselijk haatte, woedend. Hij had het volk vaak getrakteerd op prachtige feesten; alleen tegen zijn beste vrienden en bekenden was hij wreed geweest. Maar nu zei men: 'Nero zelf heeft Rome in brand gestoken.' Of dat ook echt zo is, weet men niet. In ieder geval wist Nero dat het hem werd aangerekend. En dus zocht hij naar een zondebok. En die vond hij in de christenen. De christenen hadden vaak gezegd dat deze wereld te gronde gericht moest worden zodat er een betere wereld voor in de plaats zou kunnen komen. Je weet wat ze daarmee bedoelden. Maar omdat de mensen meestal maar met één oor luisteren, zei men in Rome al snel: 'De christenen willen dat de wereld ten onder gaat, ze haten de mensen.' Is dat geen merkwaardig verwijt?

Nero liet alle christenen die hij kon vinden arresteren en bracht hen op wrede wijze om het leven. Hij liet hen bijvoorbeeld in de arena aan stukken scheuren door wilde dieren, of stak hen bij een groot avondfeest levend in brand, als fakkels. Maar de christenen doorstonden alle kwellingen tijdens deze en latere vervolgingen met groots vertoon van moed. Ze waren er trots op dat ze getuigen waren van de kracht van het nieuwe geloof. 'Getuigen' noemen we naar het Grieks: 'martelaars'. En deze martelaars werden later vereerd als de eerste heiligen. De christenen ondernamen pelgrimstochten naar hun graven en baden daar voor hen. En omdat ze niet overdag en in de openbaarheid bijeen konden komen, kwamen ze stiekem bijeen in de graven. Dat waren onderaardse gangen en holen aan de rand van de stad, waar eenvoudige afbeeldingen uit de bijbelse geschiedenis op de wanden waren geschilderd. Die afbeeldingen moesten de christenen herinneren aan de macht van God en aan het eeuwige leven: Daniël in de leeuwenkuil, de drie mannen in de vuuroven of Mozes die het water uit de rotsen slaat.

In die onderaardse gangen kwamen de christenen 's nachts bijeen en dan spraken ze over de leer van Christus, ze deelden het heilig avondmaal en ze spraken elkaar moed in als ze opnieuw vervolgd dreigden te worden. Ondanks de vervolgingen waren er in de loop van de volgende eeuw steeds meer mensen die geloofden in de blijde boodschap en die bereid waren alles te doorstaan wat Christus ook had doorstaan.

Niet alleen de christenen ervoeren destijds hoe hard de Romeinse staat regeerde, dat gold ook voor de joden. Een aantal jaren na Nero brak er in Jeruzalem een opstand uit tegen de Romeinen. De joden wilden eindelijk vrij zijn. Ze vochten verbeten en dapper tegen de legioenen, die elke joodse stad lange tijd moesten belegeren en aanvallen voordat ze haar konden veroveren. Jeruzalem werd door de zoon van de toenmalige Romeinse keizer Vespasianus, Titus, twee jaar lang belegerd en uitgehongerd. Wie vluchtte werd door de Romeinen vlak buiten de stad gekruisigd. Ten slotte drongen de Romeinen de stad binnen. Dat was in 70 na Christus. Titus zou opdracht hebben gegeven het heiligdom van hun enige god te sparen, maar de tempel werd door de soldaten in brand gestoken en geplunderd. De heilige relikwieën werden getoond tijdens de triomftocht in Rome, en vandaag de dag nog zijn ze te zien op de triomfboog die Titus destijds in Rome liet bouwen. Jeruzalem werd verwoest en de joden verspreidden zich over alle windstreken. Eerder al hadden ze zich in vele steden gevestigd als handelslieden. Nu waren ze een volk zonder vaderland, dat in Alexandrië, in Rome en in andere vreemde steden samenkwam in bidscholen. Ze werden door iedereen uitgelachen en beschimpt, omdat ze te midden van de heidenen bleven vasthouden aan hun oude gebruiken, de bijbel lazen en wachtten op de Messias, die hen zou redden.

17

Hoe men leefde in het Rijk en aan de grenzen daarvan

Wie geen christen, geen jood en geen familie van de keizer was, kon destijds in het Romeinse Rijk een rustig en aangenaam leven leiden. Men kon via de fraai aangelegde Romeinse wegen reizen van Spanje tot aan de Eufraat, van de Donau tot aan de Nijl. De Romeinse staatspostdienst vertrok met regelmaat naar de plaatsen aan de grenzen van het rijk om berichten te halen of af te leveren. In grote steden als Alexandrië en Rome kon men zich te goed doen aan de gemakken van het aangename leven. In Rome zelf lag een grote wijk met hoge, slecht gebouwde huurflats, waar de armen woonden. Maar de Romeinse particuliere huizen en villa's waren ingericht met de fraaiste Griekse kunstwerken en met schitterende meubelen, en er lagen opwindende tuinen omheen met verkoelende fonteinen. In de winter kon men de kamers met een soort centrale verwarming op een aangename temperatuur houden: men liet verwarmde lucht onder de vloer in holle tegels stromen. Elke rijke Romein had een aantal landhuizen, die meestal aan zee lagen. Er waren veel slaven voor de bediening en er waren bibliotheken, waarin alle goede Griekse en Latijnse dichters te vinden waren. Rond de villa's van de rijken lagen ook particuliere sportterreinen en de meeste waren voorzien van kelders vol uitstekende wijnen. Wanneer een Romein zich thuis verveelde, ging hij naar de markt, naar het gerechtsgebouw of naar het badhuis. De badhuizen, die 'thermen' werden genoemd, waren prachtige complexen die werden gevoed door waterleidingen uit de verafgelegen bergen en die met veel pracht en praal waren uitgerust: met ruimten voor warme en voor koude baden, en met zalen voor sauna's en voor sportbeoefening. Ruïnes van dergelijke fantastische badhuizen of thermen zijn er nog steeds. Je zou denken dat het sprookjesachtige, koninklijke paleizen zijn, zo rijk zijn ze aan prachtige gewelven, kleurige marmeren zuilen en baden van kostbaar gesteente.

De theaters waren nog groter en indrukwekkender. Het grote theater in Rome, het zogenaamde Colosseum, bood plaats aan zo'n 50.000 toeschouwers. In een groot stadion in een moderne stad kunnen ook niet veel meer mensen naar binnen. Er vonden hoofdzakelijk gladiatorengevechten en gevechten met dieren plaats. Je weet inmiddels dat ook de christenen in zulke theaters moesten sterven. De tribunes rond de arena waren steil, waardoor het geheel eruitzag als een reusachtige ovale trechter. Wat een lawaai zal het geweest zijn als er 50.000 mensen op de tribunes zaten! In de hoofdloge onderaan zat de keizer onder een fraaie kap, die hem beschermde tegen de brandende zon. Wanneer hij een doek in de arena wierp, kon het spel beginnen. Dan kwamen de gladiatoren binnen. Ze gingen voor de keizerlijke loge staan en riepen: 'Gegroet, keizer! Zij die sterven gaan, groeten u!'

Je moet niet denken dat de keizer niets anders te doen had dan in het theater te zitten, en dat alle keizers zulke veelvraten en wreedaards waren als Nero. Integendeel. Ze waren voortdurend druk bezig de vrede in het rijk te bewaren. Want buiten de grenzen zaten overal primitieve, strijdlustige volken die maar wat graag de rijke provincies wilden binnenvallen om daar de boel leeg te plunderen. In het noorden, aan de overzijde van de Rijn en de Donau, woonden de Germanen, en die maakten het de Romeinen bijzonder lastig. Caesar kreeg al met hen te maken toen hij Frankrijk veroverde. Het waren grote, krachtige mensen, die de Romeinen schrik aanjoegen met hun reusachtige lichamen. Bovendien was hun land, het huidige Duitsland, bedekt met dichte bossen en er lagen duistere moerassen, waar de Romeinse legioenen gemakkelijk in konden verdwalen. De Germanen zelf waren niet gewend te wonen in fraaie villa's met centrale verwarming. Het waren boeren, net als de Romeinen vroeger. Ze woonden in ver uit elkaar gelegen, van hout vervaardigde boerderijen.

De Romeinse stedelingen, die in Latijnse verhandelingen over hen berichtten, vertelden graag over de eenvoud van de Germaanse levenswijze en over hun strenge en simpele gewoonten, over het feit dat ze zo van vechten hielden en over hun trouw aan het stamhoofd. Dat hielden de Romeinse schrijvers hun landgenoten graag voor, om hun zo het verschil duidelijk te maken tussen de eenvoudige, onverdorven en natuurlijke levenswijze in het bos en de uiterst verfijnde, bijna verwijfde gewoonten van de Romeinen zelf.

De Germanen waren inderdaad gevaarlijke krijgers. Dat ervoeren de Romeinen al onder keizer Augustus. Destijds was een zekere Arminius (Herman) de aanvoerder van de Cherusken, een Germaanse stam. Aangezien hij in Rome was opgegroeid, wist hij alles van de Romeinse manier van vechten. Daarom lukte het hem een Romeins leger dat door het Teutoburger Woud in Duitsland marcheerde, te overvallen en te verslaan. Sindsdien waagden de Romeinen zich niet meer in de Duitse binnenlanden. Des te belangrijker was het voor hen hun grenzen te beschermen tegen invallen van de Germanen. In de eerste eeuw na Christus bouwden ze de Limes, een wal (ongeveer zoals de muur van keizer Tj'in Shi Hwang-ti) die liep van de Rijn tot aan de Donau en die bestond uit palissaden met grachten en wachttorens; op die manier trachtten ze het rijk te beschermen tegen binnenvallende Germaanse stammen. Want dat was het vervelendste voor de Romeinen: dat de Germanen niet rustig bij hun boerderijen bleven en het land bewerkten, maar dat ze voortdurend verhuisden en nieuwe jachtgronden opzochten. Dan vertrokken ze naar een ander woongebied; vrouwen en kinderen gingen mee op de ossenwagen.

En dus moesten de Romeinen troepen aan de grens stationeren om het rijk te bewaken. Aan de Rijn en de Donau stonden soldaten uit alle mogelijke rijksprovincies. In de buurt van Wenen waren Egyptische troepen gelegerd; zij bouwden daar, aan de Donau, een heiligdom ter ere van de Egyptische godin Isis. Dat is de huidige stad Ybbs. De naam van de godin Isis leeft voort in die van de stad. Ook op andere plekken langs de grens hebben de troepen allerlei goden geëerd, zoals de Perzische zonnegod Mithras en ook de onzichtbare god van de christenen. Het leven in deze afgelegen vestingen aan de grens was niet veel anders dan dat in Rome. Ook in het tegenwoordige Keulen, Trier, Augsburg en Regensburg in Duitsland, Salzburg en Wenen in Oostenrijk, Arles in Frankrijk en Bath in Engeland waren er theaters, baden, villa's voor de bestuurders en kazernes voor de soldaten. Oudere soldaten kochten vaak een landgoed in de omgeving, trouwden met een inheemse en vestigden zich in de buurt van het kamp. Op die manier kregen de mensen in de Romeinse provincie ook steeds meer een Romeins karakter. Maar de volken aan de andere kant van de Donau en de Rijn werden steeds onrustiger. De Romeinse keizers waren inmiddels gedwongen meer tijd in de buurt van de grenzen dan in hun paleizen in Rome door te brengen. Daartoe behoorden ook bijzondere mensen, zoals keizer Trajanus, die leefde rond 100 na Christus. Hij stond bekend om zijn gevoel voor rechtvaardigheid en zijn mildheid.

De troepen van Trajanus trokken de Donau over en gingen het huidige Hongarije en Roemenië binnen om ook die gebieden tot Romeinse provincies te maken. Op die manier was het Romeinse Rijk beter beschermd. Dat gebied heette destijds Dacië. Pas nadat het Romeins was geworden en de bewoners Latijn spraken, werd het Roemenië genoemd. Maar Trajanus ondernam niet alleen veldtochten. Zo legde hij in Rome vele prachtige pleinen aan. Soms werden hele heuvels afgegraven om plaats te maken voor een groot plein. Een Griekse architect bouwde er daarna tempels, winkels, gerechtsgebouwen, zuilengangen en monumenten. In Rome zijn de ruïnes ervan nog te bezichtigen.

Ook de keizers na Trajanus zorgden goed voor het rijk en verdedigden de grenzen. Vooral keizer Marcus Aurelius, die tussen 161 en 180 regeerde, was dikwijls te vinden in de kampen aan de Donau, in Carnuntum en in Vindobona, het huidige Wenen. Hij was een zachte, zwijgzame man, die graag las en schreef; hij was een filosoof. Het dagboek dat hij bijhield tijdens zijn veldtochten is bewaard gebleven. Daarin schreef hij vrijwel alleen maar over zelfbeheersing en duldzaamheid, het verdragen van leed en pijn en het stille heldendom van de denker. Het zijn gedachten waarmee Boeddha waarschijnlijk wel had ingestemd.

Maar Marcus Aurelius kon zich niet terugtrekken in het bos om na te denken. Hij moest in de buurt van Wenen vechten tegen Germaanse stammen, die zich destijds flink roerden. Er wordt wel gezegd dat de Romeinen leeuwen meenamen om ze aan de andere kant van de Donau in te zetten tegen de vijand. Maar de Germanen hadden nog nooit leeuwen gezien, en dus waren ze er ook niet bang voor. Ze hebben de 'grote honden' gewoon verslagen. Tijdens die gevechten is Marcus Aurelius in Vindobona gestorven. Dat was in 180 na Christus.

De daaropvolgende keizers waren nog vaker aan de grens te vinden, en nog minder in Rome. Dat waren echte soldaten, die door de troepen gekozen waren, ook dikwijls door de troepen afgezet werden en soms zelfs door de soldaten verslagen werden. Veel van die keizers waren helemaal geen Romeinen, maar vreemdelingen. Want de legioenen bestonden destijds nog maar voor een klein gedeelte uit Romeinen. Italiaanse boeren die vroeger als soldaat de wereld hadden veroverd, waren er bijna niet meer. De boerderijen van vroeger waren inmiddels reusachtige landgoederen van de rijken geworden, waar slaven uit vreemde landen werkten. Ook het leger bestond uit vreemdelingen. Over de Egyptenaren aan de Donau hebben we het al gehad. Er waren vooral veel Germaanse soldaten, die, zoals je weet, zeer goed waren in oorlogvoering. Die vreemde troepen, die in het oosten en het westen van het uitgestrekte rijk gelegerd waren, aan de Germaanse en aan de Perzische grens, in Brittannië, Noord-Afrika, Egypte, Klein-Azië en Roemenië, kozen hun lievelingsveldheer als keizer. Die keizers streden op hun beurt om de macht en lieten elkaar vermoorden, ongeveer zoals in de tijd van Marius en Sulla.

Het was een vreselijke chaos; in de tijd na 200 na Christus was er steeds meer ellende. In het Romeinse Rijk waren bijna alleen nog maar slaven en vreemde troepen, die niet met elkaar overweg konden. De boeren in de provincies konden de belastingen niet meer betalen en kwamen in opstand tegen de grondbezitters. In die ellendige tijd, waarin epidemieën heersten en rovers het land verwoestten, vonden veel mensen troost in de leer van de blijde boodschap, het evangelie. Steeds meer vrije mensen en slaven werden christen en weigerden nog trouw te zijn aan de keizer.

Toen de nood in het Romeinse Rijk het hoogst was, verkreeg een zoon van zeer arme mensen de heerschappij over het rijk.

Dat was keizer Diocletianus, die in 284 na Christus de macht greep. Hij probeerde de ineengestorte staat nieuw leven in te blazen. Vanwege de hongersnood die overal heerste, rekende hij de hoogst mogelijke prijzen voor alle levensmiddelen. Hij erkende dat het rijk niet meer vanuit één plaats geregeerd kon worden. Daarom bepaalde hij dat er vier steden in het land hoofdstad zouden worden en daar installeerde hij vier onderkeizers. Om het keizerdom weer enig aanzien te verschaffen voerde hij een streng hofceremonieel in en bepaalde hij dat het hofpersoneel en de bestuurders fraaie, kostbare uniformen zouden dragen. Natuurlijk zag hij er streng op toe dat er offers aan de keizer werden gebracht en daarom werden de christenen in het hele rijk vervolgd. Het was de laatste en heftigste periode van vervolgingen. Na een regeerperiode van meer dan twintig jaar besloot Diocletianus dat het welletjes was geweest en trok hij zich moe en ziek terug in een paleis in Dalmatië. Daar moest hij toezien hoe zinloos zijn strijd tegen het christendom was geweest.

Want zijn opvolger, keizer Constantijn, gaf die strijd op. Er wordt beweerd dat hij voorafgaand aan de strijd die hij aanging met een voormalige onderkeizer van Diocletianus, Maxentius, in een droom het kruis had gezien en dat de volgende woorden tot hem waren gekomen: ‘Onder dit teken zul je zegevieren.’ Toen hij gewonnen had, bepaalde hij in 313 dat christenen niet langer vervolgd mochten worden. Zelf bleef hij nog lang heiden; hij liet zich pas kort voor zijn dood dopen. Constantijn regeerde niet meer vanuit Rome. Destijds werd het rijk het ernstigst bedreigd in het oosten, door de Perzen, die opnieuw machtig waren geworden. Hij koos de oude Griekse kolonie Byzantium, bij de Zwarte Zee, als residentie. Sindsdien werd de stad naar hem genoemd: Constantinopel, het huidige Istanbul.

Niet lang daarna, in 395 na Christus, waren er niet alleen twee hoofdsteden in het Romeinse Rijk, maar ook twee staten. Het West-Romeinse Rijk, waar men Latijn sprak, met Italië, Gallië, Brittannië, Spanje en Noord-Afrika, en het Oost-Romeinse Rijk, waar men Grieks sprak, met Egypte, Palestina, Klein-Azië, Griekenland en Macedonië. In beide staten werd het christendom vanaf 380 na Christus de staatsgodsdienst. Dat hield in dat de bisschoppen en aartsbisschoppen belangrijke hoogwaardigheidsbekleders werden, die veel staatsinvloed hadden. De christenen kwamen niet langer bijeen in onderaardse ruimten, maar in schitterende, met zuilen versierde kerken. En het kruis, het teken van de verlossing uit het lijden, werd door de legioenen als symbool meegedragen.

18

Het onweer

Heb je op een warme zomerdag wel eens een onweersbui gezien? Vooral in de bergen is het een schitterend gezicht. Eerst zie je helemaal niets, maar je voelt dat je een beetje duf bent en dat er iets in de lucht hangt. Dan hoor je het donderen. Nu eens hier, dan weer daar. Je weet niet precies waar het vandaan komt. Vervolgens lijkt het net alsof de bergen steeds dichterbij komen. Geen blaadje beweegt, en toch zie je dikke wolken voorbijglijden. De bergen lijken schuil te gaan achter een muur van damp. De wolken komen van alle kanten aangedreven, maar nog steeds voel je geen wind. Het begint vaker te donderen. Alles ziet er dreigend en spookachtig uit. Je wacht en wacht. En ineens barst het los. Eerst werkt dat bevrijdend. De storm trekt het dal binnen. Het bliksemt en dondert van alle kanten. De regen valt in dikke, zware druppels. Het onweer zit gevangen in het dal tussen de bergen. Het geluid van de donder weerkaatst tegen de bergwanden. De wind komt nu van alle kanten. Wanneer de storm ten slotte voorbij is en je kijkt naar de heldere sterrenhemel, kun je nauwelijks nog vertellen waar de onweerswolken precies hingen en welke donder bij welke bliksem hoorde.

Ongeveer net zo ging het in de tijd waarover ik nu wil vertellen. Destijds brak er een onweer los waardoor het Romeinse wereldrijk ineenstortte. We hebben het al horen donderen: dat waren de aanvallen van de Germanen aan de grenzen, de invallen van de Cimbren en de Teutonen en de oorlogen die Caesar, Augustus, Trajanus, Marcus Aurelius en al die anderen moesten voeren om het Romeinse Rijk te beschermen.

Maar nu kwam er een echte storm. Het begon ver weg, bijna bij de muur, die door keizer Tj'in Shi Hwang-ti, de vijand van de geschiedenis, was gebouwd. Omdat de Aziatische ruiters van de steppe niet meer in China konden plunderen, gingen ze naar het Westen om daar hun buit binnen te halen. Dat waren de Hunnen. Dergelijke volken had men in het Westen nog nooit gezien. Kleine, gele mensen met spleetoogjes en met angstaanjagende littekens in hun gezichten. Het waren paardenmensen, want ze zaten bijna altijd op hun kleine, snelle paarden, ze sliepen zelfs op hun paarden, ze bereden hun paarden, ze aten te paard, en het rode vlees dat ze aten, legden ze onder hun zadel om het mals te krijgen. Ze vielen in razende galop aan terwijl ze angstaanjagende kreten slaakten en schoten dan hele wolken van pijlen af op hun tegenstander. Daarna keerden ze om en gingen ervandoor, alsof ze op de vlucht sloegen. Wanneer ze achtervolgd werden, keerden ze zich op hun zadel om en schoten achterwaarts op hun achtervolgers. Ze waren dapperder, slimmer en bloeddorstiger dan alle andere volken die men tot dan toe had gezien. Ze wisten zelfs de koene Germanen voor zich uit te drijven.

Een van die Germaanse stammen, de Visigoten, zocht een veilig heenkomen in het veilige Romeinse Rijk. Daar werden de Visigoten vriendelijk ontvangen. Maar al snel brak er een hongersnood uit en kwam het tot gevechten met de gastheren. De Visigoten trokken naar Athene en plunderden de stad; daarna trokken ze naar Constantinopel en ten slotte kwam het gehele volk in beweging. Onder koning Alarik trok men in 410 na Christus naar Italië en veroverde Rome. Toen Alarik stierf, trokken ze naar het noorden, eerst naar Gallië en daarna naar Spanje. Daar bleven ze. Om zich te beschermen tegen de Visigotische legers waren de Romeinen gedwongen troepen te verzamelen die gelegerd waren in de grensgebieden in Gallië en Brittannië, langs de Rijn en langs de Donau. Daarop vielen al die Germaanse stammen het rijk binnen; die hadden eeuwenlang op dit ogenblik gewacht.

Voor een deel betrof dat volken waarvan de namen vandaag de dag nog op de kaart van Duitsland zijn te vinden, zoals Zwaben, Franken en Alemannen. Ze trokken met hun gammele ossenwagens, met vrouw en kinderen en met al hun bezittingen de Rijn over, voerden oorlog en overwonnen. Dat er een paar duizend werden verslagen, was niet van belang; er kwamen er nog tienduizenden achteraan. Dit is de tijd van de volksverhuizingen. Het is het onweer dat het Romeinse Rijk op zijn grondvesten deed schudden en ten slotte verwoestte. Want de Germaanse stammen bleven niet in Frankrijk en Spanje. Zo trokken de Vandalen door Italië en via Sicilië naar Afrika. Daar, in Carthago, stichtten ze een zeeroversstaat en voeren met hun schepen naar de kuststeden, die ze veroverden en in brand staken. Ook Rome werd door hen op vernietigende wijze geplunderd. Het woord 'vandalisme' bestaat nog steeds, hoewel de Vandalen als het op vernielen aankwam niet meedogenlozer waren dan de anderen.

Maar nu kwamen de Hunnen zelf. En die waren wél meedogenlozer. Ze hadden een nieuwe koning: Attila. In 444 na Christus greep hij de macht. Weet je nog wie er in 444 vóór Christus aan de macht kwam? Dat was Pericles, in Athene. Dat was pas een mooie tijd. Attila was letterlijk in alles het tegendeel van Pericles. 'Waar hij een voetstap zet, groeit geen gras meer,' werd er wel over hem gezegd. Zijn troepen verbrandden en verwoestten alles wat ze tegenkwamen. Maar hoeveel goud, zilver en andere kostbaarheden de Hunnen ook roofden, hoe fraai de sieraden ook waren die ze hun leiders gaven, Attila bleef een eenvoudige jongen. Hij at van een houten bord en woonde in een simpele tent. Goud en zilver vond hij maar niets. Het enige wat hem interesseerde, was macht. Lachen deed hij niet. Hij was een angstaanjagende heerser. Hij veroverde de halve wereld. De volken die hij niet een kopje kleiner maakte, moesten samen met hem ten strijde trekken. Hij had een geweldig leger. Dat bestond voornamelijk uit Germanen, vooral uit Ostrogoten (de Visigoten hadden zich immers gevestigd in Spanje). Vanuit zijn kamp in Hongarije stuurde hij een gezant naar de keizer van het West-Romeinse Rijk met de boodschap: 'Heer Attila deelt u mee dat u hem de helft van uw rijk moet geven, en uw dochter als echtgenote.' Toen de keizer weigerde hierop in te gaan, kwam Attila met zijn geweldige leger naar hem toe om hem te straffen en zelf te halen wat de keizer weigerde. In 451 na Christus werd er op de Catalaunische Velden in Gallië een grote strijd uitgevochten. Alle legers van het Romeinse Rijk, dus ook de Germaanse troepen, verzamelden zich om tegen Attila's brute leger te vechten.

Er kwam geen overwinnaar uit, en Attila trok op tegen Rome. Angst en ellende voerden de boventoon. De Hunnen kwamen steeds dichterbij. De legermacht kon niets uitrichten.

Maar toen kwam de christelijke bisschop van Rome hem met priesters en kerkelijke vaandels tegemoet gereden. Dat was paus Leo, die ook wel Leo de Grote wordt genoemd. Iedereen was ervan overtuigd dat hij door de Hunnen zou worden platgewalst. Maar Attila liet zich ompraten en keerde om. Hij trok weg uit Italië; ditmaal was Rome gered. Kort daarna, in 453, stierf Attila, op de dag dat hij zou trouwen met een Germaanse prinses.

Als de paus het West-Romeinse Rijk destijds niet zou hebben gered, had het niet meer bestaan. Want de keizers hadden geen enkele macht meer. Het leger maakte feitelijk de dienst uit. En dat leger bestond voornamelijk uit Germanen. Ten slotte oordeelden deze Germaanse soldaten dat de keizer eigenlijk overbodig was, en ze besloten hem af te zetten. De laatste Romeinse keizer had een merkwaardige naam: hij heette Romulus Augustulus. Bedenk dat de eerste Romeinse koning, de stichter van Rome, Romulus heette en dat de eerste Romeinse keizer Augustus was. De laatste, Romulus Augustulus, werd in 476 na Christus afgezet.

Na hem werd een Germaanse legeraanvoerder, Odoaker, koning van de Germanen in Italië. Dat betekende het einde van het West-Romeinse, Latijnse rijk, en daarom wordt dat jaartal ook beschouwd als het einde van de periode die men de Oudheid noemt.

In 476 begint er een nieuwe periode, de Middeleeuwen. Die naam is gekozen omdat het de periode is die tussen de Oudheid en de Nieuwe Tijd in ligt. Maar destijds was nergens aan te merken dat er een nieuwe tijd was aangebroken. Het was nog steeds een grote chaos. De Ostrogoten, die eerder met de legers van de Hunnen waren opgetrokken, hadden zich in het Oost-Romeinse Rijk gevestigd. Keizer Zeno, die van hen af wilde, raadde hen aan het West-Romeinse Rijk binnen te trekken, koning Odoaker te verdrijven en Italië te veroveren. En inderdaad trokken de Ostrogoten in 493 onder aanvoering van hun grote koning Theodorik de Alpen over, naar Italië. Ze waren gewend om te vechten en veroverden het arme en geplunderde land binnen de kortste keren.

Theodorik nodigde koning Odoaker en diens zoon uit voor een verzoeningsmaaltijd, maar liet hen tijdens dat maal neersteken.

Het heeft me altijd verbaasd dat Theodorik zoiets gruwelijks kon doen, want afgezien van die moordpartij was hij een grote, belangrijke en beschaafde leider. Hij drong erop aan dat de Goten en de Italianen in vrede met elkaar zouden samenleven, en gaf al zijn soldaten een stuk akkerland om te bebouwen. Als hoofdstad koos hij Ravenna, een havenstad in Noord-Italië. Daar liet hij prachtige kerken met fantastische, kleurige mozaïeken bouwen.

Maar dat was volgens de Oost-Romeinse keizers nu ook weer niet de bedoeling. Ze waren er niet van uitgegaan dat de Ostrogoten daar in Italië een machtig en bloeiend rijk zouden stichten, dat uiteindelijk een gevaar zou kunnen vormen voor de leiders in Constantinopel.

In Constantinopel heerste destijds een machtige, ambitieuze leider: Justinianus. Het was zijn bedoeling het complete Romeinse Rijk onder zijn heerschappij te krijgen. Zijn hof kenmerkte zich door de pracht en praal van het Oosten; hij en zijn vrouw Theodora, die vroeger danseres in een circus was geweest, droegen zware zijden, met edelstenen versierde gewaden en gouden kettingen met parels – alles ruiste en rammelde.

In Constantinopel liet hij een enorme koepelkerk bouwen, de Hagia Sophia. Hij wilde de verdwenen grootheid van het oude Rome weer tot leven wekken. En dus verzamelde hij de talrijke wetten die in het oude Rome hadden gegolden, met alle opmerkingen die er door de grote geleerden en rechtskundigen bij gemaakt waren. Het is het grote wetboek van het Romeinse recht, dat in het Latijn Corpus Juris Civilis Justiniani wordt genoemd. Nog steeds moet iedereen die rechter of advocaat wil worden dat wetboek lezen, want het vormt de basis van een groot aantal van onze huidige wetten.

Na de dood van Theodorik probeerde Justinianus de Goten uit Italië te verdrijven en het land te veroveren. In dat vreemde land vochten ze heldhaftig, tientallen jaren lang. Dat was niet gemakkelijk, want ze moesten ook tegen de Italianen vechten. De chaos werd nog groter: de Goten waren weliswaar ook christenen, maar ze geloofden niet in dezelfde leer als de Romeinen en de onderdanen van Justinianus. Ze geloofden niet in de drie-eenheid. Daarom werden ze als ongelovigen bestreden en in het nauw gebracht. Tijdens deze gevechten kwamen bijna alle Goten om het leven. De rest, een leger van slechts 1000 man, kreeg na de laatste veldslag een vrije aftocht en verdween in noordelijke richting. Dat betekende het einde van het grote Ostrogotische volk. Justinianus heerste nu ook over Ravenna en daar liet hij schitterende kerken bouwen, waarin hij en zijn vrouw veel en op fraaie wijze zijn afgebeeld.

Maar de Oost-Romeinse leiders heersten niet lang in Italië. In 568 kwamen er weer andere Germanen uit het noorden: de Langobarden (of Lombarden). Zij veroverden het land opnieuw. Er is een streek in Italië die naar hen is genoemd: Lombardije. En dat was de laatste krachtige bliksemflits van het onweer. Daarna deed de sterrennacht van de Middeleeuwen definitief zijn intrede.

19

De sterrennacht begint

Je bent het er waarschijnlijk wel mee eens dat al die volksverhuizingen te vergelijken zijn met een onweersbui. Maar dat de Middeleeuwen gesymboliseerd kunnen worden door een heldere sterrennacht, zul je misschien vreemd vinden. En toch is het zo. Misschien heb je iemand wel eens horen spreken over de 'duistere Middeleeuwen'. Daarmee bedoelt men dat er na de ineenstorting van het Romeinse Rijk nog maar weinig mensen waren die konden lezen en schrijven, dat ze niet wisten wat er in de wereld allemaal voorviel, en dat ze elkaar allerlei wonderen en sprookjes vertelden, en zeer bijgelovig waren. Dat de huizen toen klein en donker waren, dat de wegen en straten die door de Romeinen waren aangelegd, vervallen waren en dat de Romeinse steden en kampen waren verworden tot met gras begroeide ruïnes. Dat de goede Romeinse wetten vergeten waren en de fraaie Griekse beelden kapotgeslagen werden. En dat klopt allemaal. Dat was ook geen wonder na die vreselijke oorlogstijd en al die volksverhuizingen.

Maar dat is nog niet alles. Het was geen donkere nacht, het was als een sterrennacht. Want ondanks al die duisternis en al die onheilspellende onzekerheid, waarbij de mensen als kinderen in het donker bang waren voor tovenaars en heksen, voor de duivel en voor boze geesten – ondanks dat alles werden ze bijgelicht door de sterrenhemel van het nieuwe geloof, dat hun de weg wees. Zoals je in het bos niet zo snel verdwaalt wanneer je de sterren ziet – de Grote Beer of de Poolster – zo verdwaalden de mensen die destijds in het donker voortstrompelden, ook minder snel. Eén ding was immers zeker: dat alle mensen een goddelijke ziel hebben, dat iedereen voor God gelijk is, van bedelaars tot koningen, en dat er daarom ook geen slaven mochten zijn, die als voorwerpen behandeld werden; dat de enige onzichtbare God, die de wereld schiep en door zijn genade de mensen verlost, wil dat we goede mensen zijn. Niet dat er toen alleen maar goede mensen waren. Er waren veel wrede, onbeschaafde, ruwe en hardvochtige mensen, zowel in Italië als in de Germaanse gebieden, die op een geniepige, bloeddorstige en meedogenloze manier tekeergingen. Maar dat deden ze nu met een slechter geweten dan in de Romeinse tijd. Want ze wisten dat ze slecht bezig waren. Ze vreesden de wraak van God.

Veel mensen wilden geheel volgens Gods wil leven. Ze wilden niet in de stad tussen de mensen blijven wonen, waar ze voortdurend het risico liepen dat ze iets verkeerds deden. Net als de Indiase kluizenaars gingen ze de woestijn in om te bidden en boete te doen. Dat waren de monniken. Aanvankelijk waren er monniken in het oosten, in Egypte en Palestina. Voor de meesten was de boetedoening het belangrijkst. Ze hadden dit voor een deel van de Indiërs geleerd. Van hen weet je dat ze zichzelf bijzonder kwelden. Er waren boetepredikers die op een hoge zuil midden in de stad klommen en daar onbeweeglijk bleven zitten om te denken aan de zonden van de mensen. Het kleine beetje eten dat ze nodig hadden, hesen ze met een mandje naar boven. Ze zaten op hun zuil, keken naar de mensen beneden hen en hoopten zo dichter bij God te komen. Men noemde hen 'pilaarheiligen'.

Maar in het Westen, in Italië, leefde een heilige die, net als Boeddha, geen rust vond in dat eenzame leven van boetedoening. Hij heette Benedictus; 'de gezegende' betekent dat. Hij was van mening dat uitsluitend boetedoening geen recht deed aan de leer van Christus. Je moet niet alleen zelf goed zijn, je moet ook goede dingen doen. Om goed te doen moet je niet op een pilaar gaan zitten, maar moet je werken. En dus luidde zijn devies: 'bid en werk'. Samen met een monnik die er net zo over dacht, richtte hij een vereniging op die op deze manier wilde leven. Dat noemde men een orde. Deze orde is naar hem genoemd: de benedictijnen. Zulke monniken woonden in kloosters. Wie wilde toetreden tot een klooster en altijd lid van de orde wilde blijven, moest drie dingen beloven: 1) dat hij zelf niets wilde bezitten; 2) dat hij niet zou trouwen; en 3) dat hij de overste van het klooster, de abt, altijd zou gehoorzamen.

Nadat men was ingewijd als monnik, ging men niet de hele dag bidden in het klooster, hoewel het bidden natuurlijk heel belangrijk was en men enige malen per dag de mis bezocht. De monniken moesten ook goede werken verrichten. Dus moesten ze ook iets kunnen en veel weten. Nu waren de benedictijnen de enigen die zich destijds met de gedachten en ontdekkingen uit de Oudheid bezighielden. Ze verzamelden de oude boekrollen en bestudeerden die. En ze schreven die boekrollen over om ze te kunnen verspreiden. Vaak jarenlang waren ze bezig met schrijven op dikke perkamentrollen, in fraaie krulletters. Ze schreven niet alleen de bijbel en de heiligenlevens over, maar ook oude Latijnse en Griekse gedichten. Wij zouden er nauwelijks een gekend hebben als de monniken niet zo vlijtig hadden gewerkt. Maar vooral schreven ze de oude boeken over natuurkunde en over landbouw over en kopieerden die zo nauwkeurig mogelijk. Want dat was voor hen, op de bijbel na, het belangrijkst: het land bewerken om graan en brood voor zichzelf én voor de armen in voorraad te hebben. In de onherbergzame gebieden waren er destijds nauwelijks nog herbergen. Wie op reis ging, moest in de kloosters overnachten. En daar werd men gastvrij ontvangen. Het was er stil, er werd hard gewerkt en er heerste een beschouwelijke sfeer. De monniken gaven onderwijs aan de kinderen uit de omgeving: ze leerden hun lezen en schrijven, Latijn spreken en de bijbel begrijpen. Het klooster was destijds in de wijde omtrek de enige plek waar onderwijs werd gegeven en waar de herinnering aan de inzichten van de Grieken en Romeinen levend werd gehouden.

Dergelijke kloosters stonden niet alleen in Italië. Integendeel, voor de monniken was het van groot belang in onontwikkelde en verre landen kloosters te bouwen en van daaruit het evangelie te prediken, het volk kennis bij te brengen en van de onherbergzame bossen landbouwgrond te maken. Vooral in Engeland en in Ierland stonden veel kloosters. Die landen hadden niet zo erg te lijden gehad onder de talrijke volksverhuizingen, omdat het eilanden waren. Voor een deel hadden Germaanse stammen zich er gevestigd, de Angelen en de Saksen, die het christendom al in een vroeg stadium hadden aangenomen.

Vanuit Ierland en Engeland trokken de monniken predikend naar de gebieden van de Galliërs en de Germanen. Nog lang niet alle Germanen waren bekeerd tot het christendom. Hun machtigste vorst was het in ieder geval in naam wel geworden. Hij heette Clovis en stamde uit de familie van de Merovingen. Hij heerste als koning over de Franken en had door dapperheid, list, moord en bedrog al snel de helft van Duitsland en een groot deel van Frankrijk onder zijn heerschappij. Frankrijk is genoemd naar de Franken van koning Clovis.

Clovis liet zichzelf en zijn volk in 496 dopen – waarschijnlijk omdat hij geloofde dat de God van de christenen een machtige duivel was die hem kon helpen bij het behalen van overwinningen. Vroom was Clovis niet. In het land van de Germanen was er nog veel werk aan de winkel voor de monniken. En ze deden inderdaad veel. Ze stichtten kloosters en leerden de Franken en Alemannen hoe ze groente en wijn moesten verbouwen. Ze maakten de onbeschaafde krijgers duidelijk dat er nog meer op de wereld bestond dan alleen lichaamskracht en moedig gedrag in de oorlog. Vaak werden ze raadgevers van de christelijke Frankische koningen aan het hof van de Merovingen. Aangezien zij het best konden lezen en schrijven, schreven zij de wetten op en verzorgden zij het schrijfwerk voor de koning. Maar schrijfwerk was ook regeringswerk. Ze stelden brieven op aan andere koningen, ze zorgden voor contacten met de paus in Rome en waren in hun eenvoudige, onaanzienlijke monnikspijen de eigenlijke heersers in het nog steeds chaotische rijk van de Franken.

Andere monniken uit Ierland en Engeland waagden zich zelfs in de onherbergzame streken en dichte wouden van Noord-Duitsland en in het huidige Nederland, waar de bevolking niet eens in naam christelijk was. Hier was het gevaarlijk om het evangelie te prediken, want de boeren en krijgers die er woonden hielden vast aan het geloof van hun voorvaderen. Ze baden tot Wodan, de god van de storm, en die vereerden ze niet in tempels, maar in de vrije natuur, vaak onder oude bomen die ze heilig hadden verklaard. Op een dag kwam er een christelijke monnik en priester bij zo'n boom, Bonifatius, die daar zijn geloof wilde prediken. Hij wilde de Germanen uit het noorden laten zien dat Wodan een sprookjesfiguur was en dus nam hij een bijl en hakte de heilige boom eigenhandig om. De Germanen die eromheen stonden, dachten dat hij meteen gedood zou worden door een bliksemflits uit de hemel. Maar de boom viel om zonder dat er iets gebeurde. Velen van hen lieten zich daarna dopen door Bonifatius, want ze geloofden niet meer aan de macht van Wodan en de andere goden. Maar anderen waren boos op hem en vermoordden hem, in 754.

Toch was de tijd van het heidendom in Duitsland nu voorbij. Al snel ging bijna iedereen naar de eenvoudige houten kerken die in de buurt van de kloosters waren gebouwd. Na de mis vroeg men de monniken om raad: hoe ze hun zieke vee moesten behandelen, hoe ze hun appelbomen moesten beschermen tegen vraatzuchtige rupsen. Ook de machtige mannen in het rijk kwamen naar de monniken toe. En juist de meest onbehouwen en gewelddadige types schonken uitgestrekte landgoederen aan hen, want ze dachten dat God hun op die manier hun zonden zou vergeven. De kloosters werden rijk en machtig, maar de monniken zelf bleven arm en zaten in hun eenvoudige, kleine kamertjes te bidden en te werken – zoals de heilige Benedictus hun had opgedragen.

20

Er is geen andere God dan Allah, en Mohammed is zijn Profeet

Kun je je een voorstelling maken van de woestijn? De echte, hete zandwoestijn, waar lange karavanen van zwaarbepakte kamelen met kostbare goederen doorheen trekken? Overal zand. In de verte zie je een paar palmbomen die afsteken tegen de blauwe hemel. Daar rijd je heen, het is een oase, daar is een bron met een schamel beetje water. Dan ga je weer verder. En eindelijk kom je bij een grotere oase, waar zelfs een complete stad ligt met witte, blokvormige huizen waar in het wit geklede, bruine mensen wonen met zwart haar en met flikkerende donkere ogen.

Die mensen zijn gewend om te vechten, dat zie je zo. Op hun snelle paarden jagen ze door de woestijn, plunderen karavanen, strijden tegen elkaar, oase tegen oase, stad tegen stad, stam tegen stam. In Arabië ziet het er vandaag de dag nog steeds zo uit. En duizenden jaren geleden zal het er niet anders hebben uitgezien. En toch heeft zich in dit vreemde woestijnlandschap, waar maar weinig mensen woonden, hoewel ze zeer strijdbaar waren, iets buitengewoon merkwaardigs voorgedaan.

Dat zat zo: in de tijd dat de monniken de eenvoudige boeren raad gaven en de koningen van de Merovingen over de Franken heersten, dus rond 600 na Christus, had geen mens het over de Arabieren. Ze reden met hun paarden door de woestijn, woonden in tenten en streden tegen elkaar. Ze hadden een eenvoudig geloof, waar ze niet al te veel over nadachten. Net als de oude Babyloniërs baden ze tot de hemellichamen en vooral tot een steen, waarvan ze geloofden dat hij uit de hemel was gevallen. Die steen lag in een heiligdom dat ka'aba werd genoemd, in de oasestad Mekka. De Arabieren ondernamen vaak pelgrimstochten door de woestijn en gingen erheen om de steen te aanbidden.

In Mekka woonde in die tijd een man met de naam Mohammed, de zoon van Abdallah. Zijn vader had aanzien, maar hij was niet rijk. Hij behoorde tot de families die de heilige ka'aba in Mekka moesten bewaken. Hij stierf op jonge leeftijd en liet zijn zoon Mohammed slechts vijf kamelen na. Dat was niet veel. En dus kon Mohammed niet lang in de tentenkampen in de woestijn wonen, zoals de andere kinderen, maar moest hij als geitenhoeder in dienst treden van rijke mensen. Later kwam hij in dienst bij een rijke vrouw, die veel ouder was dan hij en voor wie hij als kamelendrijver verre reizen maakte met handelskaravanen. Hij trouwde met zijn bazin en had een gelukkig huwelijk. Ze kregen zes kinderen. Ook zijn jonge neef Ali nam hij aan als kind.

In Mekka had Mohammed, de krachtige, levendige man met zijn zwarte haar en baard, met zijn grote adelaarsneus en met zijn zware, wiegende tred, veel aanzien. Men noemde hem 'de rechtvaardige'. Al snel kreeg hij belangstelling voor religieuze zaken. Hij discussieerde graag met Arabische pelgrims die naar de ka'aba in Mekka kwamen, maar ook met christenen uit het nabijgelegen Abessinië en met joden, die in groten getale te vinden waren in de Arabische oasesteden. Van wat de joden en de christenen hem vertelden, was er één ding dat een bijzondere indruk op hem maakte en dat door zowel zijn joodse als christelijke vrienden werd benadrukt: de leer van de enige, onzichtbare, almachtige god.

'S Avonds zat hij graag bij de bron te luisteren naar verhalen over Abraham en Jozef, of over Christus en Maria. Op een dag – hij was op reis – kreeg hij ineens een visioen. Weet je wat dat is? Dat is een droom waarbij je niet slaapt. Mohammed dacht dat hij de aartsengel voor zich zag verschijnen, en hij hoorde diens stem, die hem toeriep. 'Lees!' riep de engel. 'Ik kan niet lezen,' stotterde Mohammed. 'Lees!' riep de engel een tweede en derde maal en beval hem, in naam van de Heer, zijn God, te bidden. Onder de indruk van dit visioen keerde Mohammed huiswaarts. Hij wist niet wat hem was overkomen.

Drie jaar lang dacht hij na over wat er was gebeurd, en peinsde hij over zijn belevenis. Na drie jaar kreeg hij eindelijk opnieuw een visioen. Hij zag de aartsengel Gabriël weer voor zich, in het stralende licht van hemelse glorie. Trillend en buiten zichzelf liep hij naar huis en ging in grote verwarring op bed liggen. Zijn vrouw dekte hem toe met zijn jas. En terwijl hij daar lag, hoorde hij opnieuw de stem. 'Sta op en waarschuw!' beval de stem, 'en verheerlijk je God.' Dat was voor Mohammed een boodschap van God, die hem beval de mensen te waarschuwen voor de hel en hun de grootheid van de enige, onzichtbare God te verkondigen. Vanaf dat moment voelde Mohammed dat hij de Profeet was, de spreekbuis door wiens mond God de mensen Zijn wil te kennen gaf. In Mekka predikte hij de leer van de enige almachtige God, de hoogste rechter, die hem, Mohammed, had aangewezen als boodschapper. Maar de meeste mensen lachten hem uit. Alleen zijn vrouw en een aantal familieleden en vrienden geloofden hem.

De priesters van het heiligdom van Mekka, de mannen met aanzien die de ka'aba moesten bewaken, beschouwden Mohammed niet alleen als een nar, maar ook als een gevaarlijke vijand. En dus werd het in Mekka verboden om om te gaan met de familie van Mohammed of om met zijn aanhangers handel te drijven. Dat verbod werd opgehangen in de ka'aba. Dat was een vreselijke slag, en de familie en vrienden van Mohammed verkeerden jarenlang in nood en leden honger. Nu had Mohammed in Mekka een aantal pelgrims van buiten de stad leren kennen die afkomstig waren uit een oasestad die Mekka tot zijn vijanden rekende. In die stad woonden veel joden, zodat de Arabieren die daar woonden de leer van de enige God kenden. De preken van Mohammed vielen bij hen in goede aarde.

Dat Mohammed preekte voor deze vijandelijke stammen en steeds hechter bevriend raakte met die mensen, was een doorn in het oog van de voorname bewoners van Mekka, de bewakers van de ka'aba. Ze besloten hem te vermoorden, hij pleegde immers hoogverraad. Mohammed stuurde zijn aanhangers snel weg naar de bevriende woestijnstad, en toen de huurmoordenaars uiteindelijk zijn huis binnendrongen, vluchtte hij door een raam van zijn huis naar diezelfde stad. Dat was op 16 juni 622. Die vlucht heet in het Arabisch 'hidjra'; de aanhangers van Mohammed telden hun jaren vanaf dat moment, zoals de Grieken dat aan de hand van de Olympische Spelen deden, de Romeinen vanaf de stichting van de stad Rome en de christenen vanaf de geboorte van Christus.

In die stad, die men later Medina noemde, de Profetenstad, werd Mohammed feestelijk ontvangen. Iedereen kwam hem tegemoet en was bereid hem thuis als gast op te nemen. Om niemand voor het hoofd te stoten zei Mohammed dat hij zou verblijven op de plaats waar de kameel heen zou lopen. En dat gebeurde. In Medina preekte Mohammed voor zijn aanhangers, die graag naar hem luisterden. Hij vertelde dat God zich voor de joden had geopenbaard in Abraham en Mozes, dat hij door de mond van Jezus zijn evangelie had geopenbaard en dat hij nu hem, Mohammed, had uitverkoren om zijn profeet te zijn.

Hij leerde hun alleen God (die in het Arabisch Allah heet) te vrezen, en verder niets of niemand. Het heeft geen zin bang of blij te zijn, want ons toekomstige lot is voorbestemd door God en het is opgeschreven in een groot boek. Wat komen moet, komt sowieso, het uur van onze dood is vanaf het begin al bekend. We moeten ons schikken naar de wil van God. 'Overgave' is '*islam*', en dus noemde Mohammed zijn leer 'islam'. Hij verklaarde dat zijn aanhangers voor die leer moesten strijden en zegevieren, en dat het geen zonde was om ongelovigen, die hem niet als profeet erkenden, te doden. Ook zei hij dat dappere krijgers die voor het geloof, voor Allah en voor de Profeet omkomen in de strijd, meteen in het paradijs zouden komen, en dat ongelovigen en lafaards in de hel terecht zouden komen. Het paradijs werd door Mohammed in zijn preken, visioenen en openbaringen, die samen 'de koran' worden genoemd, als iets geweldigs voorgesteld:

> De gelovigen liggen daar op zachte kussens tegenover elkaar, onsterfelijke knapen komen langs met bokalen en emmers die zijn gevuld met de beste wijn, en niemand krijgt er hoofdpijn van of wordt dronken; er zijn heerlijke vruchten en gevogelte, wat je maar wilt, en meisjes met grote ogen, als parels zo mooi, wachten op je. De zaligen liggen onder doornloze lotusbloemen of bloeiende bananen in de schaduw en aan stromende rivieren, druiven hangen boven hen, en telkens weer gaan de zilveren bekers rond. Ze dra-

gen kleren van groene zijde en brokaat, die is versierd met zilveren gespen.

Je kunt je voorstellen dat een dergelijk paradijs voor de arme mensen in de woestijn een vooruitzicht was waarvoor ze bereid waren te vechten en te sterven.

En dus trokken de mensen uit Medina op tegen Mekka om hun profeet te wreken en karavanen te plunderen. Eenmaal overwonnen ze en veroverden ze een flinke buit, maar daarna verloren ze alles. De bewoners van Mekka trokken op naar Medina om die stad te belegeren, maar na tien dagen moesten ze omkeren. Daarna maakte Mohammed onder begeleiding van 1500 bewapende medestanders een pelgrimstocht naar Mekka. Als machtige profeet had men de arme, bespotte Mohammed in Mekka nog niet gezien. Veel mensen liepen over naar zijn kamp. En al snel veroverde Mohammed met zijn leger heel Mekka. Maar hij ontzag de inwoners en wierp slechts de afgodsbeelden uit het heiligdom. Hij was een machtig man geworden. Van alle kanten kwamen er gezantschappen uit de tentenkampen en oases om hem te huldigen. Kort voor zijn dood predikte hij voor 40.000 pelgrims en hield hun voor de laatste maal zijn bepalingen voor: dat er geen God was dan Allah, dat hij, Mohammed, zijn Profeet was, en dat men de ongelovigen moest onderwerpen. Hij droeg hun ook op vijfmaal per dag te bidden, met het gezicht naar Mekka gekeerd; ze mochten geen wijn drinken en ze moesten dapper zijn. Kort daarna stierf hij, in 632.

In de koran staat geschreven: 'Bestrijd de ongelovigen, tot elke weerstand is gebroken.' En op een andere plaats: 'Dood de afgoddienaars, waar je ze ook vindt, neem ze gevangen, beleger ze, wacht ze op. Maar wanneer ze zich bekeren, laat ze dan in vrede gaan.'

De Arabieren hielden zich aan het woord van de Profeet. Toen iedereen in hun woestijn bekeerd of gedood was, trokken ze onder leiding van Mohammeds opvolgers ('kaliefen') Aboe Bakr en Omar de buurlanden binnen. Die schrokken enorm van een dergelijke geloofsijver. Zes jaar na de dood van Mohammed hadden de Arabische krijgers na bloedige gevechten Palestina en Perzië veroverd en hadden ze een grote oorlogsbuit in handen. Andere legers trokken op tegen Egypte, dat nog steeds tot het Oost-Romeinse Rijk behoorde, maar toen al een uitgeput en verarmd land was. Binnen vier jaar hadden ze het veroverd. Ook de grote stad Alexandrië kregen ze in handen. Men schijnt Omar gevraagd te hebben wat men met de fraaie bibliotheek moest doen, waar 700.000 boekrollen van Griekse dichters, schrijvers en filosofen werden bewaard. Omar schijnt geantwoord te hebben: 'Wanneer er in die boeken staat wat ook in de koran staat, zijn ze overbodig, en staat er iets anders in, dan zijn ze schadelijk.' Of dat waar is, weten we niet, maar zeker is dat er mensen zijn geweest die zo of ongeveer zo hebben gedacht. Op die manier is tijdens de chaotische strijd de belangrijkste en waardevolste bibliotheek die we hadden, voor eeuwig verloren gegaan.

Het Arabische rijk breidde zich nu snel uit. Het brandde vanuit Mekka bij wijze van spreken alle kanten op, nadat er door Mohammed een gloeiende vonk op de landkaart was aangebracht. Het vuur brandde van Perzië tot in India, van Egypte tot in de andere landen in Noord-Afrika. Toch waren de Arabieren het onderling lang niet altijd eens. Na Omars dood kozen ze een aantal kaliefen en leverden een bloedige strijd tegen elkaar. Rond 670 probeerden de Arabische legers Constantinopel, de oude hoofdstad van het Oost-Romeinse Rijk, te veroveren, maar de bewoners leverden zeven jaar lang een verbitterde en heldhaftige strijd. Uiteindelijk dropen de belegeraars af. In plaats daarvan veroverden de Arabieren vanuit Afrika het eiland Sicilië. Maar dat was nog niet alles. Ook drongen ze Spanje binnen, dat zoals je je misschien herinnert, sinds de volksverhuizing werd beheerst door de Visigoten. Tijdens een veldslag die zeven hele dagen duurde, overwon veldheer Tarik, en nu stond Spanje onder mohammedaanse heerschappij.

Van daaruit trokken ze naar Frankrijk, naar het rijk van de Franken, de Merovingische heersers, en stonden ze tegenover de legers van de christelijke boerenkrijgers. De aanvoerder van de Franken was Karel Martel, dat betekent: Karel de Hamer. Zo dapper en strijdlustig was hij. In 732 behaalde hij de overwinning op de Arabieren, precies honderd jaar na de dood van de Profeet. Wanneer Karel Martel de strijd bij Tours en Poitiers in Zuid-Frankrijk destijds had verloren, dan zouden de Arabieren ongetwijfeld heel Frankrijk en Duitsland hebben veroverd en alle kloosters hebben verwoest. Dan waren we allemaal mohammedanen geweest, zoals de Perzen, veel Indiërs, de Arabieren in Mesopotamië en Palestina, de Egyptenaren en de Noord-Afrikanen dat nu zijn.

De Arabieren gedroegen zich niet overal als barbaarse woestijnsoldaten, zoals in de tijd van Mohammed. Integendeel. Zodra de aanvankelijke opwinding van de oorlogvoering was getemperd, begonnen ze in de door hen veroverde landen dingen te leren van de volken die ze onderworpen en bekeerd hadden. Via de Perzen maakten ze kennis met de pracht van het Oosten: met de fraaie tapijten en stoffen, de prachtige bouwwerken, de schitterende tuinen en de kostbare, met bijzondere motieven versierde voorwerpen.

Omdat het bij de mohammedanen verboden was mensen of dieren af te beelden – op die manier wilden ze elke gedachte aan de afgoden uitbannen – versierden ze hun paleizen en moskeeën met fraaie, kleurige, gekrulde lijnen, die men 'arabesken' noemt, naar de Arabieren. Meer nog dan van de Perzen leerden de Arabieren van de Grieken, die in de veroverde steden in het Oost-Romeinse Rijk woonden. Al snel verbrandden ze de boeken niet meer, maar begonnen ze die te verzamelen en te lezen. Vooral de geschriften van de beroemde leraar van Alexander de Grote, Aristoteles, lazen ze graag, en ze vertaalden zijn werk in het Arabisch. Van hem leerden ze na te denken over de natuur en op zoek te gaan naar de oorzaak van alles wat er was. Dat deden ze graag en met ijver. Veel benamingen van wetenschappen waarmee je op school te maken zult krijgen, komen uit het Arabisch – bijvoorbeeld 'chemie' of 'algebra'. Het boek dat je nu in handen hebt, is gemaakt van papier. Ook dat hebben we te danken aan de Arabieren, die er op hun beurt mee in aanraking kwamen via Chinese krijgsgevangenen.

Voor twee dingen ben ik de Arabieren bijzonder dankbaar. Ten eerste zijn dat de prachtige sprookjes die ze vertelden en opschreven, en die je kunt lezen in de vertellingen van Duizend-en-een-nacht. Het tweede vind ik nog sprookjesachtiger dan de sprookjes, al zul je dat niet meteen met me eens zijn. Let op: '12'. Waarom zeggen we 'twaalf', en niet 'één-twee' of 'één en twee', wat 'drie' betekent? Die één, zul je zeggen, is geen één, maar een tien. Weet je nog hoe de Romeinen 'twaalf' schreven? 'XII'. En 112? 'CXII'. En 1112? 'MCXII'. Stel je voor dat je met die Romeinse cijfers zou moeten vermenigvuldigen en optellen! Maar met onze 'Arabische' cijfers gaat dat heel gemakkelijk. Niet alleen omdat ze mooi en gemakkelijk te schrijven zijn, maar ook omdat ze iets nieuws hebben: hun plaats bepaalt hun waarde. Een getal dat links naast twee andere getallen staat, is een honderdtal. En honderd schrijf je als een één met twee nullen.

Zou jij zoiets praktisch hebben kunnen uitvinden? Ik in ieder geval niet. Deze uitvinding, en zelfs het woord 'cijfer', hebben we van de Arabieren, die er op hun beurt via de Indiërs op gekomen zijn. Dat is dus wat ik nog sprookjesachtiger vind dan de sprookjes zelf. Het is misschien maar goed dat Karel Martel in 732 de Arabieren versloeg, maar het is ook niet slecht dat ze een groot rijk hebben gesticht en de gedachten en uitvindingen van de Perzen, de Grieken, de Indiërs en zelfs de Chinezen hebben samengebracht.

21

Een veroveraar die ook kan heersen

Wanneer je deze geschiedenis leest, zul je misschien denken dat het niet zo moeilijk is de wereld te veroveren of een groot rijk te stichten, want in de wereldgeschiedenis gebeurt dat telkens opnieuw. En inderdaad, vroeger was dat niet eens zo heel moeilijk. Hoe komt dat?

Je moet je voorstellen dat er destijds nog geen kranten waren en dat er nog geen post werd bezorgd. De mensen wisten dus niet precies wat er enige dagmarsen van hen verwijderd aan de hand was. Ze woonden in de dalen en de bossen, ze bewerkten het land. Het verste wat ze kenden, waren de naburige stammen. Daarmee lagen ze meestal overhoop. Men deed elkaar van alles aan: men dreef het vee van de buren van de weiden of stak zelfs hun boerderijen in brand. Voortdurend werd er geroofd, wraak genomen en gevochten.

Dat er buiten de eigen, beperkte omgeving nog iets was, wist men slechts van horen zeggen. Wanneer er nu een leger van een paar duizend man zo'n dal of zo'n bos in kwam gemarcheerd, konden ze daar niet veel tegen doen. De buren waren al blij dat dit leger hun vijanden te lijf ging, en ze dachten er niet over na dat zij als volgende aan de beurt waren. Wanneer men hen niet vermoordde maar dwong mee te gaan met het leger, waren ze meestal nog dankbaar ook. Op die manier werd zo'n leger steeds groter, en voor de stammen werd het steeds moeilijker het te verslaan, al waren die stammen nog zo dapper. Zo ging het vaak bij de veroveringstochten van de Arabieren, en ook bij de beroemde koning der Franken, over wie ik nu ga vertellen: Karel de Grote.

Veroveren was dan misschien niet zo moeilijk als tegenwoordig, maar regeren was dat wel. Men moest immers naar al die afgelegen gebieden boden sturen en men moest de strijdende volken en stammen tot elkaar zien te brengen, zodat ze zouden inzien dat er belangrijker dingen waren dan hun stammenstrijd en hun bloedwraak. Wie een goede heerser wilde zijn, moest de boeren, die zo'n armzalig leven leidden, helpen; men moest ervoor zorgen dat de mensen iets leerden en dat niet alles wat de mensen daarvoor hadden gedacht en geschreven, verloren zou gaan. Een goede heerser moest destijds werkelijk een soort huisvader zijn van zijn grote familie van volken, en alles zelf beslissen.

En zo iemand was Karel de Grote ook. Daarom noemen we hem immers 'de Grote'. Hij was een nakomeling van de veldheer van de Merovingen, Karel Martel, die de Arabieren Frankrijk uit had weten te werken. De Merovingen waren niet wat je noemt een waardige koninklijke familie. Ze zaten met hun lange haren en golvende baarden op de troon en hielden toespraken die door hun ministers waren geschreven. Ze maakten hun reizen niet te paard, maar zaten op ossenwagens, net als de boeren. Zo gingen ze naar de volksvergaderingen. Maar de eigenlijke regering was in handen van een bekwame familie, waar ook Karel Martel van afstamde. De vader van Karel de Grote, Pippijn, stamde ook uit deze familie. Maar hij wilde geen minister meer zijn wiens toespraken door een ander werden voorgelezen, nee, hij wilde dat zijn koninklijke macht beloond zou worden met de koningstitel. Dus zette hij de Merovingische koning af en werd heerser van het rijk van de Franken, dat destijds zo'n beetje de westelijke helft van het huidige Duitsland en de oostelijke helft van het huidige Frankrijk besloeg.

Maar je moet je geen solide rijk voorstellen, geen echte staat met bestuurders of met politie – niet een rijk dat vergelijkbaar is met bijvoorbeeld het Romeinse Rijk. Er was destijds nog geen sprake van een Duits volk, zoals daar in de Romeinse tijd ook geen sprake van was. Er waren verschillende stammen die verschillende dialecten spraken, verschillende zeden en gewoonten hadden en die elkaar in sommige gevallen even slecht konden verdragen als destijds de Doriërs en de Ioniërs in Griekenland.

De leiders of hoofdmannen van deze stammen werden 'hertogen' genoemd, omdat ze in de strijd vooraan in het leger (in het Duits *Heer*) liepen. Er bestonden een paar van die hertogdommen in Duitsland, zoals het hertogdom van de Beieren, dat van de Zwaben en dat van de Alemannen. Maar de machtigste stam was die van de Franken. De anderen moesten hen volgen, dat wil zeggen: wanneer er oorlog was, moesten ze aan de zijde van de Franken vechten. Deze heerschappij in de oorlog vormde feitelijk de belangrijkste bron van de macht van de Franken in de tijd van de vader van Karel de Grote, Pippijn. En die legermacht werd ook gebruikt door Karel de Grote toen die in 768 koning werd.

Hij veroverde heel Frankrijk. Daarna trok hij de Alpen over naar Italië, waar de Langobarden aan het eind van de volksverhuizingen waren neergestreken – je zult je dat nog wel herinneren. Hij verdreef de koning van de Langobarden en verleende de macht in het land aan de paus in Rome, wiens beschermer hij zich zijn leven lang heeft gevoeld. Daarna trok hij naar Spanje en vocht hij tegen de Arabieren, maar al snel keerde hij weer om.

Nadat hij zijn rijk in zuidelijke en westelijke richting had uitgebreid, was het oosten aan de beurt. In het oosten, in het huidige Oostenrijk, waren destijds opnieuw Aziatische ruiters binnengevallen, die veel leken op de Hunnen. Maar ze hadden niet zo'n geweldige aanvoerder als Attila. Gewoonlijk legden ze ringwallen om hun kampementen heen, waardoor die moeilijk te veroveren waren. Karel de Grote en zijn legers streden acht jaar lang tegen de Avaren in Oostenrijk en behaalden uiteindelijk een zo grote overwinning dat er niets van hen overbleef. Maar de Avaren hadden bij hun inval andere volken voor zich uit gedreven, net als de Hunnen dat vroeger hadden gedaan. Dat waren de Slaven. Ook de Slaven hadden destijds een soort rijk gevestigd, maar dat was eerlijk gezegd nog ongeorganiseerder dan dat van de Franken. Karel trok ook tegen hen ten strijde en dwong een deel van hun troepen toe te treden tot zijn leger; een ander deel van de Slaven moest jaarlijks betalingen doen. Maar tijdens al die veldtochten vergat hij niet wat het belangrijkst voor hem was, namelijk dat hij alle Duitse hertogdommen en stammen onder zijn heerschappij wilde brengen en van hen één volk wilde maken.

Nu behoorde de gehele oostelijke helft van Duitsland nog helemaal niet tot het Frankische rijk. Daar zaten de Saksen, die net zo barbaars en oorlogszuchtig waren als de Germaanse stammen in de tijd van de Romeinen. Ze waren bovendien heidenen en wilden niets weten van het christendom. Maar Karel voelde zich de leider van alle christenen. Hij dacht er wat dat betreft niet veel anders over dan de mohammedanen. Hij meende dat je mensen onder dwang tot het geloof zou kunnen brengen. Zo streed hij jarenlang tegen Widukind, de aanvoerder van de Saksen. De Saksen gaven zich over, maar vielen hem daarna weer aan. Karel maakte rechtsomkeert en verwoestte hun land. Maar hij was nog niet vertrokken of ze bevrijdden zichzelf weer. Ze trokken keurig met Karel de Grote ten strijde, maar plotseling keerden ze zich om en overvielen zijn eigen troepen. Ten slotte besloot Karel hen op vreselijke wijze te straffen: hij liet meer dan 4000 Saksen terechtstellen. Vervolgens lieten de anderen zich dopen, maar het zal wel even geduurd hebben voor ze de godsdienst van de liefde werkelijk hebben liefgehad.

Karel de Grote had nu veel macht. Ik heb je al verteld dat hij niet alleen veroveren kon, maar ook heersen, en zorgen voor zijn volk. Vooral scholen vond hij belangrijk; hijzelf heeft zijn leven lang gestudeerd. Hij sprak even goed Duits als Latijn, en Grieks kon hij begrijpen. Hij sprak sowieso veel en graag, en had een heldere, duidelijke stem. Hij hield zich met allerlei kunsten en wetenschappen uit de Oudheid bezig en nam bij geleerde monniken uit Engeland en Italië les in redenaarskunst en sterrenkunde. Men zegt wel dat hij schrijven moeilijk vond, en wel omdat hij gewend was het zwaard ter hand te nemen in plaats van met de veer mooie krulletters te schrijven.

Hij hield van jagen en zwemmen. Gewoonlijk had hij eenvoudige kleding aan. Hij droeg een linnen hemd, een kiel met kleurige zijdestroken en een lange broek met beenwindsels; 's winters een wambuis van bont met daaroverheen een blauwe mantel. Altijd droeg hij een zwaard met gouden of zilveren handvat. Alleen bij plechtige gelegenheden droeg hij een goudbestikte mantel, met edelstenen bezette schoenen, een grote, gouden gesp aan zijn mantel en een gouden, met edelstenen belegde kroon. Stel je eens voor hoe die geweldige, rijzige man in zijn lievelingspaleis in Aken gezantschappen ontving! Die kwamen overal vandaan: uit zijn rijk in Frankrijk, Italië en Duitsland, maar ook uit de gebieden van de Slaven en uit Oostenrijk.

Hij liet zich over al die gebieden goed informeren en bepaalde wat er in het land moest gebeuren. Hij benoemde rechters en liet wetten opstellen; hij bepaalde ook wie er bisschop werd en stelde zelfs de prijzen van de levensmiddelen vast. Maar het belangrijkst vond hij de eenheid tussen de Duitsers onderling. Hij wilde niet alleen heersen over een aantal stamhertogdommen, nee, hij wilde er een stabiel rijk van maken. Wanneer een hertog hem onwelgevallig was, zoals hertog Tassilo van Beieren, dan zette hij hem af. Je moet je realiseren dat er destijds voor het eerst een gemeenschappelijk Duits woord werd gebruikt voor de taal van alle Germaanse stammen; men sprak niet meer van Frankisch, Beiers, Alemannisch of Saksisch, maar van 'thiudisk', Duits dus.

Omdat Karel belangstelling had voor alle Duitsers, liet hij de oude heldenliederen opschrijven, die waarschijnlijk waren ontstaan in de kampen tijdens de volksverhuizingen. Ze gingen over Theoderik, die men later Diederik van Bern noemde, over Attila, de koning van de Hunnen, of over Siegfried, die de draak versloeg en die door Hagen op slinkse wijze werd doodgestoken. Maar de liederen uit die tijd zijn bijna geheel verloren gegaan; we kennen de sagen uit aantekeningen die bijna 400 jaar later werden gemaakt.

Karel de Grote wilde niet alleen koning van Duitsland en heerser van het Frankenrijk zijn. Hij voelde zich ook de beschermheer van de christenen. En dat vond de paus in Rome ook, die door Karel een aantal malen in gevechten tegen de Langobarden te hulp was geschoten. Toen Karel op kerstavond van het jaar 800 in de grootste kerk van Rome, de kerk van de Heilige Petrus, zat te bidden, kwam de paus plotseling naar hem toe en zette een kroon op zijn hoofd. Daarop knielden hij en de mensen om hem heen en ze huldigden hem als de nieuwe Romeinse keizer, die door God was gezonden om de vrede in het rijk te bewaren. Karel schrok ervan. Hij had er waarschijnlijk geen idee van wat men met hem van plan was. Maar nu droeg hij de kroon en was hij de eerste Duitse keizer van het Heilige Roomse Rijk, zoals het later werd genoemd.

In Karels rijk moest de macht en de grootsheid van het oude Romeinse Rijk herleven, maar ditmaal waren niet de heidense

Romeinen, maar de christelijke Germanen de heersers. Ze moesten de leiders van het christendom worden. Dat was het plan en het doel van Karel de Grote, en dat is lange tijd het doel gebleven van de Duitse keizers. Alleen onder Karels heerschappij was dat nog bijna gebeurd ook. Gezantschappen uit de hele wereld kwamen naar hem toe om hem te huldigen. Niet alleen de machtige Oost-Romeinse keizer in Constantinopel wilde op goede voet met hem staan, ook de heerser van de Arabieren in het verre Mesopotamië, de grote sprookjesvorst Haroen al-Rasjid, die in Bagdad, in de buurt van Nineve, in een schitterend paleis woonde, stuurde hem de kostbaarste schatten op als cadeau: prachtige gewaden, zeldzame kruiden en een olifant. Verder nog een waterklok met een schitterend mechanisme, dat men in het rijk van de Franken nog nooit had gezien. Uit waardering voor de machtige keizer stond Haroen al-Rasjid zelfs toe dat christelijke pelgrims ongehinderd naar het Heilige Graf van Christus in Jeruzalem mochten. Jeruzalem stond destijds onder heerschappij van de Arabieren, zoals je je zult herinneren.

Dit alles was te danken aan de slimheid, de wilskracht en de superioriteit van de nieuwe keizer. Dat is vooral te zien na zijn dood, in 814. Want toen stortte alles snel in elkaar. Het rijk werd na enige tijd verdeeld onder de drie kleinzonen van Karel en viel uiteen in Duitsland, Frankrijk en Italië.

In de gebieden die vroeger tot het Romeinse Rijk hadden behoord, sprak men de Romaanse talen, dat wil zeggen Frans en Italiaans. De drie landen werden nooit meer verenigd. Ook de Duitse stamhertogdommen roerden zich en kregen hun zelfstandigheid terug. De Slaven verklaarden zich meteen na de dood van Karel onafhankelijk en stichtten onder hun eerste grote koning, Svatopluk, zelf een machtig rijk. De scholen die Karel in Duitsland had gesticht, werden ontbonden en de kunst van het lezen en het schrijven werd al snel alleen nog maar beoefend in een aantal kloosters. De Germaanse stammen uit het noorden, de Denen en de Noormannen, die men Vikingen noemde, waren zeerovers en plunderden zonder pardon de steden aan de kust. Ze waren bijna onoverwinnelijk. Ze stichtten rijken in het oosten, in het gebied van de Slaven in het huidige Rusland, en in het westen, in de kustgebieden van het huidige Frankrijk. Een van de regio's in Frankrijk is genoemd naar de Noormannen: Normandië.

Het Heilige Roomse Rijk der Duitse Natie, dat door keizer Karel de Grote was gesticht, bestond in de eeuw daarna niet eens meer in naam.

22

Strijd om de heerschappij over de christenen

De wereldgeschiedenis is helaas geen verzameling mooie verhaaltjes. Afwisseling is soms ver te zoeken. Vooral nare gebeurtenissen lijken zich telkens weer voor te doen. Nauwelijks honderd jaar na Karel de Grote, in de periode dat het treurig gesteld was met het land, kwamen er opnieuw ruiters uit het oosten, zoals eerder de Hunnen en de Avaren waren binnengevallen. Zo vreemd is dat trouwens niet. Om vanuit de Aziatische steppe naar Europa te komen was gemakkelijker en aanlokkelijker dan op rooftocht te gaan in China, een land dat niet alleen beschermd werd door de muur van Tj'in Shi Hwang-ti, maar in deze periode ook een machtige, goed georganiseerde staat was, met bloeiende grote steden en een buitengewoon gecultiveerd leven aan het keizerlijke hof en in de huizen van belangrijke en geleerde bestuurders.

In de tijd waarin men in Duitsland de oude krijgsliederen verzamelde en kort daarop alweer verbrandde omdat ze heidens zouden zijn, en waarin de monniken in Europa schoorvoetend probeerden de bijbelse geschiedenis in Duitse rijmen en Latijnse verzen na te vertellen (dus in de tijd rond 800), leefden in China de grootste dichters die er waarschijnlijk ooit zijn geweest. Ze schreven met Oost-Indische inkt op zijde in sierlijke penseelstreken fraaie, korte, eenvoudige verzen, die in al hun eenvoud zo veelzeggend waren dat je ze niet meer vergeet als je ze eenmaal hebt gelezen.

Het Chinese rijk werd goed bestuurd en goed beschermd. Daarom gingen de ruiters liever naar Europa. Ditmaal waren het de Magyaren. Omdat ze niet werden tegengehouden door paus

Leo de Grote of keizer Karel de Grote, veroverden ze al snel het huidige Hongarije en Oostenrijk. Daarna vielen ze Duitsland binnen om te plunderen en te moorden.

Toen moesten de verschillende stamhertogdommen, goedschiks of kwaadschiks, een leider kiezen. In 919 kozen ze een hertog van de Saksen, Hendrik, als hun gemeenschappelijke koning. Hij slaagde er uiteindelijk in de Magyaren te verdrijven en uit Duitsland te houden. Zijn opvolger, koning Otto, die ook wel Otto de Grote wordt genoemd, hakte hen niet in de pan zoals Karel de Grote de Avaren in de pan had gehakt, maar hij dwong hen na een vreselijke nederlaag in 945 wel zich in Hongarije te vestigen. En daar wonen hun nakomelingen, de huidige Hongaren, nog steeds.

Het was voor Otto moeilijk om het land dat hij van hen had afgenomen voor zichzelf te behouden. Hij leende het aan een andere vorst. Dat was destijds gebruikelijk. De zoon van Otto de Grote, Otto II, leende op diezelfde manier een deel van het huidige Neder-Oostenrijk, de omgeving van de Wachau, in 976 aan een Duitse edelman, Leopold, uit het Huis Babenberg. Die bouwde in het land dat hij van de koning had geleend een burcht en heerste er als een vorst. Meestal was hij niet een gewone bestuurder van de koning. Hij was meer dan dat: hij heerste over zijn land zolang de koning hem zijn gang liet gaan.

De boeren die daar woonden, waren in de meeste gevallen niet vrij, zoals de Germaanse boeren dat vroeger wel waren. Ze hoorden bij het land dat de koning had uitgeleend of dat in het bezit was van een belangrijke grondbezitter. Net als de schapen en de geiten die daar in de wei liepen, de herten, beren en everzwijnen die in de bossen woonden, en net als de rivieren, de bossen, de weiden, de grasvelden en de akkers hoorden ook de mensen bij het land dat ze bewerkten. Omdat ze bij het land hoorden, noemde men hen 'horigen'. Eigenlijk waren ze geen burgers van het rijk, ze hadden niet het recht te gaan en te staan waar ze wilden, of te kiezen of ze hun akkers wilden bewerken of niet. Ze waren dus onvrij.

'Maar waren het dan slaven, zoals in de Oudheid?' Dat nu ook weer niet. Je weet dat de slavernij in deze gebieden sinds het christendom was afgeschaft. De onvrije mensen waren geen slaven, want ze behoorden immers bij het land, en het land was van de koning, ook wanneer hij het aan vorsten uitleende. Daarom mocht die vorst hen niet verkopen of doden, zoals een heerser dat vroeger met zijn slaven wel mocht. Maar voor de rest kon hij hun opdragen wat hij wilde. Ze moesten voor hem het land bewerken en voor hem werken wanneer hij dat wilde, ze moesten brood en vlees naar zijn burcht brengen, zodat hij kon eten, want een vorst werkte niet zelf op de akkers. Hoogstens ging hij op jacht als hij daar zin in had. Het land dat de koning hem had geleend, was eigenlijk zijn land, want zijn zoon erfde het van hem wanneer hij zich nergens schuldig aan had gemaakt. En de vorst hoefde de koning niets te betalen voor het geleende land; wel moest hij met zijn grondbezitters en boeren ten strijde trekken als er oorlog was. En er was vaak oorlog.

Heel Duitsland was destijds door de koning uitgeleend aan vorsten. Slechts een klein aantal landgoederen hield de koning voor zichzelf. En zo was het ook in Frankrijk en Engeland. In Frankrijk was Hugo Capet, een machtige hertog, in 986 koning geworden; Engeland werd in 1016 veroverd door een Deense zeerover, Knut, die tevens regeerde over Noorwegen en delen van Zweden en die machtige vorsten in zijn gebieden liet heersen.

Doordat de Duitse koningen de Magyaren hadden verslagen, was hun macht enorm toegenomen. Otto de Grote zelf, de koning die de Magyaren had overwonnen, had de vorsten van de Slaven, de Bohemen en de Polen zover gekregen dat ze aanvaardden dat hij hun leenheer was. Dat hield in dat ze het land waarover ze heersten, beschouwden als land dat ze hadden geleend van de koning, en dat ze zouden toetreden tot zijn leger als hij daarom vroeg.

Otto de Grote, die nu een belangrijk heerser was, trok naar Italië, waar onder de Langobarden chaos heerste en onderlinge gevechten waren uitgebroken. Otto riep ook Italië uit tot Duits leengebied en leende het aan een Langobardische vorst. De paus was Otto dankbaar dat hij, machtig als hij was, de Langobardische vorsten in toom hield, en kroonde hem in 962 tot keizer, zoals Karel de Grote in 800 ook was gekroond.

Op die manier werden de Duitse koningen opnieuw Roomse keizers en daarmee beschermheren van het christendom. Zij bezaten het land waar de boeren ploegden: van Italië tot aan de Noordzee en van de Rijn tot ver over de Elbe, waar de Slavische boeren de 'horigen' werden van de Duitse vorsten. De keizer leende zijn land niet alleen aan vorsten. Hij leende het ook aan priesters, bisschoppen en aartsbisschoppen. Zij waren nu niet langer alleen kerkelijke autoriteiten, maar heersten als vorsten over grote gebieden en trokken met hun horige boeren ten strijde.

Aanvankelijk was de paus daarmee in zijn nopjes. Hij stond op goede voet met de Duitse keizers, die hem beschermden en verdedigden, en die stuk voor stuk vrome lieden waren.

Maar al snel werd het anders. De paus stond niet toe dat de keizers mochten bepalen welke priester bisschop zou worden in de omgeving van Mainz, Trier, Keulen of Passau. De paus zei: 'Dat zijn geestelijke ambten, en die moet ik verdelen, want ik ben de hoogste geestelijke.' Maar het waren niet uitsluitend geestelijke ambten. De aartsbisschop van Keulen was biechtvader en tegelijk vorst en heerser van deze omgeving. En de keizer wilde bepalen wie vorst en heerser van zijn land werd. Wanneer je er goed over nadenkt, zul je erachter komen dat zowel de keizer als de paus vanuit zijn eigen standpunt gezien volkomen gelijk had. Door het uitlenen van gebieden aan priesters was men in een impasse geraakt, want de baas van de priesters is de paus, en de baas van het land is de keizer. Daar moest wel een conflict over komen, en dat gebeurde ook. Men noemt dit de Investituurstrijd.

In Rome werd in 1073 een buitengewoon vrome, ijverige monnik tot paus gekozen. Zijn hele leven al had hij zich beziggehouden met de reinheid en de macht van de kerk. Hij heette Hildebrand, en als paus noemde hij zich Gregorius VII.

Duitsland had in die tijd een Frankenkoning. Hij heette Hendrik IV. Nu moet je weten dat de paus zichzelf niet alleen als opperpriester beschouwde, maar ook als de door God aangewezen heerser over alle christenen op aarde. Maar zo beschouwde de Duitse keizer zichzelf ook: opvolger van de oude Romeinse keizers en van Karel de Grote, beschermheer en opperbevelhebber van de gehele christelijke wereld. Hendrik IV was destijds weliswaar nog niet tot keizer gekroond, maar hij meende dat hij daar als Duitse koning wel recht op had. Wie van de twee zou toegeven?

Er ontstond veel opwinding in de wereld toen het tot een strijd tussen de twee kwam. Sommigen trokken partij voor koning Hendrik IV, anderen voor paus Gregorius VII. Vandaag de dag nog kennen we 155 strijdschriften, die destijds door de aanhangers en de tegenstanders van de koning ten gunste van hem en tegen hem werden geschreven. Zo betrokken waren de mensen bij deze strijd. In sommige van die strijdschriften werd koning Hendrik afgeschilderd als een slechte, driftige man, in andere wordt de paus beschreven als een hardvochtige, heerszuchtige man.

Ik geloof dat we geen partij moeten trekken. We moeten goed bedenken dat ze allebei vanuit hun eigen standpunt gezien gelijk hadden, en daarom is het niet zo belangrijk of koning Hendrik onvriendelijk was tegen zijn vrouw (wat de tegenstanders van de koning zeiden) of dat paus Gregorius niet volgens de gebruikelijke formaliteiten tot paus was gekozen (wat de tegenstanders van de paus zeiden). We kunnen niet naar het verleden reizen om te zien hoe het in werkelijkheid is geweest, en of men de paus dan wel de keizer in een van die geschriften belasterd heeft. Waarschijnlijk werden beiden belasterd, want als mensen strijden, zijn ze bijna altijd onrechtvaardig. Ik wil je laten zien hoe moeilijk het is om er na ruim 900 jaar achter te komen hoe het werkelijk geweest is.

Koning Hendrik had het niet gemakkelijk. De Duitse vorsten aan wie hij zijn land had geleend, waren tegen hem. Ze wilden niet dat de koning al te machtig werd. Dan had hij hun immers ook kunnen bevelen. Paus Gregorius begon met de vijandelijkheden door koning Hendrik uit de kerk te weren: hij verbood priesters een mis voor hem op te dragen. Dat noemde men een ban. Vervolgens verklaarden de vorsten dat ze niets te maken wilden hebben met een koning in de ban, dat ze een andere koning wilden kiezen. Het was voor Hendrik dus zaak ervoor te zorgen dat de paus die vreselijke ban zou intrekken. Dat was het belangrijkst voor hem. Wanneer hem dat niet zou lukken, dan zou het uit zijn met zijn koninkrijk. En dus reisde hij alleen, zonder leger, naar Italië om met de paus te onderhandelen en hem te vragen de ban op te heffen.

Het was winter, en de Duitse vorsten, die wilden verhinderen dat koning Hendrik zich zou verzoenen met de paus, hadden de wegen geblokkeerd. Koning Hendrik en zijn vrouw moesten een grote omweg maken en trokken in die ijskoude winter over de Mont Cenis – waarschijnlijk langs dezelfde pas als Hannibal was gepasseerd toen hij Italië wilde binnendringen.

De paus was juist onderweg naar Duitsland om te overleggen met de vijanden van de koning. Toen hij hoorde dat Hendrik eraan kwam, ging hij snel naar een burcht in Noord-Italië, Canossa. Hij dacht dat Hendrik een leger bij zich had. Toen hij hoorde dat Hendrik in zijn eentje kwam om de ban ongedaan te maken, was hij verbaasd en blij. Sommigen zeggen dat de koning in een boetekleed verscheen, in een pij, en dat de paus hem drie dagen lang voor de burcht liet wachten. Hij stond in de grimmige winterkou met blote voeten in de sneeuw, totdat de paus medelijden kreeg en de ban ophief. Veel tijdgenoten vertelden hoe de koning om genade smeekte, die hem ten slotte werd verleend.

Nu nog spreekt men van 'naar Canossa gaan' wanneer men wil zeggen dat iemand zich moet vernederen en om genade moet smeken. Nu zal ik je laten zien hoe ditzelfde verhaal door een van de vrienden van de koning werd verteld. Dat gaat als volgt: 'Toen Hendrik in de gaten had hoe slecht hij ervoor stond, smeedde hij in het geheim een sluw plan. Plotseling en onverwacht reisde hij de paus tegemoet. Daardoor sloeg hij twee vliegen in één klap: zijn ban werd opgeheven, en doordat hij persoonlijk verscheen, voorkwam hij dat de paus zijn vijanden zou ontmoeten, wat voor hem zeer gevaarlijk zou zijn geweest.'

De vrienden van de paus beschouwden de gang naar Canossa als een geweldig succes voor de paus, en de aanhangers van de koning zagen die gang juist als een groot voordeel voor hun leider.

Zo zie je dat je moet oppassen als je een oordeel over twee strijdende machten wilt vellen. Met de gang naar Canossa was de strijd trouwens nog niet gestreden. Zelfs met de dood van koning Hendrik (die nu inderdaad keizer was geworden) of met de dood van paus Gregorius VII was de strijd nog niet ten einde. Hendrik kreeg het voor elkaar dat Gregorius werd afgezet, maar de wil van deze grote paus bleek uiteindelijk zeer sterk te zijn. De bisschoppen werden gekozen door de kerk, en de keizer mocht hoogstens zeggen of hij het met die keuze eens was. De paus werd de leider van de christenen, en niet de keizer.

Je herinnert je waarschijnlijk wel dat de Noormannen, de zeevaarders uit het noorden, een gebied aan de kust van Frankrijk hadden veroverd dat naar hen is genoemd: Normandië. Al snel hadden ze zich aangeleerd Frans te spreken, net als hun buren. Maar nog steeds vonden ze het leuk om zeetochten te maken en land te veroveren. Sommige Noormannen zijn zelfs naar Sicilië gevaren en hebben daar tegen de Arabieren gevochten. Daarna veroverden ze Zuid-Italië en van daaruit verdedigden ze onder aanvoering van hun grote leider Robert Guiscard paus Gregorius VII tegen de aanvallen van Hendrik IV. Anderen staken de zee-engte tussen Frankrijk en Engeland over en versloegen onder aanvoering van hun koning Willem, die men sindsdien Willem de Veroveraar noemde, de Engelse koning (een van de inheemse opvolgers van de Deense koning Knut). Dat was in het jaar 1066, een jaartal dat bijna elke Engelsman kent, omdat het de laatste keer is geweest dat een vijandelijk leger voet aan de grond kreeg in Engeland.

Willem liet door zijn bestuurders een lijst van alle dorpen en landgoederen opstellen en leende een groot deel van de gebieden aan zijn medestrijders. En dus hadden de Noormannen het in Engeland voor het zeggen. En aangezien deze Noormannen, afkomstig uit Normandië, Frans spraken, is het Engels vandaag de dag nog een mengelmoes van Germaanse en Romaanse woorden.

23

Ridderlijke ridders

Je hebt ongetwijfeld wel eens gehoord van de oude ridders uit de riddertijd. Misschien heb je ook al boeken gelezen waarin verhaald wordt over harnassen en schildknapen, over helmen met vederbossen en paarden, over kleurige banieren en versterkte burchten, over tweekampen en ridderspelen, over avontuurlijke tochten en verlaten kasteelvrouwen en over rondtrekkende zangers en de tocht naar het Heilige Land. Het mooie is dat het allemaal echt is gebeurd. Die romantische verhalen zijn niet verzonnen. Ooit was de wereld één groot kleurrijk avontuur, en de mensen waren blij dat ze mee konden spelen in het grote spel van de ridders, waarbij het er vaak genoeg zeer serieus aan toeging.

Maar wanneer waren er ridders, en hoe was het toen eigenlijk? 'Ridder' betekent eigenlijk 'ruiter', en zo is het hele verhaal van de ridders ook begonnen. Wie zich een mooi paard kon veroorloven om daarmee ten strijde te trekken, was een ridder. Wie het zich niet kon permitteren, moest zich te voet verplaatsen en was geen ridder. De edelen aan wie de koning een gebied had uitgeleend, waren ridders. De horige boeren moesten hun de haver leveren voor hun paarden. Maar ook de bestuurders van de edelen, aan wie de vorst op zijn beurt een stuk land had geleend, waren rijk genoeg om zich een paard te permitteren, hoewel ze verder niet zo veel macht hadden. Wanneer hun vorst opdracht van de koning kreeg om oorlog te voeren, moesten zij hem met hun paarden begeleiden. Daarom waren ook zij ridders. Alleen de boeren en de arme dienaren, de knechten en de mannen die zich in de oorlog te voet moesten verplaatsen, waren geen ridders.

Dit alles begon al in de tijd van keizer Hendrik IV, dus na het jaar 1000, en het bleef een aantal eeuwen zo. Niet alleen in Duitsland, maar vooral ook in Frankrijk.

Deze ruiters waren nog geen ridders zoals wij die kennen. Pas in de loop van de tijd bouwden de vorsten en edelen grote, versterkte, trotse burchten, zoals we die nu nog zien. Dat waren burchten waar zij de baas waren. En er moest niemand komen om hen te storen! Deze burchten lagen vaak op steile, puntige rotsen, die maar van één kant bereikbaar waren: er liep een smal ruiterpad naar de burcht toe.

Voor men bij de poort kwam, lag er meestal een brede gracht, die soms met water was gevuld. Over die gracht lag een ophaalbrug. Die kon men met kettingen omhoogtrekken, zodat de burcht gesloten was en niemand naar binnen kon – want aan de andere kant van de gracht stonden eerst dikke muren met schietgaten, vanwaar de ridder met pijlen of brandend pek op de vijand kon schieten. De muren zelf waren voorzien van kantelen, waar hij zich achter kon verschuilen en de vijand kon observeren. Achter die dikke muur stond vaak nog een muur, en daarachter nog een, en pas dan was men op de binnenplaats van de burcht. Vandaar kon men naar de kamers waar de ridder woonde. De vrouwen, die niet zo gehard waren als de mannen, verbleven in een kamer waar een haardvuur brandde.

Zeer aangenaam was het leven op zo'n burcht niet. De keuken was een zwarte ruimte vol roet, waar men het aan een spies geregen vlees braadde boven een knetterend vuur. Behalve de kamers van de knechten en de ridders waren er nog twee ruimten: de kapel, waar de kapelaan de eredienst hield, en de donjon. Een donjon is een versterkte toren, meestal binnen in de burcht, waar gewoonlijk levensmiddelen lagen opgeslagen en waar de ridders zich terugtrokken als de vijand erin geslaagd was de gracht, de ophaalbrug, het brandende pek en de drie muren te trotseren. Dan stonden ze voor deze indrukwekkende, versterkte toren, waar de ridders zich meestal wel konden verdedigen tot het moment dat er hulp kwam.

Er is nog iets wat we niet moeten vergeten! De burchtkelder. Dat was een diepe, smalle, donkere en koude kelder, waar de ridder zijn gevangengenomen vijanden in gooide. Die kwijnden weg als er niemand kwam om losgeld voor hen te betalen.

Zo'n soort burcht heb je misschien wel eens gezien. Als je er nu weer een ziet, denk dan niet alleen aan de ridders in hun maliënkolder, maar kijk eens goed naar de muren en de torens en denk aan de mensen die dat hebben gebouwd. Torens op spitse rotsen, muren tussen afgronden. Dat werd gedaan door de horige boeren, oftewel de lijfeigenen, zoals men hen ook wel noemde. Zij moesten de stenen houwen en omhoog slepen, zij moesten die stenen op elkaar stapelen, en als ze niet meer konden, moesten hun vrouw en kinderen hen helpen. Want de ridders konden hun bevelen wat ze wilden. Het was leuker om ridder te zijn dan lijfeigene, dat is zeker.

De zonen van de lijfeigenen werden ook weer lijfeigene, en de zonen van de ridders werden ridder. Dat ging ongeveer net zo als in het oude Indië, met zijn verschillende kasten.

Wanneer de zoon van een ridder zeven jaar oud was, ging hij naar een andere burcht om te kijken hoe het er daar aan toeging. Zo'n jongen werd een edelknaap of een page genoemd. Hij was de dienstknecht van de vrouwen: hij moest hun sleep dragen of las hen voor, want de vrouwen konden meestal niet lezen en schrijven. De edelknaap had dat vaak wél geleerd. Wanneer de edelknaap veertien jaar oud was, werd hij schildknaap. Hij zat dan niet meer in de burcht bij het vuur, maar ging mee op jacht en trok ten strijde. De schildknaap droeg het schild en de lans van de ridder, hij reikte de ridder tijdens het gevecht een tweede lans aan als de eerste kapot geslagen was, en hij moest de ridder gehoorzamen en trouw aan hem zijn. Wanneer hij als schildknaap dapper en slim was geweest, werd hij op zijn eenentwintigste tot ridder geslagen. Dat was een plechtige gebeurtenis. Voorafgaand aan die plechtigheid moest de schildknaap lange tijd vasten en bidden in de burchtkapel. Van de priester kreeg hij het heilig avondmaal toegediend. Dan moest hij tussen twee getuigen neerknielen, in volle wapenrusting, maar zonder helm, zwaard en schild. Zijn ridder sloeg hem dan met de vlakke kant van het zwaard op beide schouders en in de nek. Dan zei hij:

Tot Gods en Maria's eer
Deze slag en dan niet meer.

Wees dapper, rechtschapen en oprecht.
Beter een ridder dan een knecht.

Daarna mocht de schildknaap opstaan. Hij was nu geen schildknaap meer, maar ridder, die andere schildknapen tot ridder mocht slaan, die op zijn schild een wapen droeg – een leeuw, een panter of een bloem – en die vaak ook een lijfspreuk voor de rest van zijn leven koos. Plechtig overhandigde men hem het zwaard en de helm, de vergulde sporen en het schild, en dan reed hij weg om te bewijzen dat hij een waardig ridder was, met zijn helm met kleurige vederbos en zijn machtige lans, met zijn scharlakenrode mantel over zijn maliënkolder, en begeleid door een schildknaap.

Die plechtige manier waarop een schildknaap tot ridder werd geslagen, bewijst wel dat een ridder al snel meer was dan gewoon een krijger te paard. Het was bijna alsof hij lid was van een orde, zoals een monnik. Want een goede ridder moest niet alleen dapper zijn. Zoals een monnik God diende door te bidden en goede werken te verrichten, zo moest de ridder God dienen door zijn kracht. Hij moest de zwakken, de weerlozen, de vrouwen, de armen, de weduwen en de wezen beschermen. Hij mocht zijn zwaard alleen trekken om recht te doen en bij elke daad moest hij God dienen. Hij moest gehoorzaam zijn aan zijn leenheer. Voor hem moest hij alles in de waagschaal stellen. Hij mocht niet onbehouwen zijn, maar ook niet laf. Tijdens een veldslag mochten ridders de vijand nooit met zijn tweeën aanvallen, er mochten alleen maar tweekampen worden uitgevochten. Overwonnen vijanden mocht hij niet kleineren. Mensen die al die eigenschappen bezitten, worden nu nog 'ridderlijk' genoemd, omdat ze volgens de idealen van de ridders handelen.

Wanneer een ridder van een vrouw hield, trok hij te harer ere ten strijde en beleefde hij voor haar allerlei grote avonturen, zodat de dame die zijn hart gestolen had, beroemd zou worden. Hij behandelde haar met eerbied en deed alles wat ze hem beval. Ook dat is een onderdeel van de ridderlijkheid. Wanneer je het heel gewoon vindt dat je een dame voor laat gaan en de deur voor haar openhoudt, of dat je iets opraapt wat zij heeft laten vallen, dan leeft in jou ook een stukje ridderlijkheid voort: een echte man beschermt de zwakken en eert de vrouwen.

Ook in vredestijd toonde de ridder zijn moed en zijn behendigheid, en wel tijdens de zogenaamde toernooien. Bij zulke toernooien kwamen ridders uit allerlei streken bij elkaar om hun krachten te meten. Ze reden in volle wapenrusting met stompe lansen op elkaar in en probeerden elkaar van hun paard te stoten. De overwinnaar kreeg van de vrouw van de burchtheer een beloning, meestal een bloemenkrans. Om bij de vrouwen in de smaak te vallen moest de ridder niet alleen uitblinken met zijn lans. Hij moest zich ook kalm en edel opstellen, hij mocht niet schelden of vloeken – wat krijgers in die tijd vaak deden – en hij moest de kunsten van de vrede, zoals schaken en dichten, beheersen.

En inderdaad waren ridders vaak grote dichters, die de door hen beminde vrouwen bezongen en schreven over haar schoonheid of haar deugdzaamheid. Ook de daden van andere ridders uit het verleden werden vaak bezongen. Er bestonden lange verhalen op rijm, die gingen over Parcival en over de ridders die de heilige schaal van het avondmaal van Christus – de graal – beschermden, over koning Arthur en over Lohengrin, maar ook over Tristan, die ongelukkig was in de liefde, en zelfs over Alexander de Grote en de Trojaanse oorlog.

Er trokken dichters van burcht tot burcht, die zongen over de daden van Siegfried de drakendoder, en over Diederik van Bern, de Gotische koning Theoderik. Deze liederen, die destijds in Oostenrijk aan de Donau werden gezongen, kennen we pas uit deze tijd, omdat de liederen die Karel de Grote had laten opschrijven, verloren waren gegaan. Wanneer je het Nibelungenlied (zo heet het lied over Siegfried) leest, zul je merken dat al die oude Germaanse boerenkrijgers echte ridders zijn geworden en dat zelfs de gevreesde Hunnenkoning Attila, die in Wenen trouwde met Siegfrieds weduwe Kriemhild, wordt afgeschilderd als een ridderlijk en edel man.

Je weet dat de ridders het als hun belangrijkste taak beschouwden te vechten voor God en het christendom. En daarvoor kregen ze een uitgelezen kans. Het graf van Christus in Jeruzalem was, net als heel Palestina, in handen van de Arabieren, de ongelovigen. Toen een belangrijk prediker in Frankrijk de christelijke ridders daaraan herinnerde en toen de paus, die na zijn overwinning op de Duitse koningen de machtigste heerser van het christendom was, hun vroeg te helpen bij het bevrijden van het graf, riepen duizenden, nee, tienduizenden mensen enthousiast: 'God wil het, God wil het!'

Onder leiding van een Franse vorst, Godfried van Bouillon, trokken ze in 1096 langs de Donau naar Constantinopel, en via Klein-Azië naar Palestina. De ridders en hun begeleiders hadden rode kruisen van stof op hun schouders bevestigd. Men noemde hen 'kruisvaarders'. Ze wilden het land bevrijden waar ooit het kruis van Christus had gestaan. Toen ze na vele ontberingen en jarenlange gevechten eindelijk voor Jeruzalem stonden, waren ze zo ontroerd deze heilige stad, waarover ze zoveel in de bijbel hadden gelezen, nu in het echt te zien, dat ze huilend de grond kusten. Daarna belegerden ze de stad, die door de Arabieren dapper werd verdedigd, en veroverden haar ten slotte.

In Jeruzalem zelf gedroegen ze zich niet bepaald als ridders en als christenen. Ze richtten een bloedbad aan onder de mohammedanen en begingen talloze wreedheden. Vervolgens deden ze boete en trokken blootsvoets en psalmen zingend naar het Heilige Graf van Christus.

De kruisvaarders stichtten de christelijke staat Jeruzalem, waarvan Godfried van Bouillon de beschermheer werd. Telkens weer werd de kleine, zwakke staat, die ver van Europa te midden van de mohammedaanse rijken lag, door Arabische krijgers aangevallen. Telkens weer moesten predikers in Frankrijk en Duitsland de ridders aansporen om nieuwe kruistochten te ondernemen. Ze waren niet allemaal even succesvol.

Toch leverden de kruistochten iets belangrijks op, iets wat de ridders zelf helemaal niet hadden gewild: de christenen leerden in het Oosten de cultuur van de Arabieren kennen – hun gebouwen, hun gevoel voor schoonheid en hun geleerdheid. Nog geen honderd jaar na de eerste kruistocht werden de geschriften van de leermeester van Alexander de Grote, Aristoteles, al uit het Arabisch in het Latijn vertaald en ijverig gelezen en bestudeerd in Italië, Frankrijk en Duitsland. Men overwoog in hoeverre de leer van Aristoteles overeenstemde met de leer van de kerk en schreef dikke boeken in het Latijn over deze ingewikkelde kwestie. Alles wat de Arabieren tijdens hun veroveringstochten in de wereld hadden geleerd en ervaren, werd nu door de kruisvaarders naar Frankrijk en Duitsland gebracht. In veel opzichten werden de strijdende ruiters in Europa door het voorbeeld van hun vermeende vijanden pas echte, ridderlijke ridders.

24

Keizers in de riddertijd

In deze kleurige, avontuurlijke en sprookjesachtige tijd regeerde er in Duitsland een nieuwe ridderfamilie, die Hohenstaufen heette, naar de burcht waar ze vandaan kwam. Van die familie stamde keizer Frederik I van Hohenstaufen af, die een fraaie, rossige baard had en daarom door de Italianen Barbarossa werd genoemd, wat Roodbaard betekent. Je zult je misschien afvragen waarom hij bekend is geworden onder zijn Italiaanse bijnaam 'Barbarossa', terwijl hij toch een Duitse keizer was. Dat komt doordat hij vaak in Italië was en daar zijn belangrijkste wapenfeiten tot stand kwamen. Het was niet alleen vanwege de paus en diens vermogen om de Duitse koningen de Roomse keizerskroon te verlenen dat Barbarossa naar Italië kwam. Hij wilde daadwerkelijk heersen over het land, want hij had geld nodig. 'Kon hij in Duitsland dan geen geld krijgen?' hoor ik je vragen. Eigenlijk niet, nee. In Duitsland was er destijds nog bijna geen geld.

Heb je er ooit over nagedacht waarvoor je eigenlijk geld nodig hebt? 'Om te leven natuurlijk!' zul je zeggen. Maar dat klopt niet, want heb je wel eens een stukje van een geldstuk afgebeten? Leven kun je alleen van brood en andere levensmiddelen, en wie het graan voor het brood zelf verbouwt, heeft geen geld nodig, net zomin als Robinson Crusoe dat nodig had. Natuurlijk hebben ook die mensen die hun brood voor niets krijgen geen geld nodig. Zo was het in Duitsland. De horige boeren bewerkten hun akkers en gaven de ridders en de kloosters aan wie het land toebehoorde een tiende van hun opbrengst.

'Maar hoe kwamen de boeren dan aan hun ploegen, hun kiel

en hun zadeltuig?' Meestal ruilden ze die spullen. Wanneer een boer bijvoorbeeld een os had, maar liever zes schapen wilde, om op die manier aan wol voor een trui te komen, dan ruilde hij die os met zijn buren. En wanneer hij een os had geslacht en van de twee hoorns op lange winteravonden fraaie drinkbekers had gemaakt, dan kon hij een van die drinkbekers ruilen tegen vlas, zodat zijn vrouw een mantel kon weven. 'Ruilhandel' noemt men dat. En dus ging het destijds in Duitsland prima zonder geld, want de meeste mensen waren boeren of landeigenaren. Ook alle kloosters bezaten grote stukken grond, dat ze hadden geërfd of dat hun was geschonken door vrome lieden.

Behalve uitgestrekte bossen, kleine weiden, een aantal dorpen, burchten en kloosters was er in het grote Duitse rijk bijna niets te vinden. Dus ook bijna geen steden. Maar alleen in steden heeft men geld nodig. Een schoenmaker, een lakenkoopman of een schrijver kan met leer, stof of inkt zijn honger niet stillen en zijn dorst niet lessen. Ze hebben brood nodig. En je kunt niet naar de schoenmaker gaan en hem voor je schoenen betalen met brood, zodat hij iets te eten heeft! Want hoe kom jij aan dat brood als je geen boer bent? Dat haal je bij de bakker! Maar wat geef je dan aan de bakker? Misschien zou je hem kunnen helpen. Maar wat moet je als hij je hulp niet kan gebruiken? Of wanneer je de groentevrouw al moet helpen? Het zou ongelooflijk ingewikkeld worden als je in de steden zou moeten leven van ruilhandel.

Daarom hebben de mensen besloten iets te gebruiken om te ruilen, iets wat iedereen wil hebben en wil aannemen, wat gemakkelijk te delen is en wat je gemakkelijk bij je kunt dragen. Bovendien mag het niet vergaan als het ergens blijft liggen. Het geschiktst daarvoor is metaal, dus goud en zilver. Vroeger was al het geld van metaal, en rijke mensen hadden altijd een buidel met goudstukken aan hun gordel hangen. Nu kun je de schoenmaker geld geven voor je schoenen, hij koopt van dat geld brood bij de bakker, en die geeft het op zijn beurt weer aan de boer voor zijn meel, en de boer ten slotte koopt voor het geld bijvoorbeeld een nieuwe ploeg. Die had hij niet kunnen ruilen met zijn buurman.

In Duitsland waren er in de riddertijd dus nauwelijks steden, en daarom had men ook geen geld nodig. Maar in Italië kende men het geld nog uit de Romeinse tijd. Er waren daar altijd veel grote steden geweest, waar veel handelaren woonden die veel geld aan hun riem droegen en nog meer in grote kisten bewaarden.

Veel steden lagen aan zee, bijvoorbeeld Venetië, dat zelfs midden in zee lag, op talrijke kleine eilandjes. Daar waren de mensen destijds naartoe gegaan toen ze op de vlucht sloegen voor de Hunnen. Maar er waren nog meer machtige havensteden, zoals Genua en Pisa. De schepen van de burgers (zo worden stadsbewoners immers genoemd) zeilden naar verre landen en namen fraaie stoffen, zeldzame kruiden en kostbare wapens uit het Oosten mee. Vanuit de havensteden verkocht men deze producten aan mensen uit het binnenland, die in steden als Florence, Verona en Milaan woonden, en die van de stoffen kleding, vlaggen of tenten maakten. Van daaruit werden die producten weer verkocht in Frankrijk, waarvan de hoofdstad Parijs toen al bijna 100.000 inwoners telde, of in Engeland, en ook in Duitsland. Maar in Duitsland werd niet zoveel verkocht, want daar was maar weinig geld om de producten te kunnen betalen.

De burgers in de steden werden steeds rijker, en niemand kon hun bevelen geven, want ze waren geen boeren en hoorden dus niet bij een bepaald stuk land. Maar omdat ze van niemand land hadden geleend, waren het ook geen echte machthebbers. Ze regeerden over zichzelf (net als in de Oudheid), ze hadden hun eigen rechtspraak en ze waren in hun steden al snel net zo vrij en onafhankelijk als de monniken en de ridders. Daarom werd de burgerij ook wel 'de derde stand' genoemd, want de boeren telden helemaal niet mee.

En nu zijn we eindelijk weer terug bij keizer Frederik Barbarossa, die geld nodig had. Als Roomse keizer der Duitse Natie wilde hij daadwerkelijk heersen in Italië en hij wilde dat de Italiaanse burgers hem belastingen betaalden. Maar dat wilden de Italiaanse burgers niet. Ze wilden vrij blijven, zoals ze waren gewend. Daarom trok Barbarossa met een leger over de Alpen naar Italië en riep daar in 1158 beroemde rechtsgeleerden bij zich, die in het openbaar plechtig moesten verklaren dat de Rooms-Duitse keizer als opvolger van de Romeinse keizers dezelfde rechten had die de keizers 1000 jaar daarvoor ook hadden.

Maar daar maakten de Italiaanse steden zich niet al te druk om. Ze wilden niets betalen. En dus trok de keizer met zijn leger tegen hen op, en dan vooral tegen Milaan, waar de meeste opstandigen woonden. Hij was zo verbitterd dat hij zwoer dat hij zijn kroon pas zou opzetten wanneer hij de stad veroverd had. En daar hield hij zich aan. Pas toen Milaan was gevallen en volledig was verwoest, gaf hij een feestmaaltijd, waarbij hij en zijn vrouw met een kroon op het hoofd verschenen.

Hoe groot de overwinningen ook waren die Barbarossa behaalde, hij had Italië de rug nog niet toegekeerd om naar huis te gaan of de poppen waren alweer aan het dansen. De Milanezen bouwden hun stad weer op en wilden niets weten van een Duitse heerser. Bij elkaar is Barbarossa zesmaal naar Italië getrokken, maar veel succes heeft hij er niet behaald.

Hij gold als het schoolvoorbeeld van een ridder. Hij had veel kracht. Niet alleen lichaamskracht. Hij was vrijgevig en kon geweldige feesten organiseren. Vandaag de dag weten we nauwelijks nog wat een echt feest is. Destijds was het dagelijks leven een stuk armzaliger en eentoniger dan nu, maar een feest was een onbeschrijflijk kleurig en overvloedig avontuur – als in een sprookje. Frederik Barbarossa gaf bijvoorbeeld in 1181 in Mainz een feest ter gelegenheid van het feit dat zijn zonen tot ridder werden geslagen, waarbij hij 40.000 ridders met al hun mannen en knechten uitnodigde. Ze sliepen in kleurige tenten, en in de grootste tent, die van zijde was en midden in het kamp stond, sliepen de keizer met zijn zonen. Overal brandden vuren, waarboven hele ossen, everzwijnen en talloze kippen aan het spit werden gebraden. Er waren mensen uit de hele wereld die in allerlei klederdrachten gehuld waren, er waren goochelaars en koorddansers, maar ook rondtrekkende zangers, die bij het avondmaal de mooiste oude sagen voordroegen. Het moet een geweldig feest zijn geweest. De keizer zelf toonde zijn kracht tijdens het toernooi, samen met zijn zonen, en alle edelen uit het rijk keken toe. Zo'n feest duurde dagen en dagen, en in liederen werd er daarna nog vaak over gezongen.

Frederik Barbarossa was een echte ridder en ging uiteindelijk dus ook op kruistocht. Dat was de derde kruistocht, die plaatsvond in 1189. Ook de Engelse koning Richard Leeuwenhart en de

Franse koning Filips namen eraan deel. Die twee gingen over zee, alleen Barbarossa ging via land. In Klein-Azië verdronk hij in een rivier.

Een nog merkwaardiger, groter en bewonderenswaardiger man was zijn kleinzoon, die ook Frederik heette, Frederik II van Hohenstaufen. Die was opgegroeid op Sicilië. Toen hij nog klein was en zelf niet kon regeren, woedde er onder de machtige families in Duitsland een verbitterde strijd om de macht. Sommigen kozen ene Filips als koning, die familie was van Barbarossa, en anderen kozen ene Otto uit de familie van de Welfen. Mensen die elkaar niet konden uitstaan hadden weer eens een goede reden om ruzie te maken. Wanneer de een voor Filips was, dan was de ander alleen al om die reden zeer zeker voor Otto, en die gewoonte van die twee partijen, die men in Italië de Guelfi en de Ghibellijnen noemde, duurde nog lange tijd voort. Zelfs toen er al lang geen Filips en Otto meer waren.

Intussen was Frederik op Sicilië groot geworden. Maar dan ook echt groot. Niet alleen van lichaam, maar ook van geest. Zijn voogd was een van de belangrijkste mensen die er ooit zijn geweest: paus Innocentius III. Alles wat Gregorius VII, de grote vijand van de Duitse koning Hendrik IV, wilde en nastreefde, heeft deze Innocentius uiteindelijk bereikt. Hij stond daadwerkelijk aan het hoofd van de christelijke wereld. Hij was buitengewoon intelligent en geleerd, en was iedereen de baas – niet alleen de geestelijken, maar ook de vorsten in heel Europa. Zijn macht reikte tot in Engeland, en toen de Engelse koning Jan niet naar hem wilde luisteren, bande hij hem uit de kerk en verbood hij de priesters in Engeland de mis op te dragen. Daarop werden de Engelse edelen zo boos op hun koning dat ze hem vrijwel alle macht ontnamen. In 1215 moest hij plechtig beloven dat hij nooit iets tegen hun wil zou doen. Dat was de grote belofte, oftewel het grote handvest (in het Latijn de Magna Charta) dat de Engelse koning aan de graven en ridders overhandigde en waarin hij hun voor altijd een groot aantal rechten verleende, die de Engelse burgers tot op de dag van vandaag nog bezitten. Vanaf toen moest Engeland aan paus Innocentius III belasting betalen. Zo groot was diens macht.

Maar de jonge Frederik II van Hohenstaufen was ook erg slim, en innemend bovendien. Om koning van Duitsland te worden trok hij vanaf Sicilië tijdens een avontuurlijke rit via Italië en de Zwitserse bergen bijna zonder begeleiding naar Konstanz. Zijn tegenstander, Otto de Welf, kwam hem met zijn leger tegemoet. Het zag er niet best uit voor Frederik. Maar de burgers van Konstanz en alle mensen die hem zagen en hem leerden kennen, waren zo verrukt over zijn persoonlijkheid dat ze zich bij hem aansloten en snel de poorten van Konstanz sloten – zodat Otto, die precies een uur later aankwam dan Frederik, zich terug moest trekken.

Frederik wist alle Duitse vorsten voor zich te winnen, en dus was hij plotseling een machtig heerser geworden. Hij werd de heerser van de leenmannen in Duitsland en Italië. Het moest wel weer tot een strijd komen tussen de twee kampen, zoals destijds tussen paus Gregorius VII en Hendrik IV. Maar Frederik was geen Hendrik IV. Hij ging niet naar Canossa en wilde geen boete doen voor de paus. Hij had er een rotsvast vertrouwen in dat hij was voorbestemd om de heerschappij over de wereld te krijgen, en dat gold ook voor paus Innocentius III. Frederik wist alles wat Innocentius ook wist, want die was immers zijn voogd geweest. Hij wist alles wat de Duitsers wisten, want dat was zijn familie, en ten slotte wist hij alles wat de Arabieren op Sicilië wisten, want daar was hij opgegroeid. Later woonde hij ook het grootste deel van de tijd op Sicilië. En daar kon hij meer leren dan waar ook ter wereld.

Op Sicilië hadden ongeveer alle volken geheerst: de Feniciërs, de Grieken, de Carthagers, de Romeinen, de Arabieren, de Noormannen, de Italianen en de Duitsers. En al snel kwamen daar ook nog de Fransen bij. Het moet er ongeveer zo gegaan zijn als bij de toren van Babel, maar met één verschil: daar verstonden de mensen elkaar uiteindelijk helemaal niet, terwijl Frederik zo'n beetje iedereen verstond. Hij kende niet alleen al die talen, maar was ook onderlegd op het gebied van de wetenschap, hij kon dichten en hij kon geweldig jagen. Hij heeft zelfs een boek geschreven over jachtvalken, waarmee men destijds vaak joeg.

Maar vooral op het gebied van de godsdienst was hij onderlegd. Er was eigenlijk maar één ding dat hij niet begreep: waarom de mensen altijd maar weer ruzie maakten. Hij sprak graag met mohammedaanse geleerden, maar toch was hij een vrome christen. Desondanks werd de paus nog bozer op hem toen hem dat ter ore kwam. Vooral de paus die na Innocentius kwam, en die Gregorius heette. Hij was net zo machtig als zijn voorganger, maar misschien niet zo slim. Hij wilde absoluut dat Frederik een kruistocht zou ondernemen. En uiteindelijk deed Frederik dat ook. Wat de anderen pas na grote offers voor elkaar hadden gekregen, lukte hem zonder oorlog te voeren: dat de christelijke pelgrims ongestoord naar het Heilige Graf konden gaan en dat het gebied rond Jeruzalem van hem was. Hoe hij dat deed? Hij is met de kaliefen en de sultan gaan praten en heeft met hen een verdrag gesloten.

Iedereen was blij dat het goed was gegaan, zonder oorlog te voeren, maar de bisschop van Jeruzalem was niet tevreden, omdat niemand hem iets had gevraagd. Dus beklaagde hij zich bij de paus en zei dat de keizer het al te goed kon vinden met de Arabieren. De paus dacht uiteindelijk dat de keizer werkelijk een mohammedaan was geworden, en deed hem in de ban. Maar keizer Frederik II vond dat niet echt erg, want hij was ervan overtuigd dat hij voor de christenen meer had bereikt dan al zijn voorgangers. Hij zette de kroon van Jeruzalem eigenhandig op het hoofd, want hij kon geen geestelijke vinden die dat, tegen de wil van de paus in, wilde doen.

Daarna zeilde hij naar huis en bracht de vele geschenken mee die hij van de sultan had gekregen: jachtluipaarden en kamelen, zeldzame stenen en allerlei merkwaardige voorwerpen. Dat alles verzamelde hij op Sicilië, waar hij ook belangrijke kunstenaars voor hem liet werken. Hij vermaakte zich met mooie dingen wanneer hij het regeren even zat was. Maar geregeerd heeft hij. Het uitlenen van land beviel hem niet. Daarom benoemde hij bestuurders. Die kregen geen land, maar ze kregen elke maand geld. Je moet je realiseren dat dit in Italië gebeurde, waar al geld was. Hij was rechtvaardig, maar streng.

Omdat hij zo anders was dan alle andere mensen in zijn tijd, wist niemand precies wat hij nu eigenlijk wilde. Zelfs de paus wist het niet. In Duitsland, dat zo ver weg lag, bekommerde men zich nauwelijks om deze eigenaardige keizer, die zulke merkwaardige dingen deed. En omdat de mensen hem niet begrepen, had hij een zwaar leven. Uiteindelijk keerde zelfs zijn eigen zoon zich tegen hem en zette deze het Duitse volk tegen hem op; zijn geliefdste raadgever liep over naar de paus. Toen was Frederik alleen. De meeste verstandige zaken die hij in de wereld wilde doorvoeren, konden nu niet doorgaan. Hij werd steeds ongelukkiger, en ook bozer. In 1250 stierf hij.

Zijn zoon Manfred sneuvelde als jonge man al in de strijd om de macht, en zijn kleinzoon Konradijn werd zelfs door de vijand gevangengenomen en op zestienjarige leeftijd in Napels onthoofd. Dat betekende het treurige einde van de grote en ridderlijke familie van Hohenstaufen.

Terwijl Frederik op Sicilië regeerde en een strijd uitvocht met de paus, werd de wereld getroffen door een vreselijk ongeluk, waar de twee niets tegen konden doen, omdat ze het niet met elkaar eens waren. Opnieuw werd het land overvallen door ruiterhorden uit Azië. Maar ditmaal waren het de machtigste ruiters die je je kan voorstellen. Zelfs de Muur van Tj'in Shi Hwang-ti kon hen niet tegenhouden. Onder leiding van hun koning Djengis Chan veroverden ze eerst China en plunderden het land. In Perzië ging het net zo. Daarna traden ze in de voetsporen van de Hunnen, de Avaren en de Magyaren en gingen naar Europa. In Hongarije hielden ze op een afschuwelijke manier huis, net als in Polen. In 1241 stonden ze aan de Duitse grens, bij Breslau, dat ze innamen en platbrandden. Waar ze kwamen, brachten ze alle mensen om het leven. Redding was er niet. Hun rijk was het grootste dat er ooit op de wereld was geweest. Stel je eens voor: van Peking tot Breslau! Daarbij kwam dat hun troepen geen wilde horden meer waren, maar goed getrainde legereenheden met slimme aanvoerders. De christelijke wereld stond machteloos. Ze versloegen een groot ruiterleger. Maar juist op het ogenblik dat het gevaar het grootst was, stierf hun aanvoerder ergens in Siberië, en de Mongoolse krijgers keerden om. De landen waar ze doorheen waren getrokken, bleven verwoest achter.

In Duitsland was de chaos na de dood van de laatste Hohenstaufen nog groter dan hij toch al was. Iedereen wilde een andere koning, en dus kwam er uiteindelijk helemaal geen koning. En omdat er geen koning of keizer was, en verder ook niemand die de

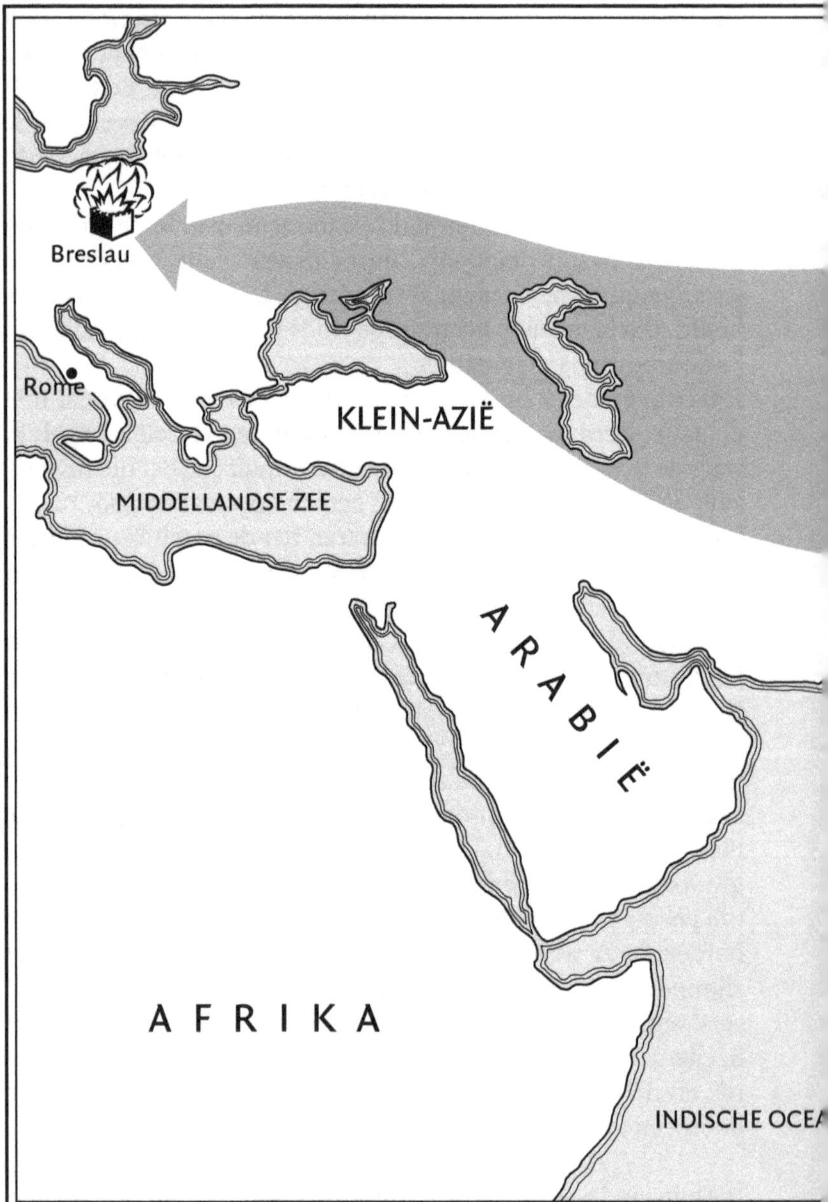

Breslau
Rome
KLEIN-AZIË
MIDDELLANDSE ZEE
ARABIË
AFRIKA
INDISCHE OCEA

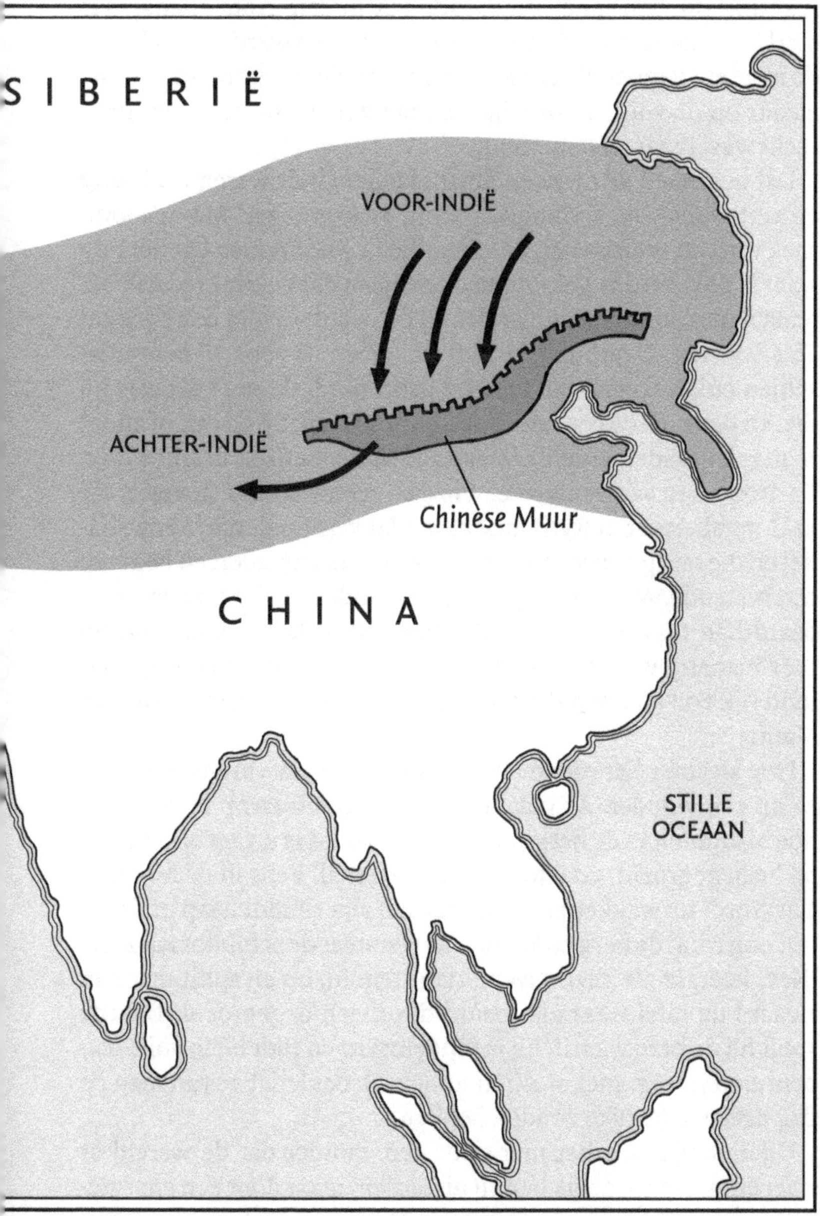
SIBERIË
VOOR-INDIË
ACHTER-INDIË
Chinese Muur
CHINA
STILLE
OCEAAN

regering op zich nam, ontaardde het in een grote chaos. Wie sterk was, nam alles af van wie zwak was. Dat werd het recht van de sterkste genoemd, of het vuistrecht – de mensen gingen met elkaar op de vuist. Je begrijpt dat het vuistrecht helemaal geen recht was, maar juist onrecht.

Dat begrepen de mensen maar al te goed. Ze waren verdrietig en vertwijfeld, en verlangden terug naar vroeger. Men droomt vaak van wat men wenst, en uiteindelijk gelooft men dat het nog waar is ook. En dus geloofden de mensen dat keizer Frederik helemaal niet dood was, maar dat hij betoverd was, in een berg zat en afwachtte. Daarbij deed zich iets vreemds voor. Jij hebt misschien ook wel eens van iemand gedroomd: de ene keer was hij die, en de andere keer een ander, en soms ook op de een of andere manier beiden tegelijk. Dat hadden de mensen destijds ook. Ze droomden van een grote, wijze en rechtvaardige heerser, die in Untersberg of in Kyffhäuser zat (dat was Frederik II van Sicilië) en die terug zou komen op het moment dat iedereen begreep wat hij wilde. Maar tegelijkertijd droomden ze dat hij een grote baard had (dat was grootvader Frederik I Barbarossa), dat hij zeer machtig was, al zijn vijanden zou verslaan en een schitterend rijk zou stichten dat even mooi was als het feest destijds in Mainz.

Hoe slechter het met de mensen ging, des te vuriger hoopten ze op een wonder. Ze maakten tekeningen waarop te zien was hoe hij binnen in de berg zat. Zijn rode baard is dwars door de tafel heen gegroeid, zo lang slaapt hij daar al. Eens in de honderd jaar wordt hij wakker en vraagt hij aan zijn schildknaap of de raven nog rond de berg cirkelen. Pas wanneer de schildknaap zegt: 'Nee, heer, ik zie geen raven', dan staat hij op en splijt met zijn zwaard de tafel waar zijn baard doorheen is gegroeid. Daarna splijt hij de berg waarin hij is omgetoverd en rijdt hij in volle wapenrusting weg, met al zijn mannen. Ik denk dat ze vandaag de dag heel wat bekijks zouden hebben.

Uiteindelijk was het niet door een wonder dat de wereld er weer enigszins ordelijk begon uit te zien, maar door een energieke, vaardige ridder met vooruitziende blik, wiens burcht in Zwitserland stond en die Habsburg heette, Rudolf van Habsburg. De vorsten kozen hem in 1273 als koning, omdat ze hoopten dat hij, een arme en onbekende ridder, hun geen strobreed in de weg zou leggen. Maar ze hadden er geen rekening mee gehouden dat hij zo energiek en slim was. In het begin had hij weliswaar niet veel land, en dus niet veel macht. Maar hij bleek in staat om op eenvoudige wijze steeds meer land te vergaren, en dus steeds meer macht.

Toen hij tegen de weerspannige Boheemse koning Ottokar had gestreden en hem had overwonnen, pakte hij een deel van diens land af. Daar had hij als koning het recht toe. In 1282 leende hij het aan zijn eigen zonen. Dat was het land Oostenrijk. Op die manier verkreeg hij voor zijn familie, die net als de burcht waar ze vandaan kwam de familie Habsburg heette, veel macht. Die familie slaagde erin steeds meer macht te krijgen door gebieden te lenen aan verwanten, door huwelijken en door erfenissen. Al snel behoorden de Habsburgers tot de rijkste en invloedrijkste families van Europa. Feitelijk heersten ze meer in hun eigen leengebied (Oostenrijk dus) dan in het Duitse rijk, ook toen ze koningen en keizers van Duitsland waren. Daar heersten de andere leenheren (de hertogen, bisschoppen en graven) al snel als onaantastbare vorsten. Maar de echte riddertijd was met het einde van het geslacht Hohenstaufen voorbij.

25

Over de steden en hun burgers

In de honderd jaar tussen Frederik I Barbarossa, die in 1190 stierf, en Rudolf I van Habsburg, die in 1291 stierf, is er in Europa veel veranderd. Meer dan je je kunt voorstellen. Ik heb je verteld dat er in de tijd van Barbarossa hoofdzakelijk in Italië machtige steden waren, waarvan de burgers het aandurfden te strijden tegen de keizer. In Duitsland waren er ridders, monniken en boeren. In de honderd jaar daarna is dat sterk veranderd. Door de vele kruistochten naar het Oosten hadden de Duitsers een flink stuk van de wereld gezien en waren ze handelsbetrekkingen met andere landen aangegaan. Maar ze konden natuurlijk geen ossen tegen schapen gaan ruilen, of drinkbekers tegen stoffen. Ze hadden geld nodig. En sinds er geld was, waren er ook markten waar men al die spullen kon kopen. Die markten mochten niet overal worden gehouden. Dat deed men op bepaalde plaatsen, die men beschermde met behulp van muren en torens, en die meestal in de buurt van een burcht te vinden waren. Wie erheen ging en handeldreef, was een burger. Hij was niet meer de horige van een landeigenaar. Destijds zei men: 'Stadslucht maakt vrij', want de burgers van de grotere steden waren alleen nog maar onderdanen van de koning, en van niemand anders.

Het leven in een middeleeuwse stad is niet te vergelijken met het stadsleven van nu. Meestal waren het kleine stadjes met kronkelige steegjes waar smalle, hoge gevels stonden. Daar woonden de kooplieden en ambachtslieden met hun gezinnen dicht op elkaar. De kooplieden trokken meestal onder begeleiding van gewapende mannen door het land. Dat was nodig ook, want veel ridders waren in die tijd nauwelijks nog ridderlijk te noemen. In feite waren het rovers geworden. Ze zaten op hun burchten en wachtten het geschikte moment af om de kooplieden te overvallen. Maar de stedelingen en de burgers lieten dat niet meer over hun kant gaan. Ze hadden immers geld en konden soldaten betalen. Daardoor waren er regelmatig gevechten tussen de burgers en roofridders, en vaak waren het de burgers die wonnen.

De ambachtslieden – bijvoorbeeld de kleermakers, schoenmakers, lakenwevers, bakkers, slotenmakers, schilders, timmermannen, steenhouwers en architecten – waren elk verenigd in ambachtsverenigingen, die men 'gilden' noemde. Zo'n gilde, bijvoorbeeld het kleermakersgilde, kende bijna net zulke strenge wetten en regels als de ridderstand. Niet iedereen kon zomaar meesterkleermaker worden. Eerst was je gedurende een bepaalde tijd leerling, daarna werd je gezel en moest je op pad om nieuwe steden en nieuwe methoden te leren kennen. Zulke jongens trokken te voet door het land en zwierven jarenlang in allerlei streken rond. Daarna keerden ze terug naar huis of ze kwamen in een vreemde stad waar men een kleermaker nodig had – want in kleine steden had men niet zo veel kleermakers nodig, en het gilde zag er streng op toe dat er evenveel kleermakers meester werden als dat er nodig waren in het land. Vervolgens moest de gezel tonen wat hij kon, dat wil zeggen: hij moest een meesterstuk vervaardigen (een mantel bijvoorbeeld). Daarna werd hij officieel tot meester benoemd en opgenomen in het gilde.

Net als de ridders hadden de gilden hun eigen regels, hun gemeenschappelijke feesten, hun kleurige vlaggen en hun fraaie beginselen, waar natuurlijk lang niet iedereen zich altijd aan hield, net zoals dat bij de ridders het geval was. Maar er waren in ieder geval beginselen, en dat was al heel wat. Een gildelid moest de anderen helpen, hij mocht anderen niet dwarszitten bij het werven van klanten, hij mocht zijn eigen klanten geen slechte producten leveren, hij moest zijn leerlingen en gezellen goed behandelen en in het algemeen moest hij ervoor zorgen dat zijn ambacht en de stad niet in een kwaad daglicht werden gesteld. Hij moest een ambachtsman van God zijn, om het zo maar eens te zeggen, zoals de ridder een strijder van God was.

En inderdaad, zoals de ridders zich opofferden om tijdens de kruistochten te vechten om het graf van Christus, zo offerden de burgers en ambachtslieden hun hele hebben en houden, hun kracht en hun welstand op wanneer er in de stad een kerk moest worden gebouwd. Ze vonden het van groot belang dat hun nieuwe kerk of hun nieuwe kathedraal nog groter, mooier en fraaier zou worden dan het mooiste gebouw in een van de buursteden. Iedereen in de stad streefde hetzelfde doel na en iedereen wijdde zich vol overgave aan die opdracht. De beroemdste architecten kregen de opdracht een ontwerp te maken, de steenhouwers zorgden voor de stenen en maakten de beelden, de schilders schilderden afbeeldingen voor het altaar en beschilderden de vensters die in het interieur van de kerk zo fraai oplichtten. Voor niemand was het belangrijk dat juist hij de ontwerper of de bouwer van de kerk was, nee, de kerk werd gemaakt door de hele stad, het was een gemeenschappelijke eredienst voor God. En dat is te zien ook. Het zijn niet langer de versterkte kerken die eruitzien als burchten en die men in de tijd van Barbarossa in Duitsland bouwde. Het zijn schitterende, gewelfde gebouwen met hoge, slanke klokkentorens, met ruimten die plaats boden aan alle burgers van de stad en waar men samenkwam om naar de preek te luisteren. Want in die tijd waren er nieuwe monniksorden, waarvoor het niet zo belangrijk was het land bij de kloosters te bewerken of boeken te kopiëren. Nee, die monniken waren arm als bedelaars en trokken door het land om boetepreken te houden en de bijbel te verklaren. Het hele volk bezocht de kerk om naar hen te luisteren. Men huilde vanwege de eigen zonden, beloofde zijn leven te beteren en te leven volgens de leer van de liefde.

Maar zoals de kruisvaarders in al hun vroomheid bij het veroveren van Jeruzalem een afschuwelijk bloedbad aanrichtten, zo besloten veel burgers na het aanhoren van de boetepreken niet dat ze hun leven zouden beteren, maar in plaats daarvan concludeerden ze dat ze iedereen moesten haten die niet hetzelfde geloof had als zij. Vooral de joden werden juist door die mensen die meenden dat ze vroom waren steeds slechter behandeld. Je moet weten dat de joden het enige volk uit de Oudheid waren dat nog bestond. De Babyloniërs, de Egyptenaren, de Feniciërs, de Grieken, de Romeinen, de Galliërs en de Goten waren ten onder gegaan of opgegaan in andere volken. Alleen de joden, wier staat telkens weer werd verwoest, bleven in al die afschuwelijke perioden, opgejaagd en vervolgd als ze werden, bestaan. Al 2000 jaar wachtten ze op hun redder, hun Messias. Ze mochten geen akkers bezitten, ze mochten het land niet bewerken en uiteraard mochten ze geen ridder worden. Ook ambachten mochten ze niet uitoefenen. En dus konden ze eigenlijk maar één beroep uitoefenen: dat van handelaar. En dat deden ze dan ook. Ze mochten slechts in bepaalde delen van de stad wonen en alleen maar bepaalde kleren dragen, maar sommigen van hen verdienden veel geld – zoveel dat de ridders en burgers bij hen in het krijt stonden. Daardoor haatte men hen nog dieper; dikwijls kwam het volk achter hen aan om hun hun geld afhandig te maken. Ze konden en mochten zich niet verdedigen als de koning of de priesters zich niet over hen ontfermden, hetgeen vaak gebeurde.

Nog beroerder dan de joden verging het de mensen die lang gepiekerd hadden over de bijbel en die aan een bepaalde leer begonnen te twijfelen. Dergelijke twijfelaars noemde men ketters. Ze werden op gruwelijke wijze vervolgd. Wie als ketter werd beschouwd, werd in het openbaar levend verbrand, zoals Nero ooit de christenen verbrandde. Hele steden werden vanwege zulke ketters met de grond gelijkgemaakt en hele gebieden eenvoudigweg ontvolkt. Men ondernam complete kruistochten tegen hen, zoals men dat tegen de mohammedanen had gedaan. En dat deden dezelfde mensen die voor de God der genade en omwille van zijn blijde boodschap machtige kathedralen bouwden, die er met hun hoge torens, hun met beelden versierde poorten, hun donker oplichtende vensters en hun duizenden beelden uitzagen als een schitterende droom uit het koninkrijk der hemelen.

In Frankrijk waren er eerder steden en kerken dan in Duitsland. Frankrijk was een rijker land en kende een minder bewogen geschiedenis. De Franse koningen begrepen al snel hoe ze de burgers, de nieuwe derde stand, voor zich moesten winnen. Al rond 1300 leenden ze het land niet meer uit aan de edelen, maar hielden het zelf en lieten het door de burgers besturen, die ze daarvoor met geld beloonden (zoals Frederik II dat op Sicilië had gedaan). Op die manier kregen de Franse koningen steeds meer land in bezit, en land betekende lijfeigenen, soldaten en macht, zoals je weet. Al kort voor 1300 waren de Franse koningen de machtigste heersers, want de Duitse koning, Rudolf van Habsburg, was net begonnen met het verwerven van macht door zijn familie land te lenen. De Fransen heersten destijds niet alleen over Frankrijk, maar ook over Zuid-Italië. Al snel waren ze zo machtig dat ze in 1305 de paus ertoe konden dwingen vanuit Rome naar Frankrijk te verhuizen, waar hij zogezegd onder toezicht stond van de Franse koningen. De pausen verbleven in een ruim paleis in Avignon, waar de fraaiste kunstwerken te zien waren, maar in feite zaten ze gevangen. Daarom noemt men deze tijd wel de Babylonische gevangenschap van de pausen (van 1309 tot 1377), naar de Babylonische gevangenschap van de joden (die duurde van 597 tot 536 voor Christus, zoals je weet).

Maar de Franse koningen wilden meer. Je weet nog wel dat er in Engeland een koninklijke Noormannenfamilie regeerde, die in 1066 Engeland vanuit Frankrijk had veroverd. In naam waren dat dus Fransen. Op grond daarvan eisten de Franse koningen ook de heerschappij over Engeland op. Maar toen er in de Franse koninklijke familie geen zoon werd geboren, die de troon had kunnen erven, eisten de Engelse koningen dat zij nu als verwanten en onderdanen van de Franse koningen aan de beurt waren. En dus begon er in 1339 een vreselijke oorlog, die meer dan honderd jaar duurde. Het was een oorlog waarin in de loop van de tijd niet meer door ridders op ridderlijke wijze werd gevochten, maar door grote legers bestaande uit burgers die ervoor betaald kregen. Dat waren geen leden van een grote, gemeenschappelijke orde, zoals de ridders, voor wie het vechten iets edels was, nee, het waren gewoon Engelsen en Fransen die met elkaar vochten om de onafhankelijkheid van hun land. De Engelsen wonnen steeds meer land en veroverden steeds grotere gebieden in Frankrijk. Dat was vooral mogelijk doordat de Franse koning die aan het eind van deze oorlog regeerde, nogal dom en onbekwaam was.

Maar het volk wilde niet door een vreemde mogendheid geregeerd worden. En toen geschiedde er een wonder: een eenvoudig, zeventienjarig herderinnetje, Jeanne d'Arc, die zich door God geroepen voelde, kreeg het voor elkaar dat men haar het

Franse leger liet aanvoeren dat de Engelsen uit het land moest verjagen. 'Wanneer de Engelsen in Engeland zijn, dan is er vrede,' zei ze. Maar de Engelsen namen op een vreselijke manier wraak. Ze namen haar gevangen en veroordeelden haar ter dood, omdat ze een tovenares was. In 1431 werd ze verbrand. Het is geen wonder dat men haar voor een tovenares hield. Het was immers een toverkunstje: één enkel hulpeloos meisje dat uitsluitend door haar moed en vastberadenheid in twee jaar de nederlaag na bijna honderd jaar oorlogvoering afwendde en haar koning liet kronen!

Je moet je voorstellen dat de wereld in de tijd van de Honderdjarige Oorlog, dus voor 1400, een kleurig geheel was: de steden werden groter en de ridders zaten niet meer koppig in hun eenzame burchten, maar verbleven liever aan de hoven van de rijke en machtige koningen en vorsten. Vooral in Italië en in Vlaanderen en Brabant (het huidige België) was het een opwindende tijd. De ridders en edelen verschenen op de feesten aan het hof in prachtige, rijkversierde gewaden. Ik was er graag bij geweest als ze dan in de danszaal of in de bloementuin bij de muziek van een viool of een luit met de dames de rei dansten. De vrouwen waren nog luxueuzer en fraaier gekleed. Ze droegen hoge, spits toelopende mutsen die eruitzagen als suikerbroden, waar lange, fijne sluiers aan bevestigd waren, en ze schreden voort op hun spitse schoentjes en in fraai bewerkte, goudglanzende gewaden – als poppetjes. Met een plaatsje in de rokerige ruimten van de oude burchten waren ze al lang niet meer tevreden geweest. Ze woonden in grote kastelen met talrijke kamers en met duizenden erkers, torentjes en kantelen, waarvan het interieur versierd was met kleurige wandtapijten. In die kamers sprak men elegant en sierlijk, en wanneer een edelman zijn dame naar de prachtig gedekte tafel begeleidde, nam hij haar hand met slechts twee vingers aan. Lezen en schrijven was in de steden inmiddels iets vanzelfsprekends. Kooplieden en ambachtslieden moesten wel kunnen lezen en schrijven, en veel ridders schreven kunstige, sierlijke gedichten voor hun sierlijke dames.

Wetenschap werd niet meer alleen bedreven door een paar monniken in hun kloostercel. Al kort na 1200 telde de beroemde universiteit van Parijs 20.000 studenten, die afkomstig waren uit de meest uiteenlopende landen. Ze leerden en discussieerden over de stellingen van Aristoteles en over de vraag of die in overeenstemming waren met de teksten in de bijbel.

Dat leven aan het hof en dat stadsleven deden nu ook hun intrede in Duitsland, en dan vooral aan het hof van de Duitse keizers. Dat hof lag destijds in Praag, want na de dood van Rudolf van Habsburg had men andere families gekozen. Sinds 1310 regeerden de Luxemburgers als keizers en koningen vanuit Praag over Duitsland. Maar eigenlijk regeerden ze nauwelijks over Duitsland, want al die leenvorsten regeerden geheel zelfstandig in bijvoorbeeld Beieren, Zwaben, Württemberg en Oostenrijk. De Duitse keizer was degene met de meeste macht, meer niet. Het land van de Luxemburgers zelf was Bohemen, en daar heerste sinds 1347 Karel IV, in Praag. Hij was een rechtvaardige heerser, die hield van pracht en praal. Aan zijn hof kwamen net zulke voorname ridders als in Vlaanderen, en in zijn paleizen waren de schilderijen even mooi als die in Avignon. In 1348 stichtte hij een universiteit in Praag, de eerste in het Duitse rijk.

Bijna net zo fraai en rijk als het hof van Karel IV was het hof van zijn zwager in Wenen, Rudolf IV, die ook wel de Stichter werd genoemd. Je merkt wel dat al die heersers niet meer op eenzaam gelegen burchten woonden en ook geen avontuurlijke veldtochten meer hielden. Hun slot stond midden in de stad. Alleen daaraan al is te zien hoe belangrijk de steden waren geworden. En dit was nog maar het begin.

26

Een nieuwe tijd

Heb je je schoolschriften van vroeger bewaard, of andere oude spullen? Wanneer je erin bladert, zul je je erover verwonderen dat je in de korte tijd die er sindsdien verstreken is, heel erg bent veranderd. Je verwondert je erover wat je destijds hebt geschreven. Over de fouten die je maakte, maar ook over de goede dingen. En je hebt helemaal niet gemerkt dat je zo aan het veranderen was. Zo gaat dat ook in de wereldgeschiedenis.

Het zou mooi zijn als er ineens trompetters door de straten reden en verkondigden: 'Hallo mensen, er begint een nieuwe tijd!' Zo gaat dat niet. De mensen krijgen andere inzichten, en ze merken het zelf nauwelijks. En dan ineens merken ze het, net als jij als je in je oude schriften bladert. Dan zijn ze trots en zeggen ze: 'Wij zijn de nieuwe tijd.' En dikwijls voegen ze daaraan toe: 'Vroeger waren de mensen dom!'

Zoiets gebeurde in de tijd na 1400 in de Italiaanse steden. Vooral in de rijke, grote steden in Midden-Italië, zoals Florence. Ook daar bestonden gilden, en ook daar had men een grote kathedraal gebouwd. Maar adellijke ridders zoals in Frankrijk en Duitsland waren er eigenlijk niet. De burgers van Florence lieten zich al lang niets meer vertellen door Duitse keizers. Ze waren net zo vrij en onafhankelijk als vroeger de burgers van Athene waren geweest. En voor die vrije, rijke burgers, die kooplieden en ambachtslieden, werden in de loop van de tijd heel andere dingen belangrijk dan voor de ridders en ambachtslieden van vroeger, in de echte Middeleeuwen.

Of een strijder of ambachtsman voor God werkte en alles in dienst en ter ere van God deed, vond men niet zo belangrijk meer. Men wilde vooral dat hij een echte kerel was, die de dingen begreep en die alles voor elkaar kreeg. Die een eigen wil had, en een eigen oordeel. Die niemand naar zijn mening vraagt, en van niemand toestemming hoeft te hebben. Die geen dingen opzoekt in oude boeken en zich op die manier informeert, zoals dat vroeger gebruikelijk was, maar die zijn ogen opent en handelt. Daar kwam het op aan. De ogen openen en ertegenaan. Of hij een edelman was of een arme drommel, een christen of een ketter, en of hij zich wel aan de regels van het gilde hield, dat alles was min of meer bijzaak geworden. Zelfstandigheid, dapperheid, verstand, kennis en daadkracht, dat was belangrijk. Men vroeg niet meer naar je afkomst, je beroep, je godsdienst of je vaderland, nee, men vroeg: 'Wat voor iemand ben jij?'

En ineens, zo rond 1420, merkten de Florentijnen dat ze anders waren dan men in de Middeleeuwen was. Dat ze andere dingen belangrijk vonden. Dat ze andere dingen mooi vonden dan hun voorvaderen. De oude kathedralen en oude schilderijen vonden ze maar duister, en stijfjes. De oude gebruiken vonden ze langdradig. Ze zochten iets wat net zo vrij, onafhankelijk en onbevangen was als zijzelf. En toen ontdekten ze de Oudheid. En dan bedoel ik echt ontdekken. Het kwam er voor hen niet op aan dat de mensen in de Oudheid heidens waren. Men verbaasde zich erover hoe knap ze waren. Dat ze over de grote kwesties in de natuur en de wereld discussieerden, dat ze zich voor van alles interesseerden. Die mensen werden hun grote voorbeeld, vooral in de wetenschap natuurlijk.

Er werd bij wijze van spreken jacht gemaakt op Latijnse boeken en iedereen probeerde net zo goed en duidelijk Latijn te spreken als de echte Romeinen. Maar men leerde ook Grieks en genoot van de prachtige werken van de Atheners uit de tijd van Pericles. Men hield zich al snel veel meer bezig met Themistocles, Alexander, Caesar en Augustus dan met Karel de Grote of Barbarossa. Het leek alsof de tijd daartussen slechts een droom was geweest, alsof het vrije Florence een stad zou kunnen worden als Athene of Rome. De mensen hadden plotseling het gevoel dat die oude tijd van de Griekse en Romeinse cultuur een *hergeboorte* beleefde. Ook zijzelf voelden zich als herboren door die oude werken. Daarom sprak men van de 'Rinascimento', dat in het

Nederlands 'wedergeboorte' betekent. In het Frans spreekt men van 'Renaissance'. Dat er in de tijd die ertussen lag weinig was gebeurd, was, zo geloofde men, de schuld van die onbehouwen Germanen, die het Rijk hadden vernietigd. De Florentijnen wilden de oude geest op eigen kracht doen herleven.

Ze gingen op zoek naar voorwerpen uit de Romeinse tijd: naar prachtige beelden en fraaie, grote gebouwen, waarvan er in Italië natuurlijk overal ruïnes waren. Vroeger noemde men dat 'rotzooi uit de heidense tijd' en was men er bang voor. Men keek er niet naar. Nu zag men ineens weer hoe mooi het eigenlijk was. En dus begonnen de Florentijnen opnieuw met het bouwen van zuilen.

Men zocht echter niet alleen maar naar oude dingen. Men keek met een nieuwe blik en onbevangen naar de natuur, zoals de Atheners dat 2000 jaar daarvoor hadden gedaan. Men ontdekte hoe mooi de wereld was: de hemel en de bomen, de mensen, de bloemen, de dieren. Men schilderde de dingen zoals men ze zag. Niet meer plechtig, groot en heilig, zoals de heilige verhalen in de boeken van de monniken en op de vensters van de kathedralen waren afgebeeld, maar kleurrijk en vrolijk, onbevangen en natuurlijk, duidelijk en precies. De ogen goed de kost geven en aan de slag, dat was ook in de kunst het best. In deze tijd woonden er in Florence dan ook veel belangrijke schilders en beeldhouwers.

Die schilders zaten voor hun doeken om de wereld te schilderen zoals zij die zagen, maar ze deden nog meer. Ze wilden alles wat ze schilderden ook echt begrijpen. In Florence was er een schilder die niet alleen goede schilderijen wilde maken, al waren ze nog zo mooi. En die van hem behoorden tot de allermooiste. Hij wilde weten wat die dingen die hij schilderde eigenlijk precies waren en hoe alles met elkaar samenhing. Die schilder heette Leonardo da Vinci. Hij was de zoon van een boerenmeid en leefde van 1452 tot 1519. Hij wilde weten hoe een mens eruitziet als hij huilt of als hij lacht, en hoe een menselijk lichaam er vanbinnen uitziet – de spieren, de botten en de zenuwen. Dus liet hij dode lichamen uit de ziekenhuizen halen, die hij neerlegde en onderzocht. Dat was destijds zeer ongebruikelijk. Maar daar bleef het niet bij. Hij bekeek de planten en de dieren met een nieuwe blik en dacht erover na hoe de vogels het voor elkaar kregen om te vliegen. Toen vroeg hij zich af of de mens dat misschien ook zou kunnen. Hij was de eerste mens die uitvoerig onderzocht of het mogelijk was een kunstvogel, een vliegmachine dus, te bouwen. Hij was ervan overtuigd dat dit op een dag zou lukken. Hij hield zich met de hele natuur bezig. Het was niet zo dat hij alleen maar de geschriften van Aristoteles of de leerboeken van de Arabieren las. Hij wilde altijd weten of dat wat hij las ook echt klopte. Dus hield hij zijn ogen goed open, en hij zag meer dan alle mensen vóór hem. Want hij keek niet alleen, hij dacht ook na. Wanneer hij iets wilde weten, bijvoorbeeld hoe in het water een draaikolk ontstaat, of hoe warme lucht opstijgt, dan probeerde hij het uit. Hij gaf niet zoveel om de boekenwijsheid van zijn tijdgenoten en was de eerste mens die probeerde door middel van proeven dingen in de natuur aan de weet te komen. Zijn waarnemingen tekende en noteerde hij daarna in schriften, waarvan hij er steeds meer verzamelde. Wanneer je vandaag de dag in zijn aantekeningen bladert, verbaas je je erover hoe het mogelijk is dat één mens zoveel kon onderzoeken, waar destijds niemand iets van wist of wilde weten.

Slechts een klein aantal van zijn tijdgenoten wist dat deze beroemde schilder zo veel nieuws had ontdekt en zulke ongewone inzichten had. Hij was linkshandig en schreef in een klein, omgekeerd schrift, dat niet gemakkelijk te lezen was. Waarschijnlijk vond hij dat wel prima, want het was destijds immers niet altijd ongevaarlijk om een onafhankelijke mening te hebben. Zo staat onder een van zijn notities de zin: 'De zon beweegt niet.' Verder staat er niets. Daaraan kunnen we zien dat Leonardo wist dat de aarde om de zon draait en dat het niet zo is dat de zon elke dag rond de aarde draait, wat men duizenden jaren had geloofd. Misschien heeft Leonardo zich tot deze ene zin beperkt omdat hij wist dat daar niets over in de bijbel stond en dat veel mensen geloofden dat men de dingen in de natuur ook na 2000 jaar nog net zo moet zien als de joden die zagen, in de tijd dat de bijbel ontstond.

Maar niet alleen de angst voor een ketter gehouden te worden bracht Leonardo ertoe zijn wonderlijke uitvindingen voor zichzelf te houden. Hij kende de mensen goed en wist dat ze alles gebruikten om elkaar om het leven te brengen. Daarom staat er in Leonardo's aantekeningen op een andere plaats: 'Ik weet hoe men lang onder water kan blijven, zonder voedsel. Maar ik maak het niet openbaar en leg het aan niemand uit. Want de mensen zijn slecht en ze zouden het gebruiken om op de zeebodem te gaan moorden. Ze zouden de scheepsbodems doorboren en de schepen zouden zinken, met iedereen aan boord.' Helaas waren niet alle uitvinders later ook zulke grote mensen als Leonardo da Vinci, en dus hebben de mensen al lang geleerd wat hij hun niet wilde laten zien.

In de tijd van Leonardo was er in Florence een bijzonder rijke en machtige familie. Ze waren wolhandelaren en bankiers en heetten de' Medici. Zij hebben tussen 1400 en 1500 met hun raad en hun invloed de geschiedenis van Florence bepaald, ongeveer zoals Pericles dat in Athene deed. Dat gold vooral voor Lorenzo de' Medici, die men 'il Magnifico' (de Geweldige) noemde, omdat hij op zo'n goede wijze gebruikmaakte van zijn rijkdom. Hij hielp vele kunstenaars en geleerden. Wanneer hij hoorde dat er ergens een begaafde jongen rondliep, nam hij hem in huis en zorgde hij ervoor dat hij onderwijs kreeg. Aan de gewoonten van dit huis kun je zien hoe de mensen destijds dachten. Zo was er daar bijvoorbeeld geen tafelschikking waarbij de oudste en belangrijkste mensen boven moesten zitten. Wie er het eerst was, zat boven bij Lorenzo de' Medici aan het hoofd van de tafel, al betrof het een jonge schildersknaap, en wie als laatste kwam, moest aan het andere uiteinde zitten, al betrof het een gezant.

Die nieuwe vreugde die de Florentijnen beleefden aan de wereld, aan kunstenaars en mooie dingen en aan de ruïnes en boeken van de Romeinen en de Grieken, werd al snel afgekeken door anderen. Want wanneer er ergens iets ontdekt is, wordt dat meestal snel door anderen opgepikt. Aan het hof van de paus, die destijds alweer in Rome was, ontbood men grote kunstenaars, die de paleizen en kerken op de nieuwe manier moesten opbouwen of moesten versieren met schilderijen en beelden. Vooral toen rijke geestelijken uit de familie de' Medici zelf paus werden, woonden er in Rome grote kunstenaars uit heel Italië, die daar hun allerbelangrijkste kunstwerken maakten. Soms was die nieuwe manier om de dingen te zien niet helemaal in overeenstemming met de vroomheid van vroeger. En dus waren de toenmalige pausen niet zozeer priesters en biechtvaders van het christendom, als wel praalzuchtige vorsten, die Italië wilden veroveren en die in hun hoofdstad enorme geldbedragen uitgaven aan de fraaiste kunstwerken.

Ook in de steden in Duitsland en Frankrijk verbreidde de wedergeboorte van de heidense Oudheid zich snel. Ook daar hielden de burgers zich steeds vaker bezig met de nieuwe gedachten en vormen, en ze begonnen de nieuwe Latijnse boeken te lezen. Dat was sinds 1453 gemakkelijker en goedkoper geworden. Want er was door een Duitser een belangrijke uitvinding gedaan. Een uitvinding die even fantastisch was als de uitvinding van de letters door de Feniciërs. Dat was de boekdrukkunst. Dat men gesneden houten platen met zwarte verf kon insmeren en op papier kon afdrukken, was al veel langer in China bekend, en ook al tientallen jaren in Europa. Maar de Duitser Gutenberg ontdekte dat je niet alleen hele platen kon snijden, maar dat je elke letter apart uit een stukje hout kon snijden. Die blokjes hout kon je naast elkaar zetten, in een lijst (een drukraam) spannen en vervolgens afdrukken zo vaak je wilde. Wanneer de bladzijde vaak genoeg was afgedrukt, haalde je het drukraam uit elkaar en konden de letters opnieuw gebruikt worden. Dat was eenvoudig en goedkoop. Eenvoudiger en goedkoper natuurlijk dan wanneer men de boeken moest overschrijven, wat vaak jaren duurde en wat vroeger werd gedaan door de Romeinse en Griekse slaven, en later door de monniken. Al snel waren er in Duitsland en Italië vele drukkerijen en gedrukte boeken, zowel bijbels als andere geschriften. In de steden en op het platteland werd inmiddels druk gelezen.

Er werd in die tijd nog een uitvinding gedaan, die de wereld nog ingrijpender veranderde. Dat was het buskruit. Ook dat was waarschijnlijk al veel langer bekend bij de Chinezen, maar die gebruikten het vooral voor vuurwerk. In Europa begon men na 1300 met kanonnen op burchten en mensen te schieten. En al snel daarna namen ook soldaten reusachtige, plompe geweren ter hand. Maar eerlijk gezegd ging het schieten met pijl en boog sneller. Een goede Engelse boogschutter kon destijds in een kwartier 180 pijlen afschieten, en destijds had een soldaat evenveel tijd nodig om een donderbus te laden en na het aansteken van een lont af te schieten. Toch werden er in de Honderdjarige Oorlog al geschut en geweren gebruikt, en na 1400 gebeurde dat steeds vaker.

Dat was echter niets voor ridders. Het was immers niet ridderlijk om van grote afstand een kogel op iemand af te vuren. Je weet dat ridders gewoonlijk te paard op elkaar af reden om elkaar uit het zadel te wippen. Om zich te beschermen tegen de kogels van de burgerlegers moesten ze nu steeds dikkere en zwaardere harnassen dragen, en al snel droegen ze geen maliënkolder meer, maar zagen ze eruit als mannen van ijzer. Ze konden zich nauwelijks nog bewegen. Het zag er misschien grimmig uit, maar het was ontzettend warm en onpraktisch. Daarom had men juist van de ruiterlegers, hoe dapper ze ook waren, weinig te duchten. Toen een beroemde, oorlogszuchtige riddervorst uit het Franse hertogdom Bourgondië, die men vanwege zijn onverschrokkenheid Karel de Stoute noemde, in 1476 met zo'n gepantserd ridderleger Zwitserland wilde veroveren, vielen de vrije burgers en boeren van Zwitserland, die te voet waren, het bij de stad Murten aan: men wierp de ridders van hun paard, versloeg hen en maakte de fraaie, kostbare tenten en tapijten buit, die het ridderleger tijdens zijn veroveringstocht had meegenomen. Je kunt die schat nu nog zien in Bern, de hoofdstad van Zwitserland. Zwitserland bleef een vrij land, en met de ridders was het afgelopen.

De Duitse keizer die rond 1500 regeerde, wordt daarom ook wel de laatste ridder genoemd. Hij heette Maximiliaan en was een afstammeling van het geslacht Habsburg, waar van de macht en rijkdom sinds koning Rudolf van Habsburg alleen maar groter was geworden. Sinds 1438 heerste deze familie niet alleen over haar eigen land, Oostenrijk. Ze was zo invloedrijk dat er alleen nog maar Habsburgers tot keizer van Duitsland werden gekozen. Toch hadden de meesten – onder wie dus Maximiliaan, de laatste ridder – veel problemen met de Duitse edelen en vorsten, die bijna ongehinderd in hun leengebieden heersten en die vaak niet eens meer bereid waren de keizer bij te staan in een oorlog, als hij hun daarom vroeg.

Sinds er geld, steden en buskruit bestonden, was het uitlenen van gebieden met horige boeren als beloning voor het voeren van oorlog achterhaald, net als de ridders. Daarom nam Maximiliaan bij de oorlogen die hij met de Franse koning om bezittingen in Italië voerde, geen ridders meer mee, maar hij betaalde soldaten, die ten strijde trokken om geld te verdienen. Zulke soldaten noemde men voetknechten. Vaak waren het grove, ruwe jongens die gekleed gingen in pronkerige kleding; mensen die het leuk vonden om te plunderen. Ze vochten niet voor hun vaderland, maar voor geld, en ze streden dus voor de man die het meest betaalde. Daarom had de keizer veel geld nodig. En omdat hij dat niet had, moest hij het lenen van de rijke kooplieden in de stad. En dus moest hij zich vriendelijk opstellen jegens de steden, wat de ridders ergerde, die zichzelf steeds overbodiger achtten.

Maximiliaan hield zich niet graag bezig met dit soort ingewikkelde problemen. Liever was hij naar toernooien gegaan, net als de ridders uit de oude tijd, of had hij zijn avonturen in fraaie rijmverzen verteld aan de vrouw van zijn dromen. Zijn karakter vertoonde een merkwaardige mengeling van het oude en het nieuwe. Want hij was dol op de nieuwe kunst, en telkens weer vroeg hij de grootste Duitse schilder, Albrecht Dürer, die veel van de Italianen had geleerd, maar nog meer van zichzelf, schilderijen en drukwerken te zijner ere te maken. En zo toont de eerste nieuwe Duitse kunstenaar ons door middel van zijn prachtige schilderijen hoe de laatste ridder er in werkelijkheid heeft uitgezien. Zijn schilderijen en de schilderijen en bouwwerken van de grote kunstenaars in Italië zijn de 'trompetters', die de mensen toeriepen: 'Hallo mensen, er begint een nieuwe tijd!' En als we de Middeleeuwen een sterrennacht noemen, dan moeten we deze nieuwe, wakkere tijd, die in Florence is begonnen, beschouwen als een heldere, frisse ochtend.

27

Een nieuwe wereld

Wat we tot nu toe wereldgeschiedenis noemden, was eigenlijk de geschiedenis van nauwelijks de halve wereld. De meeste gebeurtenissen voltrokken zich rond de Middellandse Zee: in Egypte, Mesopotamië, Palestina, Klein-Azië, Griekenland, Italië, Spanje en Noord-Afrika. Of hoogstens in de buurt daarvan: in Duitsland, Frankrijk en Engeland. Af en toe wendden we onze blik naar het oosten, naar China, het goed beschermde rijk, en naar India, dat in de tijd waar we het nu over hebben, geregeerd werd door een mohammedaanse koninklijke familie. Maar wat er ten westen van het oude Europa lag, aan de andere kant van Engeland, daar hebben we ons niet om bekommerd. Zeelieden uit het noorden, de Vikingen, hadden tijdens hun tochten naar het westen ooit een onherbergzaam land gezien, maar waren verder gevaren, want er viel daar niets te halen. Maar er waren niet veel van die dappere zeelieden zoals de Vikingen. Wie waagde zich nu op die onbekende, misschien wel eindeloze oceaan, die zich ten westen van Engeland, Frankrijk en Spanje uitstrekte?

Zo'n waagstuk werd pas mogelijk door een nieuwe uitvinding. En ook die hebben we – ik zou bijna zeggen: natuurlijk – van de Chinezen. Het is de ontdekking dat een vrij bewegende magnetische naald zich altijd naar het noorden richt. Het kompas dus. De Chinezen gebruikten het kompas al lange tijd tijdens hun tochten door de woestijn, en nu sijpelde die kennis over dat magische instrument via de Arabieren door naar de Europeanen, die er tijdens de kruistochten rond 1200 mee in aanraking kwamen. Toen werd het kompas nog nauwelijks gebruikt. Men was er bang voor. De mensen vonden het maar een vreemd instrument. Pas in de loop van de tijd won de nieuwsgierigheid het van de angst. En niet alleen de nieuwsgierigheid. In die verre landen konden immers grote schatten liggen, vreemdsoortige rijkdommen, die je zo kon meenemen. Maar nog steeds was er niemand die zich op de westelijke oceaan waagde. Hij was te groot, en te onbekend. Waar zou je uitkomen als je eenmaal op weg was?

Toen kreeg een arme, op avontuur beluste en eerzuchtige Italiaan uit Genua, die zich Columbus noemde en die oude beschrijvingen van de aarde bestudeerd had, een ingeving. Waar zou je uitkomen? Als je altijd maar verder voer in westelijke richting, zou je uiteindelijk in het Oosten uitkomen! De aarde is immers rond! Kogelrond! Dat stond in talloze boeken uit de Oudheid. En als je dus in westelijke richting zeilde, de halve wereld rond, dan kwam je in het Verre Oosten, in het rijke China, of in het sprookjesachtige Indië. Het was toch veel eenvoudiger met een kompas over de oceaan te zeilen dan om door woestijnen en over die vreselijke bergen te trekken, zoals Alexander de Grote dat ooit had gedaan en zoals de handelskaravanen dat deden, die zijde uit China naar Europa brachten. Binnen een paar dagen, zo meende Columbus, zou je via die nieuwe route in Indië zijn, en niet na maanden en maanden, zoals via de oude route. Hij praatte over zijn plan met iedereen die het horen wilde, maar men lachte hem uit. Een clown! Maar hij gaf niet op. 'Geef mij schepen, geef mij één schip, dan zal ik het proberen en dan breng ik goud mee uit het sprookjesland Indië!'

Hij ging naar Spanje. Daar waren destijds, in 1479, twee christelijke koninkrijken door het huwelijk van hun heersers met elkaar verenigd. In een verbitterde strijd verdrongen ze de Arabieren (die al meer dan 700 jaar heersten in Spanje, zoals je weet) uit hun prachtige hoofdstad Granada en vervolgens uit het hele land. Columbus vond aan de koninklijke hoven van Portugal en Spanje weinig weerklank voor zijn inzichten. Toch liet men zijn ideeën bestuderen aan de beroemde universiteit van Salamanca, waar men besloot dat ze onuitvoerbaar waren. Hij wachtte nog zeven jaar en riep vertwijfeld uit: 'Geef mij schepen!' Ten slotte wilde hij weg uit Spanje, en vertrok naar Frankrijk. Onderweg kwam hij bij toeval een monnik tegen, die de biechtvader was van de Spaanse koningin Isabella van Castilië. Deze monnik begreep wat Columbus wilde. Hij vertelde zijn koningin er meer over, en zij liet Columbus ten slotte bij zich roepen. Toen viel zijn plan bijna alsnog in het water. Want het was geen kleinigheid wat hij van haar eiste als zijn plan mocht lukken. Hij wilde in de adelstand verheven worden, hij wilde de vertegenwoordiger van de koning zijn in alle Indische landen die hij ontdekte, hij wilde admiraal worden, hij eiste een tiende van alle belastingen op die in de ontdekte landen zou worden geheven, en zo was er nog veel meer. Toen men dat afwees, ging hij er opnieuw vandoor. Naar Frankrijk. Dan zouden dus de landen die hij zou ontdekken in het bezit komen van de Franse koning. Daar waren de Spanjaarden bang voor. Men riep hem terug en ging in op zijn eisen. Men gaf hem twee slechte zeilschepen. Wanneer die zouden vergaan, zou er niet zoveel verloren zijn, redeneerde men. Columbus huurde er zelf een derde schip bij.

Daarna voer hij de oceaan op, naar het westen, om uiteindelijk uit te komen in het Oosten. Op 3 augustus 1492 was hij weggezeild uit Spanje. Hij had een langdurig oponthoud op een eiland, omdat een van zijn schepen gerepareerd moest worden. Daarna zeilde hij verder, verder, verder naar het westen. Nog steeds geen Indië! Zijn mannen werden ongeduldig, en daarna onzeker. Ze wilden omkeren. Columbus liet hun niet zien hoe ver ze in werkelijkheid al verwijderd waren van hun vaderland. Hij loog tegen hen. En eindelijk, op 11 oktober om 2 uur 's nachts, vuurde een van de schepen een kanonschot af: land in zicht!

Columbus kon zijn geluk niet op, hij was apetrots. Indië! De vreedzame mensen die hij op het strand zag, waren dus de Indiërs, of, zoals men zei, de indianen! Jij weet dat dit een grote vergissing was. Columbus was helemaal niet in Indië. Hij was op een eiland in de buurt van Amerika. Nu nog noemt men de inheemse Amerikaanse bevolking indianen, en de eilanden waar Columbus landde, worden ter herinnering aan zijn vergissing West-Indië genoemd. Het echte Indië lag veel verder weg. Columbus had nog minstens twee maanden verder moeten zeilen; dan was hij met al zijn scheepslui van ellende omgekomen en had hij het werkelijke Indië nooit bereikt. Maar destijds geloofde hij dat hij in Indië was, en hij nam bezit van het land, in naam van

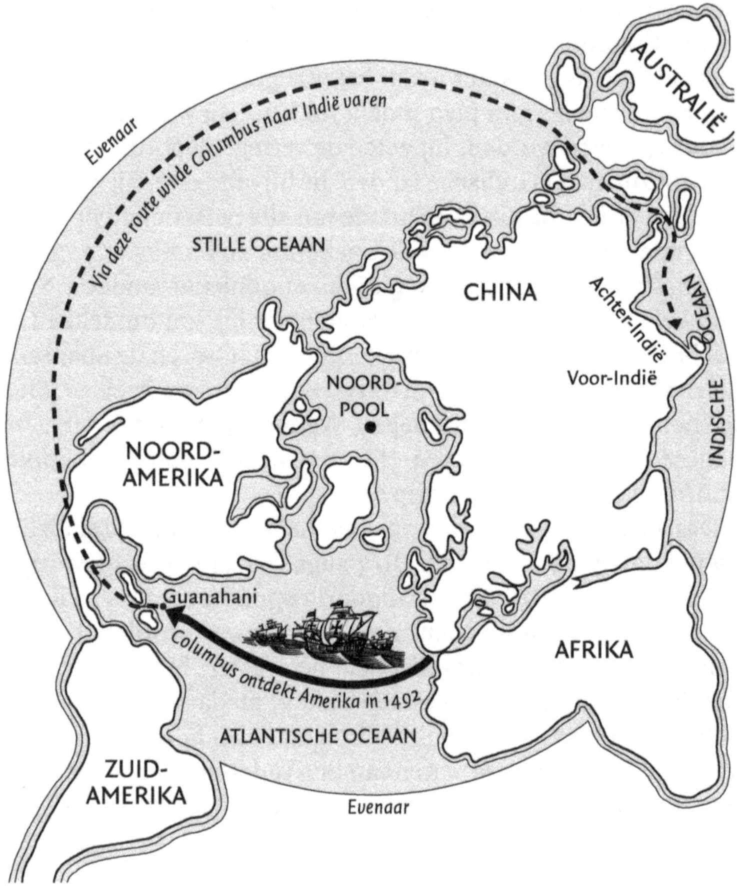

de koning van Spanje. Ook later op zijn volgende reizen hield hij vast aan het idee dat hij Indië had ontdekt. Nooit zou hij toegeven dat het grote idee dat hij destijds had, onjuist was. En dat de aarde veel groter was dan hij zich had voorgesteld. Of dat de route via land naar Indië veel korter was dan de route over de Atlantische en Indische Oceaan. Hij wilde onderkoning van Indië zijn, het land van zijn dromen.

Je weet misschien dat men de Nieuwe Tijd in dit jaar, 1492, laat beginnen – het jaar waarin de avonturier Christoffel Columbus door toeval Amerika ontdekte, terwijl dat land hem eigenlijk in de weg lag, om het zo maar eens te zeggen. Het is een nog toevalliger jaartal dan 476, waarin men de Middeleeuwen laat beginnen. Want toen stortte het West-Romeinse Rijk ineen en ging de laatste keizer, die de merkwaardige naam Romulus Augustulus droeg, ten onder. Maar in 1492 wist niemand, ook Columbus niet, dat deze tocht meer zou betekenen dan nieuw goud uit onbekende streken.

Columbus werd weliswaar feestelijk onthaald toen hij terugkeerde in Spanje, maar al snel daarna werd hij door zijn fanatisme, zijn trots, zijn gierigheid en zijn rijke fantasie zo impopulair dat de koning zijn onderkoning en admiraal liet arresteren en geketend uit West-Indië naar huis liet komen. Die ketens heeft Columbus zijn leven lang bewaard – ook toen men hem vergeven had en hij weer een rijk man was. Hij kon en wilde een dergelijke vernedering niet vergeten.

De eerste Spaanse schepen met Columbus en zijn bemanning ontdekten eilanden waar goedmoedige, arme, eenvoudige indianen woonden. Het enige wat de Spaanse avonturiers van hen wilden weten, was waar ze die gouden sieraden vandaan hadden die ze in hun neus droegen. Ze wezen in westelijke richting. Pas toen kwam men voor het eerst in het werkelijke Amerika. Want dit was het goudland waar de Spanjaarden naar op zoek waren. Ze stelden zich er de meest doldwaze dingen bij voor en verwachtten dat ze steden zouden zien waar de huizen daken van goud hadden. Het waren onbehouwen kerels, de Spanjaarden die naar de onontdekte landen trokken om die voor de Spaanse koning te veroveren en om zo veel mogelijk spullen buit te maken. Eigenlijk waren het wrede rovers, die zich vals en achterbaks gedroegen tegen de inheemse bevolking en die, door hebzucht gedreven, steeds nieuwe en fantastische avonturen beleefden. Geen avontuur leek hun onmogelijk en ze schuwden geen enkel middel om aan goud te komen. Ze waren onbegrijpelijk dapper en onbegrijpelijk onmenselijk. Het treurigste was dat deze mensen zich niet alleen christenen noemden, maar dat ze ook altijd beweerden dat ze al die gruweldaden tegen de heidenen begingen ten behoeve van het christendom.

Een van de veroveraars, een voormalige student die Hernán Cortés heette, was wel uitzonderlijk eerzuchtig. Hij wilde het binnenland in om daar alle mogelijke schatten buit te maken. In 1519 trok hij met 150 Spaanse soldaten, dertien ruiters en een paar kanonnen vanaf de kust het land in. De indianen hadden nog nooit blanken gezien, en ook nog nooit paarden. Ze waren doodsbang voor de kanonnen. Ze dachten dat de Spaanse veroveraars machtige tovenaars waren, of misschien wel goden. Desondanks boden ze vaak dapper weerstand: overdag vielen ze de ruiters aan, 's nachts het kamp. Maar Cortés nam meteen in het begin al op vreselijke wijze wraak: hij stak de dorpen van de indianen in brand en vermoordde hen met duizenden tegelijk.

Al snel kwamen hem gezanten van een machtige, verre koning tegemoet, die fraaie geschenken van goud en kleurige veren bij zich hadden. Ze vroegen hem om te keren. Maar Cortés werd door die kostbare geschenken alleen maar nieuwsgieriger en hebzuchtiger. Hij beleefde allerlei avonturen en trok verder. Hij dwong veel indianen met hem mee te gaan, zoals de grote veroveraars altijd deden. Eindelijk kwam hij in het rijk van de machtige koning, die de gezanten en geschenken had gestuurd. De koning heette Montezuma en zijn land heette Mexico, net als de hoofdstad. Montezuma wachtte Cortés en zijn kleine leger eerbiedig op aan de rand van de stad, die tussen twee zeeën in lag. De Spanjaarden keken hun ogen uit toen ze via een lange dam de stad binnentrokken: al die pracht en schoonheid in deze geweldige hoofdstad, die even groot was als de grootste steden die ze kenden in Europa. Er lagen rechte straten en er waren veel kanalen en bruggen; ook waren er veel pleinen en grote markten, waar dagelijks tienduizenden mensen kwamen om te kopen en te verkopen.

Cortés schreef in zijn brief aan de Spaanse koning: 'Daar handelt men in allerlei soorten levensmiddelen, in sieraden van goud, zilver, blik, messing, botten, schelpen, kreeftenschaal en veren, in bewerkte en onbewerkte stenen, in kalk en baksteen, in onbewerkt en bewerkt hout.' Hij vertelt hoe in sommige straten allerlei vogelsoorten en dieren worden verhandeld, in andere allerlei plantensoorten; dat er apotheken, kappers en herbergen waren, dat men zeldzame tuinplanten en vruchten had, dat men beschikte over verf, bestek en bakkerijen. Ook zei hij dat er op de markt voortdurend tien rechters aanwezig waren, die elk conflict meteen oplosten. Daarna verhaalde hij over de geweldige tempels in de stad, die zelf zo groot waren als een hele stad, met talrijke hoge torens en kleurige ruimten, met angstaanjagende, reusachtige godenbeelden, waar men mensenoffers bracht. Ook vertelt hij vol verbazing over de grote huizen in de stad met hun ruime vertrekken en hun fraaie bloementuinen, over de waterleiding, de bewakers en de douanebeambten.

Vooral het paleis van Montezuma maakte veel indruk op hem. Hij zei dat de Spanjaarden zoiets niet hadden. Er lag daar een zeer fraaie tuin, en daarboven bevond zich op zuilen en plateaus van jaspis nog een aantal verdiepingen, vanwaar men een mooi uitzicht had. Er waren ruime zalen, vijvers met vogels en een reusachtige zoölogische tuin, waar men allerlei soorten dieren in kooien hield. Rond Montezuma bewoog zich een prachtige hofhouding van hoge ambtenaren, die hem de grootste eer bewezen. Hijzelf verkleedde zich dagelijks vier keer, telkens in een nieuw gewaad, dat hij slechts één keer droeg. Men benaderde hem met gebogen hoofd, en het volk moest zich ter aarde werpen en mocht hem niet aankijken wanneer hij in een draagstoel door de straten van Mexico werd vervoerd.

Cortés liet deze machtige heerser door middel van een list gevangennemen. Montezuma raakte bijkans verlamd door zo veel oneerbiedigheid en lompheid. Hij durfde niets tegen de blanke indringers te doen, want er was een oude sage in Mexico, waarin verteld werd dat ooit de zonen van de zon, de blanke goden, uit het oosten zouden komen om het land in bezit te nemen. Men meende nu dat de Spanjaarden deze blanke goden waren. Toch waren het eerder blanke duivels. Tijdens een tempelfeest overvielen ze alle belangrijke Mexicanen en ze vermoordden de weerlozen. Toen er een vreselijke opstand uitbrak, wilde Cortés Montezuma ertoe dwingen zijn volk vanaf het dak van het paleis tot rust te manen. Maar men wierp stenen naar zijn eigen koning en Montezuma viel dood neer. Vervolgens werd er een bloedbad aangericht, waarbij Cortés veel moed toonde. Het is immers een wonder dat het legertje van de Spanjaarden erin slaagde weg te vluchten en de woedende menigte achter zich wist te laten, om ten slotte door het vijandige land met alle zieken en gewonden heelhuids de kust te bereiken. Natuurlijk kwam hij niet lang daarna terug met andere soldaten. Hij verwoestte en verbrandde de bloeiende stad, en vanaf dat moment begonnen de Spanjaarden hier en in andere delen van Amerika met het uitroeien van het oude, gecultiveerde indiaanse volk. Dit hoofdstuk in de geschiedenis van de mensheid is zo afschuwelijk en beschamend voor ons, de Europeanen, dat ik er liever niet over spreek.

Intussen hadden de Portugezen de juiste zeeroute naar Indië gevonden. Ook zij hielden huis onder de Indiërs, en gingen net zo grof tekeer als de Spanjaarden. De wijsheid van de oude Indiërs was hun om het even. Zij wilden alleen maar goud. Maar door al dat goud uit Indië en Amerika kwam er zo veel geld naar Europa dat de burgers steeds rijker werden en de ridders en grondeigenaren steeds armer. En aangezien de schepen in westelijke richting voeren en uit het Westen kwamen, werden de westelijk gelegen havens in Europa steeds machtiger en belangrijker. Niet alleen die in Spanje, maar ook die in Frankrijk, Engeland en Nederland. Duitsland nam niet deel aan die veroveringstochten aan de overzijde van de oceaan. Het land had het veel te druk met zichzelf.

28

Een nieuw geloof

Je herinnert je dat in Rome na 1500 de pausen heersten, voor wie pracht en praal belangrijker waren dan het priesterschap. Ze wilden fraaie kerken door beroemde kunstenaars laten bouwen. Vooral toen twee pausen uit de familie de' Medici aan de macht waren, een familie die zich in Florence al zo intensief met kunst en schoonheid had beziggehouden, verrezen in Rome de mooiste gebouwen. De oude Petruskerk, die door Constantijn de Grote zou zijn gebouwd en waar ooit Karel de Grote tot keizer was gekroond, vonden ze niet mooi genoeg meer. Men was van mening dat er een nieuwe kerk gebouwd moest worden van gigantische afmetingen en van een nooit vertoonde schoonheid. Maar dat kostte zeer veel geld. Waar dat geld vandaan kwam, interesseerde de pausen niet al te zeer. Ze wilden dat het geld er kwam en dat die mooie kerk gebouwd kon worden. En dus zamelden sommige priesters en monniken geld in om de paus een plezier te doen, en wel op een manier die niet overeenstemde met de leer van de kerk. Ze lieten de gelovigen geld betalen voor het vergeven van hun zonden. Dat noemde men 'aflaat'. De kerk leerde weliswaar dat alleen de zondaars met berouw vergeven konden worden, maar deze aflaathandelaars hielden zich daar niet aan.

Nu was er in Wittenberg, in Duitsland, een monnik van de orde van de augustijnen. Hij heette Maarten Luther. Toen er in 1517 zo'n aflaathandelaar naar Wittenberg kwam om geld voor de nieuwe Sint-Pieterskerk in te zamelen (waarvan de bouw vanaf dat jaar door de beroemdste schilder ter wereld, Rafaël, werd geleid), vroeg Luther aandacht voor dit onkerkelijke misbruik. Hij sloeg een soort plakkaat met 95 leerstellingen tegen de kerkdeur, waarin hij de handelwijze aangaande de goddelijke genade van de vergeving aan de kaak stelde. Want dat vond Luther nog het allerergste: dat men de goddelijke genade voor de vergeving van de zonde door geld zou kunnen verkrijgen. Hij had zich altijd een zondaar gevoeld, een zondaar die, net als andere zondaars, de toorn van God moest vrezen. Slechts door één ding kon de mens Gods straf ontlopen. Dat was de oneindige genade van God. En die, meende Luther, kan een mens niet kopen. Wanneer dat wel kon, dan was het geen genade. Ook een goed mens is voor God, die alles ziet en weet, een zondaar die straf verdient. Alleen het geloof in de door God geschonken genade kan hem redden, en verder niets.

In de bittere strijd die nu ontbrandde over de aflaat en het misbruik daarvan, ging Luther al snel nog verder. Hij schreef: 'Alles is overbodig, behalve het geloof.' Dus ook de priesters, en de kerk, die de gelovigen tijdens de eredienst laat deelhebben aan de genade van God. Over deze genade valt niet te onderhandelen. Alleen het vaste vertrouwen en het geloof van het individu aan God kan redding brengen. Het geloof in de grote geheimen van de leer, het geloof dat wij het lichaam van Christus eten bij het heilig avondmaal en zijn bloed drinken uit een kelk. Niemand kan een ander aan de genade van God helpen. Elke gelovige is zijn eigen priester, om het zo maar eens te stellen. De priester in de kerk is niet meer dan een leraar en een helper. Daarom mag hij leven zoals andere mensen, en daarom mag hij ook trouwen. De gelovige hoeft de leer van de kerk niet aan te nemen. Hij moet zelf in de bijbel op zoek gaan naar Gods leer. Alleen wat in de bijbel staat, telt, vond Luther.

Luther was niet de eerste die er zo over dacht. Een jaar of honderd voor hem was er een priester in Praag, Hus, die hetzelfde had gezegd. Men had hem uitgenodigd voor een kerkelijke bijeenkomst in Konstanz en tegen de belofte van de keizer in als ketter verbrand, in 1415. Zijn talrijke aanhangers werden tijdens bloedige oorlogen uitgeroeid, en tegelijk werd half Bohemen verwoest.

Luther en zijn aanhangers had het net zo kunnen vergaan, maar de tijden waren veranderd. Bijvoorbeeld doordat de boekdrukkunst was uitgevonden. Luthers geschriften, die scherp en pakkend waren geschreven, en af en toe ook ongezouten kritiek bevatten, werden overal in Duitsland gekocht en gelezen. Veel mensen gaven hem gelijk. Toen het de paus ter ore kwam, dreigde hij Luther in de ban te doen. Maar Luther had inmiddels zo veel aanhangers dat hem dat niet veel kon schelen. Hij verbrandde de brief van de paus in het openbaar en werd nu daadwerkelijk in de ban gedaan. Daarop scheidde hij zichzelf en zijn aanhangers helemaal af van de kerk. Dat veroorzaakte bijzonder veel opwinding in Duitsland, en velen sloten zich bij hem aan. Want de paus met zijn liefde voor pracht en praal en met zijn rijkdom was niet echt populair in Duitsland. Ook de Duitse vorsten hadden er wel oren naar dat de macht van de bisschoppen en aartsbisschoppen zou afnemen en de uitgestrekte stukken land van de kerk nu van hen zouden zijn. Daarom sloten ze zich aan bij de Reformatie, zoals Luthers poging de christelijke vroomheid nieuw leven in te blazen werd genoemd.

In diezelfde tijd, in 1519, was keizer Maximiliaan, de laatste ridder, gestorven. Zijn kleinzoon, de Habsburger Karel V, die ook de kleinzoon was van Isabella van Castilië, de koningin van Spanje, werd nu keizer van Duitsland. Hij was destijds nog maar negentien jaar oud en was nog nooit in Duitsland geweest. Hij was altijd in België, Nederland en Spanje, die ook tot zijn erflanden behoorden. Als koning van Spanje heerste hij nu ook over het pas ontdekte Amerika, waar Cortés op dat moment bezig was met zijn veroveringen. En dus konden degenen die bij hem in het gevlij wilden komen, zeggen dat in zijn rijk de zon nooit onderging. Want in Amerika is het dag als het bij ons nacht is. Zijn enorme rijk, waartoe de oude Habsburgse erfnaties Oostenrijk en de erflanden van Karel de Stoute van Bourgondië, dat wil zeggen Nederland, behoorden, maar ook Spanje en het Duitse keizerrijk, kende slechts één rivaal in Europa, en dat was Frankrijk. Frankrijk was lang niet zo groot als het rijk van Karel V, maar onder de heerschappij van koning Frans I was het land een eenheid. Bovendien was het rijk. Deze twee koningen voerden lange oorlogen om de macht in Italië, het rijkste land van Europa. De pausen steunden nu eens de een, en dan weer de ander. Ten slotte werd Rome in 1527 door de soldaten van de keizer geplunderd en werd de rijkdom van Italië vernietigd.

Toen Karel v in 1519 aan de macht kwam, was hij een vrome, jonge man en stond hij op goede voet met de paus. Zo snel mogelijk nadat hij in Aken gekroond was, wilde hij de kwestie met de ketter Luther oplossen. Het liefst had hij hem eenvoudigweg laten arresteren, maar de vorst van de stad waar Luther vandaan kwam, Wittenberg, de hertog van Saksen, die men Frederik de Wijze noemde, liet dat niet toe. Ook later was hij de belangrijkste beschermer van Luther; hij zorgde ervoor dat hij niet zou omkomen.

Karel v gaf de opdracht de opstandige monnik uit te nodigen voor de eerste rijksdag die hij in Duitsland hield. Die vond plaats in Worms, in 1521. Daar kwamen alle vorsten en edelen uit het rijk samen voor een feestelijke, chique rijksvergadering. Luther sprak hen toe, in zijn monnikspij. Hij had zich bereid verklaard zijn leer te herroepen als men met gegevens uit de bijbel kon aantonen dat zijn theorieën niet klopten. Je weet dat Luther alleen de bijbel als Gods woord erkende. Maar de rijksdag, dat wil zeggen de vorsten en edelen, hadden geen zin om in discussie te gaan met de geleerde, ijverige Luther. De keizer riep hem op om zijn leer te herroepen. Luther vroeg om een dag bedenktijd. Hij was vastbesloten vast te houden aan zijn geloof en schreef destijds aan een vriend: 'Ik zal werkelijk geen komma herroepen en vertrouw op Christus.' De volgende dag verscheen hij voor de verzamelde rijksdag en hield een lange rede in het Latijn en het Duits, waarin hij zijn geloof toelichtte en zei dat het hem speet als hij in het vuur van de strijd iemand had beledigd. Maar herroepen, dat ging niet. De jonge keizer, die er waarschijnlijk geen woord van verstond, zei dat hij een kort en bondig antwoord moest geven. En dus herhaalde Luther in krachtige bewoordingen dat alleen argumenten uit de bijbel hem ertoe zouden kunnen dwingen zijn leer te herroepen: 'Mijn geweten is gevangen in Gods woord, en daarom kan en wil ik niets herroepen, omdat het gevaarlijk is tegen het geweten in te handelen. Moge God mij bijstaan. Amen.'

Daarop vaardigde de rijksdag een wet uit waarmee Luther in de rijksban werd gedaan. Dat betekende dat niemand hem iets te eten mocht geven, niemand hem mocht helpen en niemand hem onderdak mocht verlenen. Wie dat wel deed, zou ook een rijksban opgelegd krijgen. Dat gold ook voor mensen die zijn boeken kochten of bezaten. Iedereen mocht hem ongestraft doodslaan. Hij was 'vogelvrij', zoals dat heette. Daarop liet zijn beschermer, Frederik de Wijze van Saksen, hem in het geheim ontvoeren en naar zijn slot, de Wartburg, brengen, waar hij vermomd en onder een valse naam woonde. Tijdens die vrijwillige gevangenschap vertaalde Luther de bijbel in het Duits, zodat iedereen het boek zou kunnen lezen en erover zou kunnen nadenken. Want Luther wilde dat alle Duitsers zijn bijbel zouden lezen. Maar in die tijd was er nog geen gemeenschappelijke Duitse taal. De Beieren schreven Beiers, de Saksen Saksisch. Luther probeerde een taal te maken die voor iedereen begrijpelijk was. Met zijn bijbelvertaling ontwierp hij een Duitse taal die nu, na bijna 500 jaar, nauwelijks veranderingen heeft ondergaan.

Luther bleef op de Wartburg totdat hem ter ore kwam dat zijn toespraken en geschriften een door hem niet gewenst gevolg hadden. Zijn aanhangers waren nog veel fanatieker geworden dan hijzelf ooit geweest was. Ze wierpen de beelden uit de kerken en zeiden dat het een onrecht was dat kinderen gedoopt werden, want elk mens moet immers zelf kunnen beslissen of hij gedoopt wilde worden. Daarom noemde men hen ook wel de beeldenstormers en de wederdopers. Vooral op de boeren had de leer van Luther grote indruk gemaakt, die ze op hun eigen manier uitlegden. Luther had gezegd dat ieder mens gehoorzaam moest zijn aan zijn eigen geweten en aan dat van niemand anders. Dat hij geheel zelfstandig en als vrij mens de genade van God moest zoeken. Die leer over de vrije mens, die aan niemand onderdanig is, werd door de horigen, de knechten en de lijfeigenen zo uitgelegd dat ze nu ook echt vrij waren. Ze verzamelden zich met hun dorsvlegels en zeisen in de aanslag, en doodden de landeigenaren. Daarna trokken ze op tegen de kloosters en de steden. Luther bestreed deze beeldenstormers, wederdopers en boeren door middel van preken en geschriften, zoals hij daarvoor tegen de kerk had gestreden. Hij hielp uit alle macht de boerenopstand te onderdrukken en de boeren te straffen. En juist die onenigheid onder de protestanten, zoals de aanhangers van Luther werden genoemd, was een groot voordeel voor de grote katholieke kerk, die wél eenheid vertoonde.

Want Luther was niet de enige die in deze tijd dit soort gedachten had en uitsprak. In Zürich had pastoor Zwingli dezelfde soort dingen gezegd, en in Genève had een andere geleerde, Calvijn, zich losgemaakt van de kerk. Maar hoewel deze opvattingen sterk op elkaar leken, lukte het de aanhangers ervan niet zich te verenigen.

Daarop volgde een nieuw, zwaar verlies voor de pauselijke kerk. In Engeland regeerde in deze periode koning Hendrik VIII. Hij was getrouwd met een tante van keizer Karel V. Maar ze beviel hem niet zo. Liever trouwde hij met zijn hofdame Anna Boleyn. Maar dat kon de paus, die de hoogste priester was, niet toestaan. En dus maakte Hendrik VIII zijn land in 1533 los van de roomse kerk en stichtte hij een eigen kerk, die wel toestemming gaf voor de door hem gewenste scheiding van zijn vrouw. De aanhangers van Luther werden door hem nog wel vervolgd, maar Engeland was voor eeuwig verloren voor de rooms-katholieke kerk. Al snel vond koning Hendrik VIII Anna Boleyn ook niet meer zo interessant, dus liet hij haar onthoofden. Elf dagen later trouwde hij opnieuw, maar deze vrouw stierf voordat hij haar kon ombrengen. Van zijn vierde vrouw liet hij zich opnieuw scheiden en vervolgens trouwde hij met een vijfde, die hij weer liet onthoofden. De zesde is pas na hem gestorven.

Keizer Karel V beleefde aan zijn reusachtige rijk, waar zo veel chaos heerste en waar in naam van het geloof steeds harder werd gevochten, weinig plezier. Hij voerde nu weer eens oorlog tegen de Duitse vorsten, die de leer van Luther aanhingen, dan weer tegen de paus, vervolgens tegen de koningen van Frankrijk en Engeland en ook nog tegen de Turken, die al in 1453, oprukkend vanuit het oosten, de hoofdstad van het Oost-Romeinse Rijk (Constantinopel) hadden veroverd. De Turken verwoestten Hongarije en kwamen tot voor de poorten van Wenen, een stad die ze in 1529 tevergeefs belegerden.

Ten slotte had Karel V genoeg van zijn rijk en van de zon die er nooit onderging. Hij benoemde zijn broer Ferdinand tot heerser van Oostenrijk en keizer van Duitsland, zijn zoon Filips kreeg Spanje en Nederland, en zelf vertrok hij in 1556 naar het klooster San Gerónimo de Yuste – hij was een oude, gebroken man. Daar hield hij zich volgens de overlevering bezig met het repareren en gelijkzetten van klokken. Hij wilde het voor elkaar krijgen dat alle klokken tegelijkertijd sloegen. Maar dat lukte niet, en toen schijnt hij gezegd te hebben: ‘Wat heb ik me vergist dat ik alle mensen in mijn rijk bijeen wilde brengen, ik ben immers niet eens in staat een paar klokken gelijk te laten lopen.’ Hij stierf eenzaam en teleurgesteld. Maar de klokken in zijn voormalige rijk begonnen in toenemende mate op verschillende tijdstippen te slaan.

29

De strijdende kerken

Tijdens de strijd tussen keizer Karel V en de Franse koning Frans I was een jonge Spaanse edelman zwaargewond geraakt. Zijn naam luidde Ignatius van Loyola. Tijdens zijn langdurige en pijnlijke ziekbed dacht hij veel na over zijn leven als jonge edelman en las hij veel in de bijbel en in heiligenlegenden. Toen kwam hij op het idee zijn leven te veranderen. Hij wilde weliswaar blijven vechten, wat hij altijd had gedaan. Maar vanaf nu wilde hij vechten voor de katholieke kerk, die door Luther, Zwingli, Calvijn en Hendrik VIII in zwaar weer terecht was gekomen.

Toen hij eindelijk beter was, trok hij niet gewoon ten strijde, in een van de vele conflicten die tussen de lutheranen en de katholieken waren uitgebroken. Hij bezocht de universiteit. Hij leerde en dacht na, dacht na en leerde, en op die manier bereidde hij zich voor op zijn strijd. Wie wil heersen, moet zich kunnen beheersen. Dat was duidelijk voor hem. En dus deed hij ongelooflijk zijn best zichzelf meester te worden. Ongeveer zoals Boeddha dat had gedaan. Maar ditmaal met een ander doel. Ook Ignatius wilde niets meer te wensen hebben voor zichzelf. Maar dat was niet om hier op aarde uit zijn lijden verlost te zijn, maar om geen andere wil te gehoorzamen en geen ander doel na te streven dan de wil en het doel van de kerk. Door jarenlang te oefenen lukte het hem zichzelf te verbieden aan iets bepaalds te denken, of in een volgend ogenblik zich iets zo duidelijk voor te stellen dat het leek of hij het voor zich zag. Dat was zijn vooropleiding. Van zijn vrienden verlangde hij hetzelfde. En toen allen in staat waren de eigen gedachten te beheersen, stichtte hij samen met hen een orde, die zich 'het genootschap van Jezus' noemde. De leden ervan werden bekend als de 'jezuïeten'.

Deze groep geselecteerde, geschoolde mannen bood zich bij de paus aan als strijders voor de kerk, en de paus nam dit aanbod in 1540 aan. Nu begonnen ze met hun strijd – bedachtzaam en krachtig als een echt leger. Ze begonnen met een strijd tegen de misstanden die de aanleiding waren geweest van het conflict met Luther. Tijdens een grote kerkelijke vergadering, die tussen 1545 en 1563 in Zuid-Tirol, in Trente, werd gehouden, besloot men talrijke veranderingen en verbeteringen door te voeren die meer macht en waardigheid voor de kerk moesten opleveren. Priesters moesten weer priesters worden, en geen op pracht en praal beluste vorsten. De kerk moest beter voor de armen zorgen en moest vooral nastreven dat het volk goed werd voorgelicht. Op dat gebied bereikten de jezuïeten hun grootste prestaties. Ze waren goedgeschoold en waren bovendien onvoorwaardelijke dienaren van de kerk. Op die manier konden ze hun gedachten duidelijk maken aan het volk en aan de edelen. Want ze werkten ook aan de universiteiten. Maar ze verbreidden hun invloed niet alleen als leraren en predikers van het geloof in verre landen. Vaak ook werden ze biechtvader aan de hoven van de koningen, en aangezien ze verstandige mensen met een brede blik en kenners van de menselijke ziel waren, waren ze in staat de besluiten en beslissingen van de machthebbers te beïnvloeden.

De pogingen om de vroegere vroomheid van de mensen niet door losmaking van de katholieke kerk, maar door vernieuwing van die kerk zelf te bewerkstelligen en op die manier de Reformatie te bestrijden, noemt men Contrareformatie. In de tijd van die godsdienststrijd waren de mensen ernstig en streng. Bijna net zo ernstig en streng als Ignatius van Loyola zelf. Aan het vreugdevolle leven van de Florentijnse burgers en van de mensen die van pracht en praal hielden, was een einde gekomen. Men vond het belangrijk dat de mensen vroom waren en dat men bereid was de kerk te dienen. De edelen droegen geen kleurige, losse gewaden meer. Bijna iedereen zag eruit als een monnik: men droeg strenge, zwarte, strakke kleding met witte kragen. De mannen droegen smalle, spitse baardjes, en ze hadden een ernstige, duistere blik in de ogen. Iedere edelman had een degen om zijn middel, en wie hem in zijn eer aantastte, daagde hij uit voor een tweekamp.

Deze mensen met hun rustige, afgemeten bewegingen en hun stijve hoffelijkheid waren bijna zonder uitzondering taaie vechters. En ze waren onverbiddelijk als het om het geloof ging. Destijds waren er niet alleen in Duitsland oorlogen tussen protestantse en katholieke vorsten, maar vooral ook in Frankrijk, waar de protestanten 'hugenoten' werden genoemd. In 1572 nodigde de Franse koningin alle belangrijke hugenoten uit aan het hof voor een bruiloftsfeest, en in de Bartholomeusnacht liet ze hen vermoorden. Zo bitter en wreed werd er destijds gestreden.

De leider van de katholieken was de ernstigste, strengste en onverbiddelijkste van allemaal. Dat was de Spaanse koning, de zoon van Karel V, Filips II. Aan zijn hof was het een en al vormelijkheid en statigheid. Alles was geregeld door middel van voorschriften: wie voor de koning moest knielen en zelfs wie in aanwezigheid van de koning zijn hoofddeksel op moest houden. Of in welke volgorde men aan de koninklijke eettafel te eten kreeg en in welke volgorde de edelen de kerk betraden om de mis bij te wonen.

Koning Filips II zelf was een zeer vlijtige heerser, die elke zaak zelf wilde behandelen en elke brief eigenhandig wilde ondertekenen. Van 's ochtends vroeg tot 's avonds laat werkte hij met zijn raadgevers, onder wie vele priesters. De strijd tegen ongelovigen was voor hem het belangrijkste wat er was. In eigen land liet hij duizenden mensen verbranden omdat ze ketters waren – niet alleen protestanten, maar ook joden en mohammedanen, die er nog waren uit de tijd van de Arabische heerschappij over Spanje. Hij voelde zich nu beschermheer en strijder van de kerk, zoals de Duitse keizer dat vroeger had gevoeld. Zo bestreed hij samen met een Italiaanse vloot de Turken, die op zee steeds machtiger waren geworden sinds ze Constantinopel hadden veroverd. In 1571 versloeg hij ze bij Lepanto en boorde hun vloot in de grond, zodat het voor altijd uit was met de Turkse zeemacht.

Maar de strijd tegen de protestanten ging hem minder gemakkelijk af. In eigen land, in Spanje dus, lukte het hem hen uit te roeien. Maar destijds behoorden ook de Nederlanden, dat wil zeggen Nederland en België, tot zijn rijk, net als in de tijd van zijn vader. Vooral in de rijke steden in het noorden woonden veel protestanten. Hij deed al het mogelijke om hen te verleiden zijn geloof te belijden, maar ze gaven niet toe. Daarop stuurde hij een Spaanse edelman als zijn plaatsvervanger naar het noorden. Die was nog ijveriger, strenger, norser en harder dan koning Filips II zelf. Hij heette hertog Alva en had een mager, bleek en strijdbaar voorkomen. Hij droeg een smal baardje en had een ijzige blik – precies zoals Filips II dat graag zag. Deze Alva liet talloze burgers en edelen terechtstellen, maar het Nederlandse volk liet dat na een poosje niet meer over zijn kant gaan. Het kwam tot een vreselijke, ziedende strijd. Uiteindelijk wisten de protestantse steden in de Nederlanden zich rond 1579 te bevrijden van de Spanjaarden. De Spaanse troepen werden verjaagd. Nu waren het vrije, rijke, onafhankelijke en ondernemingsbeluste handelssteden, die ook aan de andere kant van de oceaan – in Indië en Amerika – hun geluk beproefden.

Maar dat was nog niet eens de bitterste nederlaag die koning Filips II van Spanje te slikken kreeg. Hij kreeg er een voor zijn kiezen die nog zwaarder was. In Engeland regeerde destijds een vrouw, de dochter van koning Hendrik VIII, die zo veel huwelijken achter de rug had. Deze koningin Elizabeth was overtuigd protestants, buitengewoon slim, wilskrachtig, doelbewust, maar ook verwaand en wreed. Voor haar was het belangrijk dat het land tegen de katholieken zou worden beschermd, die ook in Engeland nog talrijk waren. Ze werden onverbiddelijk vervolgd. De katholieke koningin van Schotland, Maria Stuart, een mooie en gracieuze vrouw, die meende recht te hebben op de heerschappij over Engeland, werd door Elizabeth gevangengenomen en terechtgesteld. Ook hielp Elizabeth de protestantse burgers van de Nederlanden in hun strijd tegen Filips II. Over die strijd tegen de katholieke kerk werd Filips II zo kwaad dat hij besloot Engeland tot het katholicisme te bekeren, of te vernietigen.

Hij besteedde een enorm geldbedrag aan het uitrusten van een geweldige vloot. Die bestond uit 130 grote zeilschepen met meer dan 2000 kanonnen en meer dan 20.000 Spaanse soldaten. Dat staat hier nu wel zo plompverloren, maar probeer je maar eens 130 schepen op zee voor te stellen. Dit was de grote Armada, wat 'grote zeevloot' betekent. Toen die vloot in 1588 vanuit Spanje vertrok, met al die gewapende soldaten, al die wapens en levensmiddelen voor zes maanden aan boord, leek het vrijwel onmogelijk dat het kleine eiland Engeland zich zou kunnen verdedigen tegen een dergelijke overmacht. Maar het ging niet veel anders dan destijds in de Perzische oorlogen. De grote, zwaarbeladen schepen van de Spanjaarden waren moeilijk wendbaar en waren daarom ongeschikt voor de strijd. De Engelsen lieten het niet eens tot een ware zeeslag komen. Ze voeren met hun kleine, snelle schepen naar de vloot toe, beschoten die en voeren weer snel weg. Vervolgens lieten ze brandende schepen waar geen mensen aan boord waren, tussen de Spaanse schepen door varen en die veroorzaakten zo veel verwarring onder de Spanjaarden, dat die in de voor hen onbekende zee bij Engeland verdwaalden en verspreid raakten. Uiteindelijk gingen de meeste schepen in zware stormen ten onder. Nauwelijks de helft van de vloot kwam later terug in Spanje zonder in Engeland geland te zijn. Maar Filips II liet niet merken dat hij ontgoocheld was. Het schijnt dat hij de bevelhebber van de vloot vriendelijk dankte en tegen hem zei: 'Ik heb je erop uitgestuurd om tegen mensen te vechten, niet tegen de wind en de golven.'

De Engelsen bestreden de Spaanse schepen nu niet alleen meer in hun eigen wateren. Ook langs de Amerikaanse en Indische kusten vielen Engelse handelsschepen de Spaanse schepen aan, en al snel hadden de Engelsen en de Hollanders de Spanjaarden uit de vele rijke havens in Indië en Amerika verdrongen. In het noorden van de Spaanse kolonie, in Noord-Amerika, stichtten ze handelsvestigingen, net zoals de Feniciërs dat hadden gedaan. Veel Engelsen die tijdens de godsdienstoorlogen vervolgd of verdreven werden, gingen ernaartoe; daar hadden ze de kans in vrijheid te leven.

In de Indische havens en nederzettingen waren het feitelijk niet de Engelse staat en de Nederlandse staat die de touwtjes in handen hadden. Het waren vooral de Engelse en Nederlandse kooplieden die er heersten. Gezamenlijk dreven ze handel en brachten de schatten van Indië naar Europa. Deze handelscompagnieën, zoals ze werden genoemd, huurden ook soldaten in, en als de Indiërs niet vriendelijk waren of hun producten te duur wilden verkopen, trokken de soldaten het land binnen om hen te 'straffen'. Daarbij ging het niet veel zachtzinniger toe dan in de tijd dat de Spaanse soldaten tegen de indianen in Amerika vochten. Ook in Indië bleek het voor de Engelse en Nederlandse kooplieden gemakkelijk de kuststreken te veroveren, mede doordat de Indische vorsten het onderling niet eens waren. Al snel sprak men in Noord-Amerika en in Indië de taal van het kleine eiland ten noordwesten van Frankrijk: Engels. En zoals destijds het Latijn door het Romeinse Rijk een wereldtaal was, zo is dat nu het Engels.

30

Een vreselijke tijd

Ik zou nog heel wat hoofdstukken over de strijd tussen de protestanten en de katholieken kunnen schrijven, als ik dat zou willen. Maar ik wil het niet. Het was een vreselijke tijd. Het werd al snel zo chaotisch dat de mensen zelf nauwelijks nog wisten waarvoor en waartegen ze eigenlijk vochten. De Habsburgse keizers van Duitsland, die nu eens in Praag, dan weer in Wenen regeerden en die eigenlijk alleen in Oostenrijk en in een deel van Hongarije werkelijk macht uitoefenden, waren vrome lieden die de heerschappij van de katholieke kerk in hun rijk wilden herstellen. Aanvankelijk stonden ze de protestanten nog wel toe hun godsdienst te belijden, maar al snel kwam het in Bohemen tot een bittere strijd.

Ontevreden protestanten wierpen in 1618 drie vertegenwoordigers van de keizer uit een raam van de burcht in Praag. Ze vielen op een mesthoop, waardoor twee van hen er zonder kleerscheuren vanaf kwamen. Toch vormde dit de aanleiding voor een afschuwelijke oorlog, die bij elkaar dertig jaar duurde. Maar liefst dertig jaar! Stel je dat eens voor! Als een jongen tien jaar oud was op het moment dat hij hoorde dat er mensen uit het raam waren gegooid, dan was hij een man van veertig op het moment dat het eindelijk vrede werd. Áls hij dat al meemaakte. Want al snel was het geen oorlog meer, maar een gruwelijke strijd tussen slecht betaalde, onbehouwen soldaten uit alle mogelijke landen, die hoofdzakelijk roofden en plunderden. Het ruwste en wreedste gepeupel trad toe tot het leger dat het meest buit wist te maken. Het geloof speelde geen rol meer. Protestanten traden toe tot katholieke legers, katholieken vochten in protestantse legers. Ze waren net zo wreed voor het land waarvoor ze zogenaamd vochten als voor hun vijanden. Ze sloegen hun tentenkamp op en zorgden dat ze bij de boeren in de omgeving te eten en te drinken kregen. Wanneer die boeren dat niet vrijwillig afstonden, werden ze ertoe gedwongen, of ze werden vermoord. Ze waren gekleed in fraaie, kleurige kostuums en droegen helmen met grote vederbossen. Ze droegen een zwaard bij zich en hadden een pistool in de hand. Zo reden ze al moordend en brandstichtend door het land en kwelden de weerlozen uit pure baldadigheid. Niets of niemand kon hen tegenhouden. Ze gehoorzaamden alleen hun veldheer, dat wil zeggen als die hun kon bekoren.

Een van die veldheren aan de zijde van de keizer was Wallenstein, een arme edelman die over veel wilskracht beschikte en bovendien slim was. Hij trok met zijn legers naar Noord-Duitsland om de protestantse steden daar te veroveren. Door zijn krijgskunst en zijn bekwaamheid wist hij de strijd al snel in het voordeel van de keizer en de katholieke kerk te beslissen. Maar toen was er een ander land dat zich in de strijd mengde. Dat was Zweden, dat werd geregeerd door de machtige en vrome protestantse heerser Gustaaf Adolf. Die wilde het protestantse geloof redden en onder leiding van Zweden een uitgestrekt protestants rijk stichten. De Zweden slaagden er daadwerkelijk in Noord-Duitsland te veroveren en trokken daarna op tegen Oostenrijk. Maar in 1632 (dus in het veertiende jaar van deze afschuwelijke oorlog) kwam Gustaaf om het leven tijdens een veldslag. Toch wist een deel van het Zweedse leger op te rukken tot bij Wenen, waar het vreselijke verwoestingen aanrichtte.

Ook Frankrijk trok in die tijd ten strijde. Nu denk je misschien dat de Fransen, die katholiek waren, in deze godsdienstoorlog aan de zijde van de keizer tegen de protestanten in Noord-Duitsland en tegen de Zweden vochten. Maar het was al lang geen godsdienstoorlog meer. Elk land trachtte in de ontstane chaos zoveel mogelijk voor zichzelf te bereiken. En omdat de keizer van Duitsland en de Spanjaarden tot de grootmachten van Europa behoorden, besloten de Fransen om hen onder leiding van hun geslepen minister, kardinaal Richelieu, tijdens deze oorlog te bestrijden en er op die manier voor te zorgen dat Frankrijk het machtigste land van Europa zou worden. En dus streden de Franse soldaten tegen de keizer.

Intussen had Wallenstein als veldheer van de keizer veel macht verworven. Het leger vereerde hem en was bereid voor hem en voor zijn ideeën te vechten. De keizer was voor deze ongeorganiseerde troepen nauwelijks van belang. En dat gold ook voor het katholieke geloof. En dus voelde Wallenstein zich meer en meer de eigenlijke heerser. Zonder hem en zijn leger was de keizer machteloos. Hij begon op eigen houtje met de vijand te onderhandelen over een mogelijk vredesverdrag. De bevelen van de keizer waren van geen enkel belang meer. De keizer wilde hem laten arresteren, maar daarvoor al, in 1634, werd Wallenstein door een voormalige vriend vermoord.

De oorlog ging nog veertien jaar lang door en de chaos nam verder toe. Dorpen werden verbrand, steden geplunderd, vrouwen en kinderen werden vermoord, er werd geroofd en gestolen, en het einde was nog lang niet in zicht. De soldaten stalen het vee van de boeren en vertrapten hun akkers. Grote delen van Duitsland hadden te lijden onder hongersnood, besmettelijke ziekten en troepen wilde wolven. Na al dat vreselijke lijden slaagden de afgezanten van de verschillende heersers er uiteindelijk in 1648 in om na langdurige, ingewikkelde beraadslagingen de vrede te tekenen, waarbij het erop neerkwam dat alles zo'n beetje zou blijven zoals het voor de Dertigjarige Oorlog al was. Wat protestants was, zou protestants blijven, en de gebieden waar de keizer heerste – Oostenrijk, Hongarije en Bohemen – bleven katholiek. Zweden had zijn invloed na de dood van Gustaaf Adolf bijna geheel verloren, maar behield een aantal gebieden die het in Noord-Duitsland en aan de Oostzee had veroverd. De afgezanten van de Franse minister Richelieu kregen het voor elkaar dat Frankrijk veel Duitse vestingen en steden in de buurt van de Rijn toegewezen kreeg. Daarmee waren de Fransen de feitelijke overwinnaars van de oorlog, die hun eigenlijk niets aanging.

Duitsland was veranderd in een woestenij. Nauwelijks de helft van de inwoners was nog in leven, en de armoede was groot. Veel Duitsers emigreerden naar Amerika; anderen sloten zich aan bij vreemde legers, want vechten was het enige wat ze konden.

Naast al die rampspoed en vertwijfeling was het land ook nog eens in de greep van een vreselijke waanzin, waar destijds veel mensen door werden bevangen. Dat was de angst voor tovenarij, hekserij en heksen. Je weet dat men in de Middeleeuwen bijgelovig was en in allerlei spookbeelden geloofde. Maar toen was het nog niet zo ernstig.

Ernstiger werd het al in de tijd van de pausen die zo dol waren op pracht en praal, dat wil zeggen in de Renaissance, de tijd van de nieuwe Sint-Pietersbasiliek en van de handel in aflaten, rond 1500. Deze pausen waren niet vroom, maar daarom niet minder bijgelovig. Ze waren bang voor de duivel en voor allerlei soorten tovenarij. De pausen die rond 1500 heersten en die beroemd waren geworden door de fraaie kunstwerken die ze lieten maken, gaven daarnaast ook het bevel tovenaars en heksen te vervolgen – vooral in Duitsland.

Je vraagt je misschien af hoe je iets kunt vervolgen wat er helemaal niet is. Maar dat was nu juist het afschuwelijke. Als een of andere vrouw in een dorp niet geliefd was, of als de mensen haar eng of vervelend vonden, zeiden ze ineens: 'Ze is een heks! Door haar hagelt het steeds!' Of: 'Door haar heeft de burgemeester zo'n last van zijn rug!' En dan werd ze gearresteerd en vroeg men haar of ze een verbond met de duivel had. Natuurlijk zei ze dan van niet. Vervolgens kwelde en martelde men haar net zo lang totdat ze, halfdood door pijn en vertwijfeling, alles toegaf wat men haar verweet. En dat betekende het einde. Want nu had ze toegegeven dat ze inderdaad een heks was. En dus werd ze levend verbrand. Gewoonlijk vroeg men tijdens de marteling of er nog meer vrouwen in het dorp waren die aan hekserij deden. Sommigen riepen dan, vertwijfeld als ze waren, zomaar een naam die ineens bij hen opkwam, zodat er aan het martelen misschien een einde zou komen. De vrouwen van wie de naam was genoemd, werden vervolgens ook gearresteerd en gedwongen te bekennen, waarna men hen ook verbrandde. De angst voor de duivel en hekserij was het grootst vlak na de Dertigjarige Oorlog. Toen werden in alle delen van het land, zowel in katholieke als in protestantse streken, duizenden zogenaamde heksen verbrand. Jezuïeten probeerden wel om de mensen te waarschuwen tegen deze waanzin, maar dat hielp nauwelijks. De mensen waren in die tijd doodsbang voor onbekende machten en voor tovenaars, en alleen door die angst zijn de afschuwelijke gebeurtenissen, die duizenden mensen het leven hebben gekost, enigszins begrijpelijk.

Zeer merkwaardig is het dat er juist in de tijd dat het volk zo bijgelovig was, mensen waren die de inzichten van Leonardo da Vinci en de andere grote Florentijnen niet waren vergeten. Ze hielden hun ogen goed open en probeerden de wereld zo te beschouwen zoals die werkelijk was. En zij ontdekten de werkelijke tovermiddelen, waarmee men kan ontdekken wat er gebeurt en wat er ooit gebeurd is, waarmee men erachter kan komen uit welke stoffen de sterren bestaan, die miljarden kilometers van ons verwijderd zijn, of wanneer er bijvoorbeeld een zonsverduistering plaatsvindt en waar op aarde die precies te zien is.

Dat tovermiddel was het rekenen. Deze mensen vonden het rekenen niet uit, want dat konden de kooplieden immers ook al. Wel kwamen zij erachter dat er in de natuur heel wat uit te rekenen valt. Dat de slinger van een klok 98 cm en 1 mm lang moet zijn om in precies één seconde één keer van links naar rechts of omgekeerd te bewegen, en hoe dat komt. Dat zijn de zogenoemde natuurwetten. Leonardo da Vinci wist het al: 'De natuur breekt haar wetten niet.' En op die manier wist men zeker dat een bepaald natuurverschijnsel dat precies gemeten en beschreven was, zich altijd op dezelfde manier zou voltrekken, en niet anders. Dat was een belangrijke ontdekking en een groter toverkunstje dan wat men de heksen in de schoenen schoof. Want vanaf nu was de hele natuur – de sterren en de waterdruppels, vallende stenen, de trillende snaar van een viool – geen onverklaarbare chaos meer, waar de mensen bang voor moesten zijn. Wie de juiste rekenformules bezat, had de juiste toverformule voor alle dingen. Tegen een vioolsnaar kon hij zeggen: 'Wanneer jij een a wilt laten klinken, moet je 435 keer per seconde trillen, en dan moet je zo en zo lang zijn en zo en zo gespannen.' En dat klopte altijd.

De eerste mens die erkende dat er in het berekenen van de natuurverschijnselen een enorme toverkracht schuilt, was een Italiaan, Galileo Galilei. Jarenlang deed hij onderzoek en beschreef hij bepaalde verschijnselen, en op een dag zei iemand tegen hem dat er in zijn geschriften een zin voorkwam die ook door Leonardo da Vinci was opgeschreven, zonder enige verklaring, namelijk dat de zon niet beweegt, maar dat de aarde om de zon draait, net als de planeten. Dit werd kort na de dood van Leonardo, in 1453, na jarenlange berekeningen in de openbaarheid gebracht door een Poolse geleerde, Copernicus, die zelf op sterven lag. Maar de katholieke en protestantse geestelijken verwierpen zijn theorie, want die vonden ze onchristelijk en ketters. In het Oude Testament staat namelijk een uitspraak van de grote strijder Jozua, die God vraagt het geen avond te laten worden voordat de vijand verslagen is. Vervolgens staat er dat na dit gebed de zon en de maan stilstonden totdat alle tegenstanders van Jozua verslagen of gevangengenomen waren. Maar omdat er in de bijbel staat dat de zon even stilstond, dachten de mensen dat de zon normaal gesproken dus bewoog. Daarom was een leer waarbij men zei dat de zon altijd stilstond, ketters en onchristelijk. En dus kwam Galilei na een lang leven als onderzoeker in 1632 – hij was toen bijna zeventig jaar oud – voor het kerkelijke gerecht, waar men hem voor de keuze stelde: hij zou als ketter verbrand worden, of hij moest zijn mening dat de aarde om de zon draaide bijstellen. Hij benadrukte dat hij een arme zondaar was, omdat hij gedacht had dat de aarde om de zon draaide. Hij werd niet verbrand, wat met veel van zijn voorgangers wel was gebeurd. Maar er wordt wel gezegd dat hij op het moment dat hij zijn handtekening onder de akte zette, zachtjes fluisterde: 'En toch beweegt de aarde.'

Toch hebben al die vooringenomen standpunten niet kunnen verhinderen dat de gedachten, de onderzoeksresultaten en de inzichten van Galilei steeds meer indruk maakten op steeds meer mensen. Dat wij vandaag de dag aan de hand van deze rekenkundige formules de natuur kunnen dwingen te doen wat wij willen, dat wij beschikken over vliegtuigen, raketten en radio's, hebben we te danken aan mensen als Galileo Galilei, die onderzoek deden naar de rekenkundige wetten van de natuur in een tijd waarin dat bijna net zo gevaarlijk was als het was om christen te zijn ten tijde van keizer Nero.

31

Een ongelukkige en een gelukkige koning

Engeland was het enige machtige land dat niet meevocht in de Dertigjarige Oorlog. Mooi voor de Engelsen, zul je zeggen. Maar ook zij leefden destijds in een chaotische tijd, hoewel het allemaal niet zo afschuwelijk was als in Duitsland. Je herinnert je misschien dat de Engelse koning Jan in 1215 in de Magna Charta aan de adel moest beloven dat hij en zijn opvolgers nooit iets zouden doen zonder de edelen en de graven om toestemming te vragen. Zo'n 400 jaar lang hielden de Engelse koningen zich daaraan. Maar toen kwam er een koning, een kleinzoon van de onthoofde Maria Stuart, Karel I, die zich er niet aan wilde houden. Hij vroeg de adel en de burgers in het parlement liever niet naar hun mening. Hij wilde liever regeren zoals het hem beviel, en het beviel hem vooral om veel geld uit te geven.

Maar daar was het Engelse volk niet van gediend. Er waren toen veel strenge, vrome protestanten, die men 'de puriteinen' noemde, wat zoiets als 'de zuiveren' betekent. Zij hadden een grote hekel aan pronkzucht en verkwisting. Hun leider in de strijd tegen de koning was een arme edelman, Oliver Cromwell, een buitengewoon vrome, dappere en strijdbare man met een enorme wilskracht, en meedogenloos bovendien. Na een lange strijd nam hij met zijn goedgedrilde en diepgelovige troepen koning Karel I gevangen en bracht hem voor het krijgstribunaal. De koning werd ter dood veroordeeld en in 1649 onthoofd, omdat hij zich niet aan de beloften had gehouden en zijn macht had misbruikt. Sindsdien had Cromwell de macht in Engeland in handen. Niet als koning, maar als 'beschermer van het land', zoals hij zichzelf noemde. En zo noemde hij zichzelf niet alleen, hij was het ook. Al die dingen waar Elizabeth mee was begonnen, dat wil zeggen de Engelse koloniën in Amerika, de handelsvestigingen in Indië, de grote vloot en de handel via zee, waren ook voor hem het belangrijkst. Hij gebruikte zijn scherpzinnigheid en zijn wilskracht om de macht van Engeland te vergroten en de macht van de Hollanders te doen afnemen. Toen er na zijn dood al snel weer koningen aan de macht kwamen in Engeland (sinds 1688 was dat een Nederlands koningshuis), was regeren niet meer zo moeilijk. Alles ging steeds beter. Maar tot op de dag van vandaag heeft geen koning het meer aangedurfd de oude belofte van de Magna Charta te breken.

De Franse koningen hadden het gemakkelijker. Daar was er geen sprake van een Magna Charta. Ook de Franse koningen heersten over een rijk land, waar veel mensen woonden en dat zelfs door de godsdienstoorlogen niet te gronde was gericht. In de tijd van de Dertigjarige Oorlog was de buitengewoon slimme kardinaal Richelieu de eigenlijke heerser van Frankrijk geweest. Hij had voor Frankrijk minstens zoveel gedaan als Cromwell voor Engeland. En misschien nog wel meer. Hij had het namelijk voor elkaar gekregen dat de ridders en de edelen niets meer te zeggen hadden. Door handig en sluw te handelen was het hem gelukt de machtigen van het land langzaam maar zeker buitenspel te zetten. Hij was als een goede schaakspeler die elke stelling weet uit te buiten en die een klein voordeeltje kan omtoveren tot een beslissend voordeel. Zo trok hij alle macht naar zich toe, en, zoals je hebt gezien, ook alle macht voor Frankrijk in Europa. In de Dertigjarige Oorlog had hij de Duitse keizer aan de overwinning geholpen, aangezien Spanje verarmd was, Italië verbrokkeld was en Engeland nog niet zo veel macht had. Daardoor was Frankrijk na de dood van de kardinaal het enige land dat werkelijk telde. Kort na de dood van de kardinaal kwam in 1643 koning Lodewijk XIV aan de macht. Hij was destijds vijf jaar oud en heeft nog steeds het wereldrecord van langst regerende heerser in handen. Hij regeerde namelijk tot 1715, dat wil zeggen 72 jaar lang. En hij regeerde ook echt. Natuurlijk niet als kind, maar nauwelijks was zijn voogd, kardinaal Mazarin, die had geregeerd op de manier van Richelieu, gestorven, of hij besloot zelf te gaan regeren. Hij beval dat er zelfs geen paspoort aan iemand mocht worden afgegeven zonder dat hij daar zijn toestemming voor had verleend. Het hele hof lachte en dacht dat het een grapje was van de jonge heerser. Het zal zich wel snel tegen hem keren, dachten ze. Maar het keerde zich niet tegen hem. Het koningschap was voor hem meer dan het toeval dat hij koninklijk geboren was. Het was voor hem als een grote rol in een theaterstuk, die hij zijn hele leven lang zou spelen. En er is nauwelijks iemand voor hem of na hem geweest die zijn rol zo goed bestudeerd heeft en deze met zo veel waardigheid en pracht heeft gespeeld, onvermoeibaar, en tot aan het einde van zijn leven toe.

Lodewijk XIV eigende zich alle bevoegdheden toe die Richelieu, en later Mazarin, had gehad. De adel had alleen nog het recht om toe te kijken naar het schouwspel van Lodewijks regeren. Het plechtige toneelstuk begon al om acht uur 's ochtends met het zogenaamde *lever*, als het hem behaagde op te staan. Dan kwamen de kamerdienaren, de arts en de prinsen van de familie in zijn slaapkamer. Men knielde neer en reikte hem twee grote, gepoederde pruiken aan, die eruitzagen als golvende manen. Hij koos die pruik die hem op dat moment het best beviel, trok een kostbare ochtendjas aan en ging naast het bed zitten. Nu mochten de hoogste edelen, de hertogen, in zijn kamer komen, en terwijl de koning werd geschoren, kwamen zijn secretarissen, zijn officieren en andere ambtenaren binnen. Daarna werden de deuren geopend en verschenen zijn fraai uitgedoste hoogwaardigheidsbekleders, maarschalken, stadhouders, hoge kerkvorsten en persoonlijke gunstelingen, die allen aanwezig mochten zijn bij het moment waarop Zijne Majesteit de koning zich aankleedde.

Dit alles was tot in het kleinste detail geregeld. Het was een buitengewone eer als men de koning zijn hemd mocht aanreiken, dat tevoren zorgvuldig verwarmd was. Die eer viel de broer van de koning te beurt, en als die niet aanwezig was, mocht de volgende in rang het doen. Een kamerdienaar hield de ene mouw omhoog, een hertog de andere, en zo trok Zijne Majesteit zijn hemd aan. En zo ging het verder, totdat de koning helemaal aangekleed was, in zijn kleurige zijden kousen en zijn korte zijden broek, zijn satijnen hemd, zijn lichtblauwe sjerp, zijn degen en zijn geborduurde jas met kanten stropdas, die hem door de koninklijke stropdassenbewaarder op een zilveren schaaltje werd aangereikt. Vervolgens liep de koning met zijn hoed met veren en zijn stok in de hand glimlachend de slaapkamer uit en ging naar de grote zaal, waar hij tegen iedereen iets vriendelijks zei, terwijl de mensen hem stonden aan te gapen en op onderdanige toon verkondigden dat hij vandaag nog mooier was dan de Griekse zonnegod Apollo en krachtiger dan de Griekse held Heracles, ja, dat hij als de god van de zon zelf was, die door zijn stralen en zijn glans al het leven bevat. Je merkt wel dat het net lijkt alsof het over de farao gaat, die de zoon van de zon werd genoemd, maar er is toch een groot verschil. De oude Egyptenaren geloofden dat namelijk echt. Bij Lodewijk XIV was het een soort spel, waarvan hijzelf en de anderen wisten dat het een feestelijke, goed ingestudeerde en fraai ogende opvoering was.

In de voorkamer maakte de koning na het ochtendgebed bekend hoe het programma van de dag eruit zou zien. Daarna volgden er vele uren van regeringsarbeid, wat hij dagelijks deed, want hij wilde immers op de hoogte zijn van alle gebeurtenissen die zich in de staat voordeden. Bovendien waren er veel jachtpartijen, feesten, theatervoorstellingen van belangrijke dichters en toneelspelers, waar zijn hovelingen van genoten en waar hij ook altijd bij aanwezig was. Al net zo moeizaam en plechtig als het opstaan verliepen de maaltijden, en zelfs het naar bed gaan was een ingewikkelde, balletachtige voorstelling. Er werd vaak op zeer komische wijze overdreven. Zo moest iedereen buigen voor het bed van de koning, als een gelovige voor het altaar, ook als hij er helemaal niet in lag. Wanneer de koning zat te kaarten en te praten, stonden er altijd mensen op eerbiedwaardige afstand van hem te luisteren naar zijn fraaie, geestige gesprekken, alsof het openbaringen waren.

Het ideaal voor alle mannen aan het hof was er net zo uit te zien als de koning, op zijn manier de stok te dragen en de hoed op het hoofd te zetten, en op zijn manier te gaan zitten en te lopen. Het doel van alle vrouwen was bij hem in de smaak te vallen. Ook zij droegen spits toelopende kragen en ruisende, brede rokken die waren gemaakt van de kostbaarste stoffen; ze droegen de fraaiste sieraden. Het leven speelde zich af rond de schitterendste paleizen die men ooit had gezien. Het bouwen van paleizen was een van de grote hartstochten van Lodewijk XIV. Buiten Parijs liet hij een paleis bouwen, het paleis van Versailles, dat bijna zo groot was als een complete stad: met eindeloos veel zalen vol goud en damast, met kristallen kroonluchters en duizenden spiegels, met fraai gekrulde meubelen, met fluweel en zijde, vol prachtige schilderijen, waarop telkens weer Lodewijk stond afgebeeld, zoals hij als Apollo gehuldigd werd door alle volken van Europa. Het mooist van alles was nog niet eens het paleis zelf, maar de tuin eromheen. Die was net zo strak, afgemeten en speels als het leven in het paleis zelf. Geen boom mocht groeien zoals hij wilde, geen struik mocht zijn natuurlijke vorm behouden. Al het groen werd gesnoeid tot kaarsrechte bladerwanden en tot ronde heggen, het gras werd gemaaid en aan de rand ervan lagen krulvormige bloembedden, de paden werden afgewisseld door cirkelvormige pleintjes, er stonden beelden, er lagen vijvers en er spetterden fonteinen. Daar wandelden de vroeger zo machtige hertogen met hun dame op de witte kiezelstenen; af en toe zeiden ze iets tegen elkaar in sierlijke, fraai gevormde zinnen, bijvoorbeeld over de manier waarop de Zweedse gezant onlangs voor de koning had gebogen – dat soort dingen.

Je kunt je misschien voorstellen wat zo'n paleis en zo'n leven moeten hebben gekost. De koning had voor zichzelf alleen al 200 dienaren en dat was nog maar het begin. Maar Lodewijk XIV had slimme ministers, vaak van eenvoudige komaf, die hij vanwege hun kwaliteiten zo veel macht had gegeven. Zij wisten hoe je in een land geld bij elkaar kon schrapen. Ze zagen toe op de handel met het buitenland en zorgden ervoor dat de Franse ambachten en nijverheid zoveel mogelijk begunstigd werden. Bovendien moesten de boeren in die tijd gigantisch veel belasting betalen; terwijl men aan de hoftafel de meest uitgelezen spijzen at van zilveren en gouden borden, moesten de boeren het letterlijk doen met afval en onkruid.

Daar kwam nog eens bij dat het leven aan het hof nog niet eens het duurst was. Nog veel duurder waren de oorlogen die Lodewijk XIV onophoudelijk voerde, meestal zonder aanwijsbare reden, of het moest zijn om zijn macht verder te vergroten en land af te pakken van de buurstaten. Hij had een reusachtig, goed uitgerust leger. Daarmee viel hij Nederland of Duitsland binnen en veroverde bijvoorbeeld Straatsburg op de Duitsers, zonder dat hij daar een duidelijke aanleiding voor had. Hij vond dat hij de heerser van heel Europa was. En in zekere zin was hij dat ook. Alle groten deden hem na. Al snel had elke Duitse vorst, al had hij nu nog zo'n klein, onbetekenend stukje land, een reusachtig paleis als dat in Versailles, met goud en damast, met gesnoeide heggen en fraaie lanen, met heren die pruiken op hadden en gepoederde dames in brede, ruisende jurken, met mensen die hem naar de mond praatten en die in sierlijke zinnen spraken.

In alles aapten ze hem na. In één ding echter niet: zij waren wat Lodewijk XIV alleen maar speelde: fraai uitgedoste, enigszins komische, deftige poppetjes. Lodewijk XIV zelf was meer dan dat. Dat hoef je niet zomaar van me aan te nemen, en daarom laat ik je een stukje zien uit een brief die hij aan zijn kleinzoon schreef toen die naar Spanje vertrok om daar koning te worden. 'Begunstig nooit de mensen die jou het meest naar de mond praten, maar richt je liever tot hen die het wagen je af te vallen omwille van een goede zaak. Verwaarloos nooit je werk omwille van een pleziertje, maar deel je leven zo in dat er voor ontspanning en verstrooiing ook tijd overblijft. Richt al je aandacht op regeringszaken. Luister in het begin zoveel mogelijk voordat je een beslissing neemt. Doe alles wat mogelijk is om talentvolle mannen te leren kennen, zodat je ze kunt gebruiken op het moment dat je ze nodig hebt. Wees vriendelijk tegen iedereen, zorg ervoor dat je niemand krenkt.' Dit zijn de principes van koning Lodewijk XIV van Frankrijk, die een merkwaardige mengeling vertoonde van ijdelheid, gratie, verspilling, waardigheid, meedogenloosheid, speelsheid en vlijt.

32

Wat er intussen in Oost-Europa gebeurde

Terwijl Lodewijk XIV hofhield in Parijs en Versailles, werd Duitsland getroffen door een nieuwe ramp: de Turken. Je weet dat ze meer dan 200 jaar daarvoor (in 1453) Constantinopel hadden veroverd en nu een groot mohammedaans rijk stichtten, waartoe Egypte, Palestina, Mesopotamië, Klein-Azië en Griekenland behoorden. Dat wil zeggen: het hele Oost-Romeinse Rijk, dat al zijn glans en pracht inmiddels had verloren. Vervolgens hadden ze de rivier de Donau stroomopwaarts gevolgd en waren ze verder getrokken. In 1526 versloegen ze het Hongaarse leger. Bijna alle Hongaarse edelen, inclusief de koning, sneuvelden. De Turken veroverden het grootste deel van Hongarije en hadden ook geprobeerd Wenen in te nemen, maar al snel trokken ze zich weer terug. Zoals je je herinnert, werd hun vloot door koning Filips II van Spanje en diens bondgenoten, de Venetianen, verslagen, maar toch bleef Turkije een machtige staat. In Boedapest heerste een Turkse pasja. Nu waren veel Hongaren die sinds de dood van de Hongaarse koning onder heerschappij stonden van de keizer, protestants, en daarom streden ze tijdens de godsdienstoorlogen tegen de keizer. Ook na de Dertigjarige Oorlog vonden er regelmatig opstanden plaats van de Hongaarse edelen, en uiteindelijk riepen ze hun Turkse buren te hulp.

De sultan – zo wordt de Turkse heerser genoemd – nam dit verzoek om hulp graag aan. Al langer had hij gewild dat het oorlog zou worden, want hij vond dat zijn soldaten zo langzamerhand te veel macht kregen. Hij was bang dat ze hem vroeg of laat de baas zouden zijn en was blij dat hij hen kon wegsturen. Als ze zouden winnen, zou dat mooi zijn. Als ze zouden sneuvelen, dan was hij in ieder geval van hen af. Je ziet wel dat hij een gemoedelijk heerser was. In 1683 stelde hij uit alle delen van zijn land een reusachtig leger samen. De pasja's uit Mesopotamië en Egypte stuurden hun soldaten, en ook de Tartaren, Arabieren, Grieken, Hongaren en Roemenen verzamelden zich in Constantinopel. Gezamenlijk trokken ze onder leiding van grootvizier Kara Moestafa op tegen Oostenrijk. Het waren bij elkaar meer dan 200.000 goed bewapende soldaten, die op weg gingen in kleurige klederdracht en met tulbanden en vlaggen, waarop hun symbool, de halvemaan, was afgebeeld.

De legers van de keizer, die in Hongarije waren, konden niet standhouden tegen deze overmacht. Ze trokken zich terug en lieten de Turken tot bij Wenen optrekken. Wenen had destijds versterkingen, zoals elke stad. Die werden nu in grote haast in gereedheid gebracht en kanonnen en levensmiddelen werden de stad in gesleept. De stad zou door 20.000 soldaten worden verdedigd totdat de keizer en zijn bondgenoten te hulp zouden schieten. De keizer zelf trok met zijn hofhouding zo snel mogelijk naar Linz, en vervolgens naar Passau. Toen de inwoners van Wenen zagen dat in de verte de dorpen en voorsteden in brand stonden, die door de Turken waren aangestoken, vluchtten 60.000 van hen de stad uit – een eindeloze rij wagens en koetsen.

Maar daar waren de Turkse ruiters al. Het reusachtige leger omsingelde Wenen en beschoot de muren met kanonnen of blies ze op met explosieven. De Weense bevolking verweerde zich uit alle macht. Ze begrepen waar het om ging. Maar er was al een maand verstreken, de Turken bestormden de stad telkens weer en hun kanonnen sloegen steeds grotere gaten in de muren – en nog steeds kwam er geen hulp. Het ergste waren de besmettelijke ziekten die in de stad uitbraken en die bijna nog meer slachtoffers maakten dan de kogels van de Turken. Ook het gebrek aan levensmiddelen werd steeds groter – al slaagde het leger er af en toe in een moedige uitval te organiseren, waarbij weer een paar ossen de stad in konden worden gebracht. Uiteindelijk betaalde men in Wenen voor een kat 20 tot 30 kronen, wat destijds veel geld was voor zo'n onaangenaam stukje vlees. De muren hielden het bijna niet meer. Maar eindelijk schoten de keizerlijke troepen te hulp. Toen konden de inwoners van Wenen opgelucht ademhalen. Niet alleen de keizerlijke troepen uit Oostenrijk en Duitsland schoten te hulp, maar ook de Poolse koning Jan Sobieski, met wie de keizer tevoren al een bondgenootschap had gesloten tegen de Turken, had zich bereid verklaard tegen bepaalde voorwaarden te helpen in de strijd. Zo wilde hij het opperbevel voeren, een eer die de keizer liever voor zichzelf had gereserveerd. Met de onderhandelingen hierover werd kostbare tijd verspild. Uiteindelijk stelde het leger zich onder leiding van Sobieski op de heuvels rond Wenen op en trok vervolgens op tegen de Turken. Na een zware strijd vluchtten de Turken weg. Ze hadden zelfs geen tijd hun tentenkamp af te breken en mee te nemen. Dat werd vervolgens geplunderd door de keizerlijke soldaten. Het bestond uit 40.000 tenten. Het was dus feitelijk een echte kleine stad, met rechte straatjes, en het zag er prachtig uit.

De Turken trokken zich steeds verder terug. Hadden ze toen gewonnen en Wenen veroverd, dan was dat bijna net zo erg geweest als wanneer de mohammedaanse Arabieren duizend jaar daarvoor bij Tours en Poitiers hadden gezegevierd, maar die werden, zoals je weet, teruggedrongen door Karel Martel.

De keizerlijke troepen zaten de Turken nog steeds op de huid, terwijl de troepen van Sobieski naar huis gingen. Prins Eugenius van Savoye, een uitstekende Franse veldheer die door Lodewijk XIV vanwege zijn gewone uiterlijk niet in het leger werd opgenomen, groeide uit tot de beroemde aanvoerder van het Oostenrijkse leger. In de jaren daarop veroverde hij steeds meer land op het Turkse leger. De sultan moest heel Hongarije prijsgeven, dat nu bij Oostenrijk hoorde. Het keizerlijke hof in Wenen had veel macht en geld gewonnen, en men bouwde nu ook in Oostenrijk schitterende paleizen en vele fraaie kloosters in een nieuwe, frisse stijl, die de barokstijl werd genoemd. De macht van de Turken nam snel af. Want ook in de rug kregen ze er een vijand bij: Rusland.

Over Rusland hebben we tot nu toe niets gehoord. Het was een uitgestrekt, onherbergzaam en bosrijk land met in het noorden gigantische steppen. De landeigenaren heersten over de boeren op een uiterst wrede manier, en de koning op zijn beurt over de landeigenaren op een zo mogelijk nog wredere manier. De Russische leider rond 1580 heette Ivan, Ivan de Verschrikkelijke. En die bijnaam verdiende hij. Met hem vergeleken was Nero een milde man. Om Europa en alles wat daar gebeurde, bekommerden de Russen zich nauwelijks. Ze waren druk met hun onderlinge strijd en moordpartijen. Ze waren weliswaar christelijk, maar ressorteerden onder de bisschop of de patriarch van het Oost-Romeinse Rijk in Constantinopel, en niet onder de paus. Op die manier hadden ze weinig met het Westen te maken.

In 1689, zes jaar na de Turkse belegering van Wenen, kwam er een nieuwe heerser op de Russische troon te zitten. Hij heette Peter, Peter de Grote. Hij was net zo onbehouwen en wreed als zijn voorganger. Hij dronk even graag en was even dol op geweld. Maar hij had besloten dat hij van zijn rijk een staat wilde maken zoals de westerse staten, dus zoals Frankrijk, Engeland of het Duitse rijk. Hij wist wat daarvoor nodig was: geld, handel en steden. Hij wilde erachter komen hoe de andere landen dat voor elkaar hadden gekregen. En dus reisde hij daarnaartoe. In Nederland zag hij grote havensteden waar geweldige schepen lagen, die naar Indië en Amerika zeilden om handel te drijven. Zulke schepen wilde hij ook hebben. Hij wilde leren zulke schepen te bouwen. En dus trad hij zonder al te veel na te denken als scheepstimmerman in dienst van een Nederlandse scheepsbouwer en leerde hoe je schepen moest bouwen. Vervolgens ging hij met een flink aantal ambachtslieden terug naar Rusland om schepen te gaan bouwen.

Maar hij had geen havenstad. Dus beval hij dat er een havenstad gebouwd moest worden. Een stad aan zee, net als de Nederlandse steden die hij had gezien. Maar in de kustgebieden in het noorden van Rusland lagen alleen maar verlaten moerasgebieden. Bovendien hoorde dit gebied eigenlijk bij Zweden, waarmee Peter de Grote in oorlog was. Dat kon hem allemaal niets schelen. Men dreef de boeren uit de wijde omgeving samen en droeg hun op het moeras droog te leggen en palen in de grond te slaan. Maar liefst 80.000 arbeiders liet hij daar zwoegen, en al snel lag er inderdaad een havenstad. Hij noemde de stad Sint-Petersburg. Nu moesten de Russen echte Europeanen worden. Ze mochten niet meer rondlopen in hun inheemse klederdracht en met hun lange haar, baard en kiel, maar moesten zich kleden zoals de Fransen of de Duitsers. Wie dat weigerde of wie iets in te brengen had tegen de vernieuwingen van Peter de Grote, liet hij afranselen en terechtstellen. Dat overkwam ook zijn eigen zoon. Een fijnzinnige man was hij niet, maar hij kreeg wel voor elkaar wat hij wilde. De Russen werden niet zo heel snel echte Europeanen, maar sinds die tijd speelde Rusland wel mee in het bloedige Europese spel om de macht.

Peter de Grote zelf maakte daar al een begin mee. Hij trok op tegen Zweden, dat sinds de veroveringen van Gustaaf Adolf in de Dertigjarige Oorlog de machtigste staat in het noorden van Europa was. In de tijd van Peter de Grote heerste er niet zo'n helder denkende, vrome man als Gustaaf Adolf. Wel heerste er sinds 1697 een van de meest fantastische jonge avonturiers ooit: koning Karel XII. Hij zou een rol kunnen spelen in een boek van Karl May, of in een ander prachtig verhaal. Wat hij gedaan heeft, klinkt bijna onwerkelijk. Daar kwam bij dat hij even onverstandig was als dapper, en dat zei wel iets. Hij streed tegen Peter de Grote en versloeg met zijn legertje een Russisch leger dat vijfmaal zo groot was. Vervolgens veroverde hij Polen en drong steeds dieper Rusland in, zonder te wachten tot een ander Zweeds leger, dat onderweg was, hem te hulp kwam. Hij ging maar verder en verder, waadde door rivieren en door moerassen, maar nergens kwam hij de Russische Kozakken tegen. Het werd herfst, het werd winter, en de ijzige kou van Rusland overviel hem. Nog steeds had Karel XII geen gelegenheid gehad om de vijand te tonen hoe dapper hij was. Toen zijn leger compleet verhongerd, bevroren en uitgeput was, doken ineens de Russen op en ze hakten hem in de pan. Dat was in 1709. Hij moest vluchten en ging naar Turkije. Daar bleef hij vijf jaar en probeerde de Turken zover te krijgen dat ze tegen Rusland zouden vechten. Hij had geen succes. Uiteindelijk hoorde hij in 1714 dat men in zijn vaderland Zweden genoeg had van de avonturen van de koning in Turkije. De edelen in het rijk wilden een nieuwe koning kiezen.

Hij trok de kleren van een Duitse officier aan en reed met één enkele begeleider dag en nacht (overdag te paard, 's nachts slapend in de postwagen) in een ontzagwekkend tempo door het vijandelijke land. In zestien dagen was hij van de Turkse grens tot aan Stralsund in Noord-Duitsland gereden, dat destijds bij

NOORWEGEN
ZWEDEN
RUSLAND
Friedrichshald
Hier sticht Peter de Grote later Sint-Petersburg
Stockholm
OOST-ZEE
Moskou
Denemarken
Karel XII wint bij Smolensk
PRUISEN
Stralsund
Veldtocht van Karel XII naar Rusland
Warschau
Karel XII wordt verslagen bij Pultana
DUITSE RIJK
POLEN
Route terug van Karel XII
Wenen
Bender
OOSTENRIJK
ADRIATISCHE ZEE
ZWARTE ZEE
Adrianopel
TURKIJE
Constantinopel
MIDDELLANDSE ZEE

Zweden hoorde. De commandant van de vesting, die hij 's nachts liet wekken, wist niet wat hij zag toen plotseling zijn koning voor hem stond, van wie men dacht dat hij ergens in Turkije zat. De stad was onder de indruk van dit huzarenstukje, maar Karel XII ging in bed liggen om te slapen. Zijn voeten waren door de lange rit dermate opgezwollen dat men zijn schoenen van zijn voeten moest snijden. Maar niemand zei nog dat er een nieuwe koning gekozen moest worden. Karel XII was nauwelijks terug in Zweden of hij stortte zich opnieuw in allerlei oorlogsavonturen. Engeland, Duitsland, Noorwegen en Denemarken behoorden tot zijn vijanden. Eerst wilde hij optrekken tegen Denemarken. In 1718 sneuvelde hij tijdens de belegering van een Deense vesting. Sommige mensen zeggen dat een van zijn eigen onderdanen hem had doodgeschoten, omdat het land al die oorlogen eenvoudigweg niet meer verdragen kon.

Op deze manier was Peter de Grote wel verlost van een lastige vijand. De macht van zijn Russische rijk, waarvan hij zichzelf tot keizer, oftewel tsaar, benoemde, groeide in alle richtingen: in de richting van Europa, van Turkije, van Perzië en van de Aziatische landen.

33

De werkelijk nieuwe tijd

Als je met iemand uit de tijd van de Turkse belegering zou kunnen praten, zou je waarschijnlijk met je oren staan te klapperen. Je zou je verbazen over zijn manier van spreken, over de vele Franse en Latijnse woorden die hij zou gebruiken, over de omslachtige manier waarop hij zijn mededelingen zou doen, over de manier waarop hij deftige buiginkjes zou maken en over het feit dat hij bij iedere gelegenheid met een Latijns citaat zou komen aanzetten, waar jij en ik niet van zouden weten waar het vandaan komt. Bovendien zou je vermoeden dat onder die waardige pruik het hoofd van een man zit die graag denkt aan lekker eten en drinken, en dat de man in zijn met kant, borduurwerk en zijde versierde kleding ondanks het door hem gebruikte parfum waarschijnlijk stinkt, omdat hij zich zelden wast.

Maar je zou pas echt opkijken als hij zou vertellen hoe hij over bepaalde zaken dacht: dat kinderen geslagen moeten worden, dat jonge meisjes, die eigenlijk nog kind zijn, uitgehuwelijkt mogen worden aan mannen die ze helemaal niet kennen, dat de boer op de wereld is om te werken en verder zijn mond moet houden, dat bedelaars en landlopers in het openbaar afgeranseld moeten worden en vervolgens op het marktplein geketend en bespot moeten worden, dat dieven moeten worden opgehangen en dat moordenaars in het openbaar in stukken gehakt moeten worden, dat heksen en andere gevaarlijke tovenaars, die hun angstwekkende kunstjes zo vaak uithalen, verbrand moeten worden, dat ongelovigen vervolgd, verjaagd of in een duistere kelder gegooid moeten worden, dat de komeet die onlangs aan de hemel te zien was, de voorbode is van slechte tijden en dat het in verband met de volgende epidemie, die in Venetië al veel mensen het leven heeft gekost, verstandig is een rode armband te dragen, dat de heer die en die, een Engelse vriend, al sinds lange tijd goede zaken doet door negers vanuit Afrika als slaaf in Amerika te verkopen en dat dit een buitengewoon slim idee is van die eerwaarde heer, aangezien de gevangengenomen indianen slechte arbeiders zijn.

Dit soort inzichten zou je vermoedelijk niet alleen horen uit de mond van een of andere bruut, maar ook van welopgevoede, intelligente en vrome mensen, van alle standen en uit alle mogelijke landen. Pas na 1700 komt daar langzaam verandering in. De vreselijke ellende die de geloofsstrijd in Europa bracht, zette veel mensen aan het denken: is het nu werkelijk zo belangrijk welk artikel in de catechismus door iemand als juist wordt beschouwd? Is het niet belangrijker dat hij een goed, fatsoenlijk mens is? Zou het niet beter zijn als de mensen elkaar zouden verdragen; dus ook mensen met een andere mening en met een ander geloof? Wanneer ze elkaar zouden respecteren en de overtuigingen van een ander zouden dulden? Dat was de eerste en belangrijkste gedachte die werd uitgesproken: de inzichten over de verdraagzaamheid. Echte meningsverschillen heb je alleen in zaken die het geloof aangaan, meenden de mensen. Dat twee maal twee vier is, daarover zijn alle verstandige mensen het eens. En daarom is het verstand (het gezonde verstand, zoals men ook wel zei) dat wat de mensen met elkaar kan en moet verbinden. In het rijk van het verstand kan men strijden met argumenten en proberen de ander te overtuigen. Maar het geloof van een ander, dat buiten het verstand om gaat, dient men te respecteren en te dulden.

Het verstand was dus het tweede wat voor deze mensen belangrijk was. Het heldere, bewuste denken over de mensen en de natuur. Hierover troffen ze opnieuw veel inzichten aan in de werken van de oude Grieken en Romeinen, en in die van de Florentijnen uit de tijd van de Renaissance. Maar het meest vonden ze in de geschriften van de moedige mannen die op zoek waren gegaan naar de rekenformules van de natuur, zoals Galilei. Bij dit soort zaken bestond geen geloofsonderscheid. Er was uitsluitend sprake van proeven en bewijzen. Het verstand bepaalde hoe de natuur eruitzag en hoe het toeging in de wereld van de sterren. Het verstand, waarover alle mensen, dus arme en rijke, blanke, gele en rode, kunnen beschikken.

Aangezien het verstand alle mensen gegeven is, zijn alle mensen in principe evenveel waard, overwoog men. Je weet dat het christendom dit ook leerde: dat alle mensen voor God gelijk zijn. Maar de prediking van de verdraagzaamheid en het verstand ging nog verder. Die theorie leerde niet alleen dat de mensen in principe gelijk zijn, maar ook dat de mensen gelijk behandeld moeten worden. Dat elk mens als een door God geschapen, verstandig wezen rechten heeft die niemand hem mag of kan afnemen. Dat iedereen het recht heeft zijn beroep zelf te kiezen en zijn leven zelf in te delen; dat iedereen vrij moet zijn te doen en te laten wat zijn verstand en zijn geweten hem influisteren. Dat men kinderen niet met de stok moet opvoeden, maar met verstand, zodat ze zelf kunnen inzien waarom het ene goed is en het andere niet. Dat ook misdadigers mensen zijn, die misschien hebben gefaald, maar die hun leven kunnen beteren. Dat het afschuwelijk is dat een mens, die één keer iets verkeerds heeft gedaan, met een gloeiend stuk ijzer een brandmerk krijgt op zijn voorhoofd of zijn wang zodat voor altijd is te zien: dit is een misdadiger. Dat er zoiets als menselijke waardigheid bestaat, die het bijvoorbeeld verbiedt dat een mens in het openbaar bespot wordt.

Al deze inzichten, die na 1700 vooral in Engeland en Frankrijk werden verbreid, noemt men de Verlichting, omdat men met de helderheid van het verstand de strijd wilde aangaan met de duisternis van het bijgeloof.

Veel mensen vinden tegenwoordig dat die Verlichting alleen maar vanzelfsprekendheden opleverde en dat men destijds een veel te eenvoudige voorstelling had van de grote geheimen van de natuur en de wereld. Dat klopt. Maar je moet bedenken dat deze vanzelfsprekendheden destijds nog helemaal niet vanzelfsprekend waren en dat er veel moed, offers en uithoudingsvermogen voor nodig waren om deze gedachten zo vaak aan de mensen uit te leggen dat ze nu inderdaad vanzelfsprekend zijn. Ook moet je bedenken dat je met het gebruiken van je verstand niet alle geheimen kan onthullen en nooit zal kunnen onthullen, maar dat we er op die manier wel heel veel onthuld hebben.

Men heeft in de tweehonderd jaar na de Verlichting meer onderzoek gedaan naar de geheimen van de natuur dan in de tweeduizend jaar daarvoor. Maar vooral mag je niet vergeten wat de verdraagzaamheid, het verstand en de menselijkheid, de drie belangrijkste geloofsartikelen van de Verlichting, betekenen in het leven. Dat een mens die ervan wordt verdacht een misdaad te hebben begaan, niet meer op onmenselijke wijze gemarteld kan worden totdat hij, wanhopig als hij is, uiteindelijk alles toegeeft, en dat alleen maar omdat hij een verdachte is; dat ons verstand ons leert dat hekserij onmogelijk is en dat er daarom geen heksen meer verbrand mogen worden (in Duitsland werd de laatste heks in 1749 verbrand, in Zwitserland zelfs in 1783). Dat men ziekten niet door bijgeloof geneest, maar de oorzaken ervan hoofdzakelijk wegneemt door hygiëne en door wetenschappelijk onderzoek. Dat er geen lijfeigenen en horige boeren meer zijn, en ook geen slaven. Dat alle mensen in een staat volgens dezelfde wetten worden behandeld en dat ook vrouwen dezelfde rechten hebben als mannen. Dat alles is tot stand gebracht door moedige burgers en schrijvers, die het waagden op te komen voor deze gedachten. Want een waagstuk was het. Dat ze in hun strijd tegen het oude en het traditionele zonder begrip en onrechtvaardig te werk zijn gegaan, is waar, maar het was dan ook een zware en grote strijd die ze voor de verdraagzaamheid, het verstand en de menselijkheid moesten uitvechten.

Deze strijd had veel langer geduurd en veel meer slachtoffers gekost als er destijds in Europa niet een paar heersers waren geweest die vooraan stonden om de ideeën van de Verlichting te verdedigen. Een van de eersten was de Pruisische koning Frederik de Grote.

Je weet dat het overerfbare keizerschap van de Habsburgers destijds niet veel meer voorstelde dan een eerbiedwaardige titel. In werkelijkheid heersten de Habsburgers slechts over Oostenrijk, Hongarije en Bohemen. In Duitsland heersten de vorsten van Beieren, Saksen en al die andere grote en kleine staten. Vooral in de protestantse gebieden in het noorden bekommerde men zich sinds de Dertigjarige Oorlog nauwelijks nog om de katholieke keizer in Wenen. De machtigste protestantse vorstenstaat in Duitsland was Pruisen, dat sinds de heerschappij van Frederik Willem I, die van 1640 tot 1688 regeerde, in Noord-Duitsland steeds meer land afpakte van de Zweden. In 1701 kroonden de Pruisische vorsten zich zelfs tot koning. Het was een strenge oorlogsstaat, waarin er voor de edelen geen grotere eer was dan als officier in het uitstekende leger van de koning te dienen.

Sinds 1740 heerste over Pruisen de derde koning, Frederik II, uit de familie Hohenzollern. Men noemt hem wel Frederik de Grote. Hij was inderdaad een van de intelligentste mensen uit zijn tijd. Hij was bevriend met Franse burgers die in hun geschriften de gedachten van de Verlichting predikten, en ook hijzelf schreef veel van zulke geschriften – in het Frans. Want hoewel hij koning van Pruisen was, verachtte hij de Duitse taal en de Duitse gewoonten, die door de ellende van de Dertigjarige Oorlog in verval waren geraakt. Maar hij voelde zich verplicht zijn Duitse staat tot een voorbeeldige staat te maken en te bewijzen dat de inzichten van zijn Franse vrienden waardevol waren. Hij voelde zich de eerste dienaar van de staat, en niet de bezitter ervan. Als dienaar hield hij zich met elk detail bezig en hij probeerde de nieuwe inzichten op allerlei gebieden in te voeren. Een van zijn eerste daden was dat hij de afschuwelijke martelingen afschafte. Ook de zware verplichtingen die de boeren aan hun landeigenaren hadden, werden door hem verlicht. Hij zorgde ervoor dat alle mensen in zijn staat voor het gerecht gelijk behandeld werden, of ze nu arm waren, of rijk en machtig. Dat was in die tijd absoluut niet vanzelfsprekend.

Maar vooral wilde hij dat Pruisen de machtigste staat van Duitsland werd en dat de macht van de keizers in Oostenrijk zo klein mogelijk bleef. Hij was ervan overtuigd dat dit niet al te moeilijk zou zijn. Want in Oostenrijk regeerde sinds 1740 een vrouw, keizerin Maria Theresia. Toen zij op haar drieëntwintigste ging regeren, meende Frederik dat dit een goede gelegenheid was een bepaald gebied van het keizerrijk af te pakken. Hij viel met zijn uitstekende leger de provincie Silezië binnen en veroverde het land. Sindsdien vocht hij bijna zijn leven lang tegen de Duitse keizerin van Oostenrijk. Zijn leger werd voor hem het allerbelangrijkst. Hij trainde zijn soldaten op de strengst mogelijke manier en het werd het beste leger ter wereld.

Maria Theresia was echter een gevaarlijker tegenstandster dan hij aanvankelijk had gedacht. Ze was niet oorlogszuchtig. Integendeel, ze was een vrome vrouw en een goede moeder voor haar gezin. Ze kreeg zestien kinderen. Hoewel Frederik haar tegenstander was, was hij voor haar in veel opzichten toch een voorbeeld en ze voerde zijn verbeteringen ook in Oostenrijk in. Ook zij schafte de martelpraktijken af, ze verlichtte het leven van de boeren en zorgde voor goed onderwijs in haar land. Ze voelde zich de moeder van het hele land en had niet het verkeerde idee dat ze alles zelf beter wist. Ze koos de intelligentste mensen als raadgever, en onder hen waren er enkelen die ook in de lange oorlogen tegen Frederik waren opgewassen. En niet alleen op het slagveld. Door gezanten naar alle hoven van Europa te sturen lukte het haar zo'n beetje alle landen voor zich te winnen. Zelfs het vertrouwen van Frankrijk, dat toch al eeuwenlang en bij iedere gelegenheid tegen de Duitse keizers had gevochten, wist ze voor zich te winnen. Maria Theresia bood de troonopvolger van Frankrijk haar dochter Marie-Antoinette aan als vrouw, als blijk van vertrouwen.

Nu had Frederik overal om zich heen vijanden: Oostenrijk, Frankrijk, Zweden en het machtige, reusachtige Rusland. Hij wachtte niet op hun oorlogsverklaring, maar bezette Saksen, dat hem ook vijandig gezind was, en voerde zeven jaar lang een bittere strijd, waarbij hij alleen steun kreeg van de Engelsen. Door zijn slimme optreden kreeg hij het voor elkaar dat hij de oorlog tegen deze overmacht niet verloor en dat men Silezië moest afstaan aan hem.

Sinds 1765 heerste Maria Theresia niet meer alleen in Oostenrijk. Haar zoon Jozef regeerde samen met haar en volgde haar na haar dood op als keizer Jozef II van Oostenrijk. Hij streed nog ijveriger voor de gedachten van de Verlichting dan Frederik en dan zijn moeder. De verdraagzaamheid, het verstand en de menselijkheid waren werkelijk het enige waar het hem om ging. Hij schafte de doodstraf af, en dat gold ook voor de lijfeigenschap van de boeren. Hij stond de protestanten in Oostenrijk toe hun godsdienst te belijden en nam zelfs een deel van het grondbezit en de rijkdommen van de katholieke kerk af, hoewel hij een goede katholiek was. Hij was ziek en had het gevoel dat hij niet lang zou kunnen heersen. Dus deed hij alles met zo veel ijver en zo ongeduldig en snel dat zijn onderdanen vonden dat hij te voortvarend te werk ging en veel te veel tegelijk wilde. Velen bewonderden hem, maar ze waren toch doller op zijn moeder, die bedachtzamer en vromer was.

In de tijd dat in Oostenrijk en Duitsland de Verlichting aan invloed won, weigerden in Amerika de burgers van een groot aantal Engelse koloniën nog langer onderdaan van Engeland te blijven en belasting aan Engeland te betalen. Hun leider in de strijd om onafhankelijkheid was Benjamin Franklin, een gewone burger die zich veel met natuurwetenschappen bezighield en de bliksemafleider uitvond. Hij was rechtvaardig, nuchter en eenvoudig. Onder zijn leiding en die van een andere Amerikaan, George Washington, vormden de Engelse koloniale nederzettingen en de handelssteden in Amerika een statenbond en ze verdreven na een bittere strijd de Engelse troepen uit het land. Nu wilden ze volgens de grondslagen van het nieuwe denken leven en verklaarden in 1776 dat de heilige mensenrechten – die van de vrijheid en de gelijkheid – als basis zouden dienen voor de grondwet van hun nieuwe staat. Maar op hun plantages werkten nog steeds negerslaven.

34

Revolutie met geweld

In alle landen vond men de ideeën van de Verlichting rechtvaardig en goed en zo regeerde men ook. Zelfs de keizerin van Rusland, Catharina de Grote, voerde lange tijd correspondentie met de Franse predikers van de Verlichting. Alleen de koningen van Frankrijk deden alsof ze van niets wisten en of het hun niet aanging. Lodewijk XV en Lodewijk XVI, de opvolgers van de grote Zonnekoning, waren onbekwame bestuurders, die alleen de uiterlijkheden van hun grote voorganger kopieerden – de pracht en praal, de enorme uitgaven aan feesten en opera-uitvoeringen, aan telkens weer nieuwe paleizen en reusachtige parken met geknipte heggen, aan hele volksstammen van bedienden en hovelingen, die in zijde en kant gekleed gingen. Waar het geld vandaan kwam, maakte hun niet uit. Oplichters werden minister van Financiën en verkregen door chantage en oplichting grote sommen geld. De boeren werkten zich bijna dood, de burgers moesten ongehoord veel belasting betalen, en de adel verbraste het geld aan het hof onder het voeren van vrolijke gesprekjes.

Maar wanneer de adellijke landeigenaar het koninklijke hof verliet en thuis op zijn landgoed kwam, dan waren voor de boeren de poppen aan het dansen. Want dan joeg hij met zijn gevolg achter hazen en vossen aan en tijdens die jachtpartijen vertrapten de paarden de door de boeren zorgvuldig bewerkte akkers. Maar de boer moest het niet wagen hier iets van te zeggen! Hij mocht nog van geluk spreken als de landeigenaar hem in dat geval hoogstpersoonlijk met een zweep in het gezicht sloeg. Want de adellijke landeigenaar was tegelijk de rechter van zijn eigen boeren en kon hen straffen zoals hij dat zelf wilde. Wanneer zo'n landeigenaar in de smaak viel bij de koning, kreeg hij van hem een papiertje waar niets anders op stond dan: 'De heer ... dient in de gevangenis te worden opgesloten.' Handtekening: koning Lodewijk XV. De naam mocht door de edelman zelf worden ingevuld en zo kon hij iedereen die hem niet aanstond, eenvoudigweg laten verdwijnen.

Aan het hof waren dit echter sierlijke en keurige heren, ze waren gepoederd en geparfumeerd en hun kleding ruiste van de zijde en het kant die erin waren verwerkt. De stijve, pronkerige mode uit de tijd van Lodewijk XIV verveelde hen inmiddels. Men hield meer van een wat sierlijker en ongedwongener kleding. Zo werden er ook geen zware pruiken meer gedragen, maar lichte, witgepoederde exemplaren, waar aan de achterkant een staartje aan was bevestigd. Buigingen maken en dansen konden deze heren als de besten, en de dames konden het nog beter. De dames droegen ingesnoerde keurslijfjes en enorme hoepelrokken, die eruitzagen als klokken. Zo wandelden de dames en heren over de door geknipte heggen omzoomde paden van het koninklijk paleis, terwijl ze hun landgoederen veronachtzaamden en hun boeren lieten verhongeren. Maar omdat ze zelf soms ook genoeg hadden van hun aanstellerige, onnatuurlijke leven, vonden ze iets nieuws uit: ze speelden het spelletje Eenvoud en Natuur en woonden in opwindend ingerichte herdershutjes in de paleistuin, waarbij ze elkaar aanspraken met zelfverzonnen herdersnamen uit Griekse gedichten. Dat vormde het hoogtepunt van hun natuurlijkheid en hun eenvoud.

Terwijl deze kleurige, elegante, sierlijke en zeer verfijnde leventjes zich voltrokken, verscheen ineens Marie-Antoinette op het toneel. Ze was nog een jong meisje van iets meer dan veertien jaar oud toen ze de vrouw van de latere Franse koning werd. Natuurlijk geloofde ze dat alles zo moest zijn zoals zij het aantrof. Met groot enthousiasme bezocht ze de gemaskerde feesten en de opera's, ze speelde zelf toneel, ze was een geweldige herderin en ze vond het leven aan de Franse koninklijke paleizen fantastisch. Haar broer Jozef II, de oudste zoon van Maria Theresia, waarschuwde haar regelmatig dat ze eenvoudig moest leven en het arme volk niet nog verder moest uitbuiten door grote uitgaven en lichtzinnigheid. In 1777 schreef keizer Jozef haar een lange, ernstige brief, waarin onder meer staat: 'Zo kan het op de lange duur niet doorgaan, en de revolutie zal verschrikkelijk zijn als je die niet weet te voorkomen.'

Maar het ging nog twaalf jaar zo door. En de revolutie was dus nog ingrijpender dan Jozef voorspeld had. Het hof had inmiddels al het geld in het land opgemaakt. Er was geen cent meer, en dus kon het grote dagelijkse feest geen doorgang meer vinden. Koning Lodewijk XVI riep een vergadering bijeen van vertegenwoordigers van de adel, de geestelijkheid en de burgerij, dat wil zeggen de drie standen. Die moesten hem vertellen hoe hij weer aan geld zou kunnen komen.

Maar omdat de voorstellen en eisen van de drie standen hem niet bevielen, wilde de koning hen bij monde van zijn ceremoniemeester weer naar huis sturen. Toen antwoordde Mirabeau, een intelligente en bevlogen man: 'Zegt u tegen uw koning dat wij hier door de macht van het volk bijeen zijn, en die zal men ons niet afnemen, of het moet met de macht van de bajonet zijn!'

Zo had nog nooit iemand tegen de koning van Frankrijk gesproken. Het hof wist niet wat nu te doen. Terwijl men overleg pleegde, onderzochten de adellijken, de geestelijken en de burgers verder hoe er aan het wanbeheer een einde kon komen. Niemand dacht eraan de koning af te zetten. Men wilde eenvoudigweg die verbeteringen doorvoeren die in alle andere staten ook al waren doorgevoerd. Maar de koning was er niet aan gewend dat men hem iets voorschreef. Hijzelf was een zwakke, besluiteloze man, die vooral van knutselen hield, maar voor wie het heel vanzelfsprekend was dat niemand het waagde in te gaan tegen wat hij wilde. Dus riep hij zijn troepen op om de vergadering van de drie standen uiteen te jagen. Daarop reageerde het volk in Parijs diep verontwaardigd. Het had zijn laatste hoop gevestigd op de vergadering. De mensen kwamen bijeen en trokken naar de staatsgevangenis, de Bastille, waar vroeger veel predikers van de Verlichting gevangen hadden gezeten en waar nu, zo geloofde men, veel onschuldigen achter de tralies zaten. De koning durfde het niet aan meteen op de massa's te gaan schieten, want hij was bang dat het volk dan nog verontwaardigder zou reageren. En dus werd de machtige vesting door het volk bestormd en het gevangenispersoneel omgebracht. Jubelend trokken de mensen door de straten van Parijs. De bevrijde gevangenen werden triomfantelijk meegevoerd door de stad, hoewel al snel bleek dat er in de Bastille echte misdadigers opgesloten zaten.

Intussen had men in de vergadering van de drie standen ongekende besluiten genomen: men wilde de grondslagen van de Verlichting in zijn geheel invoeren. En dan vooral het principe dat alle mensen gelijk zijn en door de wet gelijk behandeld moeten worden. De adellijken die aanwezig waren, gaven meteen het goede voorbeeld en zagen onder instemming van de anderen geheel af van al hun voorrechten. Ieder mens in Frankrijk zou elk ambt moeten kunnen vervullen, iedereen in de staat heeft gelijke plichten en gelijke rechten, namelijk de *mensenrechten*, zoals men dat noemde. Het volk, zo verkondigde men, was de eigenlijke heerser, de koning was slechts zijn opdrachtgever.

Je begrijpt wel wat de vergadering van de standen daarmee bedoelde: dat de heerser er voor het volk is, en niet het volk voor de heerser. Dat hij zijn macht niet mag misbruiken. Maar de Parijzenaars die dit in de krant lazen, vatten deze theorie over de heerschappij van het volk heel anders op. Ze dachten dat nu de mensen die op straat en op de markten leefden, zouden heersen. En toen de koning nog steeds niet verstandig werd en met buitenlandse hoven bleef onderhandelen over de kwestie of ze hem wilden helpen om op te treden tegen zijn eigen volk, trokken de marktvrouwen en burgermannetjes van Parijs naar het paleis in Versailles, sloegen de lijfwachten dood, bestormden de pronkzalen met de schitterendste kroonluchters, spiegels en tapijten van damast en dwongen de koning, zijn vrouw Marie-Antoinette, de kinderen en het gevolg om naar Parijs te komen. Daar stonden ze nu daadwerkelijk onder toezicht van het volk.

De koning probeerde met zijn gezin naar het buitenland te vluchten. Maar omdat hij dat op een opzichtige en vormelijke manier deed, alsof hij een tocht moest maken naar een gemaskerd bal, werd hij gesnapt. Men haalde hem terug en hij en zijn familie werden vanaf dat moment streng bewaakt. De vergadering van de standen, die inmiddels de Nationale Vergadering werd genoemd (de standen bestonden immers niet meer), voerde inmiddels de ene na de andere vernieuwing door. Men eiste al het grondbezit van de katholieke kerk op. Dat gold ook voor de grond van de adellijken die uit angst voor de revolutie naar het buitenland waren gevlucht. Vervolgens bepaalde men dat het volk nu nieuwe vertegenwoordigers mocht kiezen, die mochten zeggen welke nieuwe wetten er zouden worden ingevoerd.

En dus kwam er in 1791 een groot aantal jonge mensen uit alle delen van Frankrijk samen om in Parijs te beraadslagen. Maar de koningen en heersers in Europa stonden het niet langer toe dat de macht van de Franse koning steeds verder werd beperkt en gebroken. Toch waren ze niet van plan Lodewijk XVI al te daadkrachtig te steunen, want ten eerste had hij door zijn gedrag niet al te veel respect afgedwongen, en ten tweede was het voor de heersers in het buitenland niet eens zo heel vervelend dat de macht van de Fransen zou afnemen. Toch stuurden Pruisen en Oostenrijk troepen naar Frankrijk om de koning te beschermen. Daarop werd het volk razend van woede. Het hele land keerde zich tegen deze ongewenste inmenging van buitenaf. Alle edelen en aanhangers van de koning werden nu beschuldigd van hoogverraad; men vermoedde dat ze contact hadden met de buitenlandse helpers van de koning. Duizenden edelen werden 's nachts in hun huis van het bed gelicht, gevangengenomen en vermoord. Het werd een grote chaos. Al het traditionele en oude moest uitgeroeid en vernietigd worden.

Men begon met de kleding. De aanhangers van de revolutie droegen geen pruiken, kniebroeken en zijden kousen. Ze hadden een rode puntmuts op en droegen een lange broek, zoals we die vandaag de dag nog dragen. Dat was eenvoudiger en goedkoper. Zo liepen ze door de straten en riepen: 'Dood aan de adel! Vrijheid, gelijkheid, broederschap!' De jakobijnen, de groep revolutionairen die het verst ging, namen het niet zo heel nauw met die broederschap. Ze bestreden niet alleen de adel, maar iedereen die er een andere mening op na hield dan zijzelf. En iedereen die tegen hen was, moest onthoofd worden. Men vond een machine uit, de guillotine, waarmee men mensen snel en gemakkelijk kon onthoofden. Verder zette men een eigen rechtbank op, het revolutionaire tribunaal, dat elke dag mensen ter dood veroordeelde, die vervolgens op de pleinen van Parijs onder de guillotine kwamen.

De leiders van deze opgewonden volksmassa's waren merkwaardige kerels. Een van hen, Danton, was een hartstochtelijk redenaar en een stoutmoedige, meedogenloze man, die met zijn geweldige stem het volk telkens weer opriep zich te verzetten tegen de aanhangers van de koning. De andere heette Robespierre. Hij was het tegendeel van Danton: een stijve, nuchtere, droge advocaat, die lange redevoeringen hield waarin altijd weer de helden uit de tijd van de Grieken en de Romeinen werden opgevoerd. In zijn pedante kleding en met zijn afgemeten beweginkjes stond hij als een rare, gevreesde onderwijzer op het spreekgestoelte van de Nationale Vergadering. Hij had het over de deugd en daarna opnieuw over de deugd, over de deugd van Cato en over de deugd van Themistocles, over de deugd van het menselijke hart in het algemeen en over de haat tegen de ondeugd. En omdat men de ondeugd moest haten, moest men de vijanden van Frankrijk onthoofden. Dan zou de deugd triomferen. En de vijanden van Frankrijk, dat waren allen die het niet eens waren met hem. En dus liet hij uit naam van de deugd van het menselijk hart honderden tegenstanders onthoofden. Maar denk nu niet dat hij een huichelaar was. Hij meende het waarschijnlijk allemaal oprecht. Hij was niet omkoopbaar en had geen greintje medelijden. Hij was een vreselijke man. Hij wilde de mensen schrik aanjagen, en dan vooral de vijanden van het verstand, zoals hij zelf zei.

Ook koning Lodewijk XVI moest voor het volksgericht verschijnen en ook hij werd ter dood veroordeeld, omdat hij de hulp van vreemde mogendheden had ingeroepen tegen zijn eigen volk. Algauw daarna werd Marie-Antoinette onthoofd. Bij hun sterven gedroegen ze zich waardiger en grootser dan ze hun hele leven hadden gedaan. Het buitenland was ontzet over de terechtstellingen. Talrijke legers trokken op tegen Parijs. Maar het volk liet zich zijn vrijheid niet meer afnemen. Alle mannen in het land moesten onder de wapenen en de Duitse legers werden teruggedrongen, terwijl het schrikbewind in Parijs en vooral in de provinciesteden ongehinderd zijn gang ging.

Robespierre en de afgevaardigden verklaarden dat het christendom een oud bijgeloof was, en God werd door middel van een wet afgeschaft. In plaats van hem moest men het Verstand aanbidden. Men voerde de jonge bruid van een boekdrukker als godin van het Verstand in een wit gewaad met blauwe mantel en onder begeleiding van feestelijke muziek door de stad. Maar al snel was dat voor Robespierre ook niet deugdzaam genoeg meer. Men nam een nieuwe wet aan waarin werd gesteld dat God bestaat en dat de ziel van de mens onsterfelijk is. Als priester van dit 'hoogste wezen', zoals men God nu noemde, verscheen Robespierre zelf met een veer op zijn hoofd en een bosje bloemen in de hand ten tonele. Het moet een geweldig komisch gezicht zijn geweest en er werd flink wat af gelachen, naar het schijnt. Maar nu was het snel gedaan met de macht van Robespierre. Danton had genoeg van de dagelijkse onthoofdingen en vroeg om genade en begrip. Robespierre antwoordde direct: 'Alleen misdadigers vragen om genade voor misdadigers.' Danton werd dus ook onthoofd, en Robespierre zegevierde voor de laatste maal. Toen hij niet lang daarna opnieuw een lange redevoering hield, waarin hij beweerde dat er nu echt moest worden begonnen met de terechtstellingen en dat er overal nog vijanden van de vrijheid zaten, dat de ondeugd dreigde te overwinnen en dat het vaderland in gevaar was, werd er voor de eerste keer niet geapplaudisseerd. Het bleef doodstil. Een paar dagen later werd Robespierre zelf onthoofd.

De vijanden van Frankrijk waren verslagen, de adel was dood, verdreven of vrijwillig burger geworden, de landgoederen van de kerk en de adel waren onder de boeren verdeeld, en iedereen in Frankrijk mocht elk beroep of elk ambt uitoefenen dat hij wilde. Nu was het volk de strijd zat en wilde het in alle rust genieten van de reusachtige overwinning. Het revolutionaire tribunaal werd afgeschaft en in 1795 werd een vijfkoppige regering gekozen, het zogenoemde Directoire, dat het land volgens de nieuwe grondwet moest besturen.

Intussen waren de ideeën over de revolutie tot buiten de Franse grenzen doorgedrongen en in de buurlanden met groot enthousiasme ontvangen. Ook in België en Zwitserland werden republieken gesticht met een grondwet waarin mensenrechten en gelijkheid vooropstonden, en al die republieken werden door de Franse regering met soldaten gesteund. In deze hulplegers diende ook een soldaat die sterker bleek dan de Revolutie zelf.

35

De laatste veroveraar

Het leukste van de wereldgeschiedenis vond ik altijd dat het allemaal echt waar was en dat al die merkwaardige dingen echt zijn gebeurd, net zo echt als jij en ik nu zijn. Bovendien zijn er dingen gebeurd die zo avontuurlijk en verwonderlijk zijn dat je het je nauwelijks kunt voorstellen. Een van die avontuurlijke en verwonderlijke geschiedenissen, die toch echt gebeurd zijn, zal ik je nu vertellen. Het is niet eens zo heel lang geleden dat dit verhaal zich afspeelde. Mijn eigen grootvader heeft het nog meegemaakt. Hij was toen ongeveer even oud als jij nu bent.

Bij het begin van het verhaal was mijn grootvader er nog niet. Het begint als volgt: bij Italië ligt een bergachtig, zonnig, arm eiland, dat Corsica heet. Daar woonde een advocaat met zijn vrouw en zijn acht kinderen. Zijn Italiaanse naam luidde Buonaparte. Toen zijn tweede zoon, Napoleon, in 1769 werd geboren, was het eiland door de Genuezen juist aan Frankrijk verkocht. De bewoners, de Corsicanen, lieten dat echter niet zomaar over hun kant gaan en voerden een bittere strijd tegen de Franse bestuurders. De jonge Napoleon moest officier worden, en dus stuurde zijn vader hem op zijn zevende naar een militaire academie in Frankrijk. Hij was arm. Zijn vader kon hem nauwelijks ondersteunen. En dus was hij in zichzelf gekeerd en bedroefd. Hij speelde niet met zijn medeleerlingen. 'Ik had op school een hoek uitgezocht,' zei hij later, 'waar ik kon gaan zitten en naar hartenlust kon dromen. Toen mijn kameraden me uit die hoek wilden verdrijven, verweerde ik me uit alle macht. Toen begreep ik al dat ik alleen door wilskracht zou kunnen winnen en dat mij dan alles ten deel zou vallen wat ik wilde hebben.'

Hij leerde veel en had een fantastisch geheugen. Op zijn zeventiende werd hij onderluitenant in het Franse leger. Aangezien hij klein was, kreeg hij daar een bijnaam: de kleine korporaal. Hij leed bijna honger. Hij las veel en lette goed op. Toen drie jaar later, in 1789, de revolutie in Frankrijk uitbrak, wilde Corsica zich bevrijden van de Franse heerschappij. Napoleon ging erheen en vocht tegen de Fransen. Daarna ging hij naar Parijs, want 'alleen in Parijs kan men iets bereiken', zoals hij destijds in een brief schreef. Hij had gelijk. In Parijs bereikte hij iets. Toevallig diende er in een leger dat door de revolutionairen naar de opstandige provinciestad Toulon werd gestuurd, een landgenoot van Napoleon als hoge officier. Die nam de vijfentwintigjarige luitenant mee en daar kreeg hij geen spijt van. Napoleon gaf hem uitstekende adviezen: waar hij zijn kanonnen moest plaatsen en in welke richting hij moest schieten. Al snel werd de stad ingenomen. Daarvoor werd hij bevorderd tot generaal. In die chaotische tijd was dat echter nog steeds geen garantie voor een succesvolle loopbaan. Want als je met de ene partij bevriend was, was de andere partij je vijand. Toen de regering die hem tot generaal had benoemd – de vrienden van Robespierre – werd verdreven, werd ook Napoleon gearresteerd. Al snel werd hij weer vrijgelaten, maar als straf voor zijn vriendschap met de jakobijnen werd hij het leger uit gezet. Hij was straatarm en had geen hoop. Vervolgens werd hij, opnieuw door een bekende, aanbevolen bij het Directoire van de vijf mannen in Parijs. Men zette hem in om een gevaarlijke opstand van een aantal jonge adellijken de kop in te drukken. Napoleon was meedogenloos en liet zijn soldaten op de menigte schieten, die daarna verdreven werd. Uit dankbaarheid benoemde men hem opnieuw tot generaal en gaf hem al snel daarna het opperbevel over een klein leger dat naar Italië moest om daar de ideeën van de Franse Revolutie te verbreiden, zoals dat in andere landen ook was gebeurd.

Het was een bijna uitzichtloze onderneming. Zijn leger was slecht uitgerust. Frankrijk was destijds arm en het land was één grote chaos. Voorafgaand aan de veldtocht, die in 1796 plaatsvond, richtte generaal Napoleon, die zich nu, op zijn Frans, Bonaparte liet noemen, zich tot zijn soldaten. Hij zei niet veel meer dan: 'Soldaten! Jullie zijn naakt en hongerig, de regering is jullie veel schuldig en kan jullie niet betalen. Ik zal jullie naar de vruchtbaarste vlakte van de wereld leiden. Rijke provincies en grote steden zullen door jullie daadkracht vallen; daar zullen jullie eer, roem en rijkdom vinden. Soldaten! Ontbreekt het jullie aan moed en uithoudingsvermogen?' Zo lukte het hem de soldaten op te peppen. Hij viel de overmacht aan vijanden zo uitgekookt aan, dat hij overal zegevierde. Al een paar weken na het begin schreef hij in een bevelschrift aan zijn leger: 'Soldaten! Binnen veertien dagen hebben jullie zes overwinningen behaald, 21 vlaggen en 55 kanonnen buitgemaakt – jullie hebben zonder kanonnen veldslagen gewonnen, zonder bruggen zijn jullie rivieren over getrokken, zonder schoenen hebben jullie lange afstanden gemarcheerd. Vaak hadden jullie niet eens brood. Ik ben ervan overtuigd dat jullie, wanneer je eenmaal terug bent in het vaderland, er trots op zult zijn dat je kunt zeggen: "Ook ik maakte deel uit van het leger dat Italië veroverde."'

Inderdaad had zijn leger in korte tijd Noord-Italië veroverd en er een republiek van gemaakt, ongeveer zoals in Frankrijk en België. Wanneer een of ander fraai Italiaans kunstwerk hem aanstond, liet hij het naar Parijs sturen. Vervolgens trok hij naar het noorden, naar Oostenrijk, want de keizer had in Italië tegen hem gevochten. In Stiermarken kwamen hem in de stad Leoben gezanten van de keizer uit Wenen tegemoet. In de vergaderzaal had men voor de keizerlijke gezant een verhoogde stoel klaargezet. Napoleon zei: 'Haal die stoel daar weg. Ik kan geen troon zien zonder dat ik zin krijg erop te gaan zitten.' Hij dwong de keizer alle delen van Duitsland die aan de overkant van de Rijn lagen, aan Frankrijk af te staan. Vervolgens keerde hij terug naar Parijs. Maar in Parijs was er niets voor hem te doen. En dus stelde hij de regering het volgende avontuurlijke plan voor: de grootste vijanden van Frankrijk waren destijds de Engelsen. Engeland was in die tijd al een machtig land met veel bezittingen in Amerika, Afrika, India en Australië. Het Franse leger was te zwak om Engeland zelf aan te vallen. Maar wel was het mogelijk een van de bezittingen van Engeland aan te vallen.

Napoleon liet zich met een leger naar Egypte sturen, dat onder Engelse heerschappij viel. Net als Alexander de Grote wilde hij het hele Morgenland veroveren. Hij nam niet alleen soldaten mee, maar ook geleerden, die de oudheden moesten bekijken en onderzoeken. Toen hij in Egypte aankwam, sprak hij de mohammedanen daar toe alsof hij een profeet als Mohammed was. Hij verkondigde dat hij wist wat zij diep vanbinnen dachten, dat zijn komst al eeuwen geleden voorspeld was en dat dit ook in de koran stond. 'Begrijp dat alle menselijke inspanningen tegen mij nutteloos zijn, want alles wat ik onderneem, is voorbestemd te slagen.'

Aanvankelijk leek dit ook werkelijk zo te zijn. Tijdens een grote veldslag in 1798 bij de piramides versloeg hij het Egyptische leger, en dat deed hij nog enige malen, want hij wist als geen ander hoe je veldslagen moest winnen. De Engelsen waren nog steeds meer bedreven in zeeslagen, en dus slaagde de beroemde Engelse admiraal Nelson erin de Franse vloot bij Aboekir, voor de Egyptische kust, bijna geheel te vernietigen. Toen vervolgens in Napoleons leger besmettelijke ziekten uitbraken en hem ter ore kwam dat de regering in Parijs onderling verdeeld was, liet hij zijn soldaten in de steek en ging stiekem alleen terug naar Frankrijk. Als beroemd generaal kwam hij in Frankrijk aan. Iedereen hoopte dat hij in eigen land net zo krachtdadig zou zijn als in vijandelijk gebied. Dus richtte hij in 1799 zijn kanonnen op de regeringsgebouwen in Parijs. Hij liet de gekozen afgevaardigden van het volk door zijn grenadiers uit het gebouw van de Nationale Vergadering verdrijven en greep de macht. Hij liet zich, naar het voorbeeld van de oude Romeinen, 'consul' noemen.

Als consul hield hij hof in het Franse koninklijke paleis en liet veel verbannen edelen terugkeren. Maar vooral was hij dag en nacht bezig orde te scheppen in Frankrijk. Onder 'orde' verstond hij dat er overal en altijd zou gebeuren wat hij wilde. Dat lukte hem ook. Hij liet een wetboek samenstellen volgens de nieuwe grondslagen en gaf het zijn eigen naam. Tijdens een veldtocht in Italië versloeg hij Oostenrijk opnieuw. Hij werd verafgood door de soldaten, en alle Fransen vereerden hem, omdat hij het land roem en overwinningen bezorgde. Ze benoemden hem tot consul voor het leven. Maar dat was voor Napoleon nog niet genoeg. Hij wilde meer. In 1804 liet hij zich tot keizer kronen. Tot keizer van de Fransen. De paus zelf reisde naar Parijs om hem te kronen. Kort daarna liet hij zich uitroepen tot koning van Italië. De andere landen werden langzaam maar zeker bang voor deze machtige, nieuwe man. Daarom sloten Engeland, Duitsland, Oostenrijk, Rusland en Zweden een bondgenootschap tegen hem. Maar Napoleon liet zich niet afschrikken. Hij was niet bang voor vijandige legers, al waren ze nog zo groot. Hij trok tegen hen op en hakte de bondgenoten bij het illustere Austerlitz in de winter van 1805 volledig in de pan. Nu was Napoleon de heerser van zo'n beetje heel Europa. Hij schonk zijn familieleden bij wijze van spreken als souvenir een koninkrijk. Zijn stiefzoon kreeg Italië, zijn oudere broer Napels, zijn jongere broer Nederland, zijn zwager een deel van Duitsland, en zijn zusters de hertogdommen in Italië. Dat was een mooie carrière voor de familie van de Corsicaanse advocaat, die nauwelijks twintig jaar daarvoor nog op hun afgelegen eiland rond de karig gedekte eettafel had gezeten.

Ook in Duitsland had Napoleon de macht, want de Duitse vorsten, over wie de keizer in Wenen al lang niets meer te vertellen had, sloten zich aan bij de machtige Napoleon. Daarop deed keizer Frans afstand van de titel van keizer van het Duitse rijk. Zo kwam er een einde aan het Heilige Roomse Rijk der Duitse Natie, dat was begonnen met de kroning van Karel de Grote in Rome. Dit gebeurde in 1806. Frans van Habsburg noemde zich nu slechts nog keizer van Oostenrijk.

Kort daarop trok Napoleon ten strijde tegen de Hohenzollern en versloeg het Pruisische leger in een paar dagen. In 1806 trok hij naar Berlijn en vandaar vaardigde hij zijn wetten voor Europa uit. Hij beval dat niemand in heel Europa nog producten van de vijanden van de Fransen, de Engelsen, mocht kopen en dat er ook niets aan hen verkocht mocht worden. Dat noemde men het 'continentaal stelsel'. Hij wilde Engeland op deze wijze op de knieën dwingen, want hij had geen vloot om dit machtige land door middel van zijn legers te verslaan. Toen de bondgenoten zich verzetten, trok hij nog een keer naar Duitsland en streed tegen de Russen, die een bondgenootschap met Pruisen waren aangegaan. Nu kon hij (in 1807) ook zijn jongste broer een deel van Duitsland als koninkrijk geven.

Nu was Spanje aan de beurt. Hij veroverde het land en gaf het

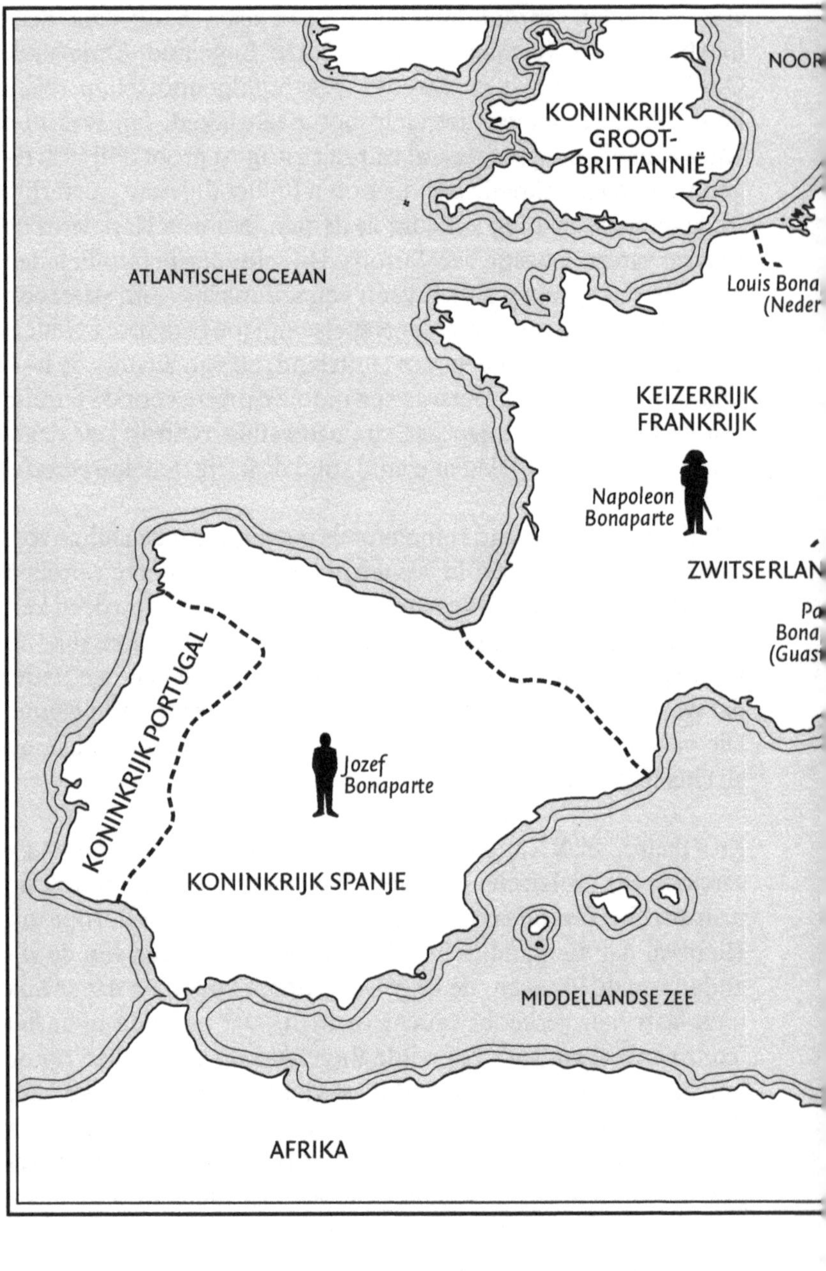
NOOR
KONINKRIJK GROOT-BRITTANNIË
ATLANTISCHE OCEAAN
Louis Bona
(Neder
KEIZERRIJK FRANKRIJK
Napoleon Bonaparte
ZWITSERLAN
Pa
Bona
(Guas
KONINKRIJK PORTUGAL
Jozef Bonaparte
KONINKRIJK SPANJE
MIDDELLANDSE ZEE
AFRIKA

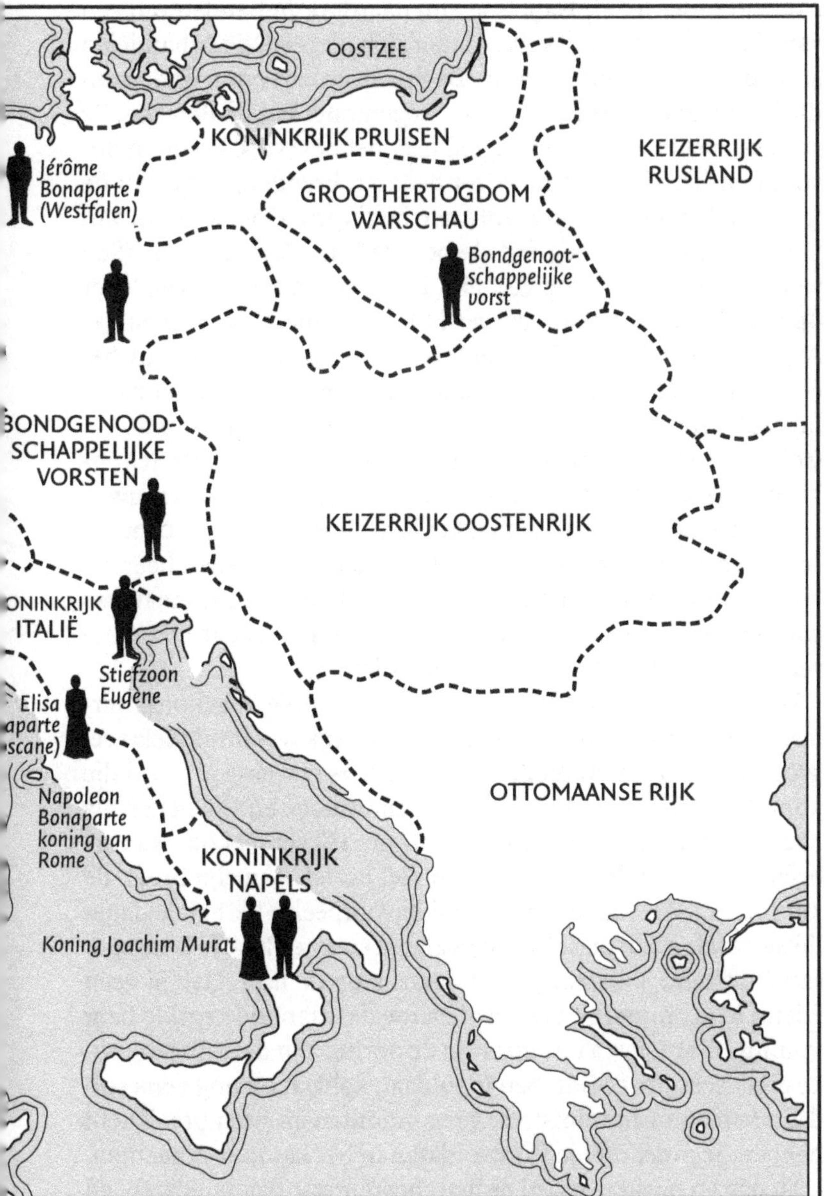

OOSTZEE
KONINKRIJK PRUISEN
KEIZERRIJK RUSLAND
Jérôme Bonaparte (Westfalen)
GROOTHERTOGDOM WARSCHAU
Bondgenoot-schappelijke vorst
BONDGENOOD-SCHAPPELIJKE VORSTEN
KEIZERRIJK OOSTENRIJK
ONINKRIJK ITALIË
Stiefzoon Eugène
Elisa aparte scane)
Napoleon Bonaparte koning van Rome
OTTOMAANSE RIJK
KONINKRIJK NAPELS
Koning Joachim Murat

aan zijn broer Jozef; Napels kwam daardoor in handen van een van zijn zwagers. Maar volken laten zich niet eeuwig behandelen als cadeautjes voor de familie. De Spanjaarden waren de eersten die in opstand kwamen tegen de hegemonie van de Fransen. Ze streden niet in echte veldslagen, nee, het hele volk kwam in opstand en liet zich niet meer tot bedaren brengen, ongeacht de wreedheden die de Franse soldaten begingen. Ook de keizer van Oostenrijk had genoeg van de bevelen van Napoleon. In 1809 werd er opnieuw oorlog gevoerd. Napoleon rukte met zijn leger op naar Wenen. Weliswaar werd hij in de buurt van Wenen, bij Aspern, door de moedige veldheer aartshertog Karel voor het eerst van zijn leven verslagen, maar een aantal dagen later hakte hij het Oostenrijkse leger bij Wagram toch volledig in de pan. Hij trok Wenen binnen, nam zijn intrek in het keizerlijke slot Schönbrunn en dwong keizer Frans zelfs hem zijn dochter als vrouw te schenken. Dat was geen gemakkelijk besluit voor een Habsburgse keizer, wiens familie al meer dan 500 jaar in Wenen heerste. Want Napoleon kwam niet uit een vorstelijke familie, maar was slechts een kleine luitenant, die door zijn fantastische talent bevelhebber van heel Europa was geworden.

De zoon die Marie Louise in 1810 aan Napoleon schonk, verleende hij de titel 'koning van Rome'. Zijn rijk was inmiddels veel groter dan dat van Karel de Grote ooit was geweest. Want al die koninkrijken die hij aan zijn broers, zijn zussen en zijn generaals had gegeven, bestonden alleen in naam. Hij schreef hun stevige brieven wanneer hun gedrag hem niet beviel. Aan zijn broer, de koning van Westfalen, schreef hij bijvoorbeeld: 'Ik heb je dagelijkse bevelen aan de soldaten gezien. Daarmee haal je je de spot van Duitsland, Oostenrijk en Frankrijk op de hals. Heb jij geen vriend in je omgeving die jou af en toe de waarheid zegt? Je bent koning en broer van de keizer. In de oorlog zijn dat onbelangrijke eigenschappen. Dan ben je soldaat, soldaat en nog eens soldaat. Je mag geen ministers, geen gezanten en geen praalzucht hebben, je moet met je frontsoldaten in het kamp overnachten, je zit dag en nacht te paard, je marcheert met je frontsoldaten, en zo krijg je de juiste inlichtingen.' Hij besloot de brief als volgt: 'En probeer nu eens een fatsoenlijke brief te schrijven en fatsoenlijk te spreken!' Zo behandelde de keizer zijn broers, de koningen van Europa. Maar de volken werden nog slechter door hem behandeld. Het was voor hem onbelangrijk hoe de mensen dachten en wat ze voelden. Ze moesten hem geld en vooral soldaten leveren. Maar de volken waren niet langer bereid dit te aanvaarden. Na de Spanjaarden streden de boeren in Tirol, dat door Napoleon was afgenomen van de keizer van Oostenrijk en dat hij had toegevoegd aan het koninkrijk Beieren, tegen de Franse en de Beierse soldaten, totdat Napoleon hun leider Andreas Hofer gevangen liet nemen en liet executeren.

Ook in Duitsland bestond grote opwinding over de willekeur en het geweld van de Franse keizer. Nu de meeste Duitse vorstendommen onder Franse heerschappij vielen, voelde men voor het eerst in de geschiedenis dat men een gemeenschappelijk lot had, dat ze allemaal Duitsers waren, en geen Fransen. Dat het niet van belang was of de koning van Pruisen op goede voet stond met de koning van Saksen, en of de koning van Beieren een bondgenootschap had met de broer van Napoleon, maar dat alle Duitsers moesten ervaren dat ze door een vreemde macht overheerst werden en dat alle Duitsers een gezamenlijk streven hadden: de wil om bevrijd te worden. Het was voor het eerst in de geschiedenis dat alle Duitsers, studenten en dichters, boeren en edelen, zich tegen de wil van hun vorsten verenigden om vrij te worden. Maar dat was niet zo gemakkelijk. Napoleon was machtig. De grote Duitse dichter Goethe zei destijds: 'Schud slechts aan uw ketens, die man is te groot voor u!' En inderdaad, tegen het geweld van Napoleon was lange tijd geen kruid gewassen. Maar uiteindelijk betekende zijn ongelooflijke eerzucht zijn ondergang. Hij vond dat hij nog steeds niet genoeg macht had. Dit was nog maar het begin, overwoog hij. Nu was Rusland aan de beurt. De Russen hadden zich namelijk niet gehouden aan zijn bevel om geen handel te drijven met de Engelsen. Dat kon niet ongestraft blijven!

Uit alle delen van zijn reusachtige rijk trommelde Napoleon soldaten op en bracht een leger van 600.000 man op de been, dat wil zeggen meer dan een half miljoen mensen. Zo'n groot leger was er in de geschiedenis nog nooit geweest, en met dit leger marcheerde hij in 1812 naar Rusland. Hij drong steeds verder het land binnen, maar van een veldslag was nog geen sprake geweest. De Russen trokken zich steeds verder terug, net zoals ze gedaan hadden in de tijd van Karel XII van Zweden. Eindelijk stond het geweldige Russische leger daar, vlak voor de poorten van Moskou. Napoleon versloeg de Russen – uiteraard, zou ik bijna zeggen, want voor Napoleon was een veldslag zoiets als een kruiswoordpuzzel voor een ervaren puzzelaar. Hij bekeek hoe zijn vijanden stonden opgesteld en wist waar hij zijn troepen naartoe moest sturen om ze te omsingelen en te verslaan. Zo trok hij Moskou binnen. Maar de stad bleek vrijwel leeg te zijn. De meeste bewoners waren gevlucht. Het was aan het eind van de herfst; Napoleon zat in het Kremlin, het oude keizerlijke paleis, en wachtte tot hij zijn voorwaarden bekend kon maken. Toen werd er gemeld dat de voorsteden in brand stonden. Moskou bestond destijds voor het grootste gedeelte uit houten huizen. Steeds grotere delen van de stad werden verteerd door de vlammen. Het vuur was waarschijnlijk aangestoken door de Russen zelf. Op die manier konden ze de Fransen in het nauw brengen. Alle pogingen de branden te blussen, waren tevergeefs.

Waar moesten die 600.000 soldaten nu wonen als Moskou afbrandde? Waar moesten ze van leven? Napoleon besloot met zijn leger rechtsomkeert te maken. Maar het was inmiddels winter geworden en het was gruwelijk koud. Tijdens de mars naar Moskou had het leger alle levensmiddelen in de omgeving weggeroofd en opgegeten. En dus werd de terugtocht over die uitgestrekte, ijzige en lege vlakte een vreselijke onderneming. Steeds meer soldaten bleven bevroren en uitgehongerd achter. Duizenden paarden kwamen om het leven. En nu kwamen de Russische ruiters, de Kozakken. Ze vielen het leger in de rug en in de flank aan. Het leger van Napoleon trachtte zich te verdedigen. Het lukte hem nog om in een afschuwelijke sneeuwstorm en omsingeld door de Kozakken een grote rivier, de Berezina, over te steken, maar ten slotte waren alle krachten uitgeput. Vertwijfeling voerde de boventoon. Nauwelijks een twintigste deel van alle soldaten wist zich uit deze hel te redden en kwam volkomen krachteloos en doodziek aan bij de Duitse grens. Napoleon was in een boerenslee al vooruitgesneld naar Parijs.

Het eerste wat hij daar deed, was vragen om nieuwe troepen, want nu hij zo verzwakt was, kwamen alle volken tegen hem in opstand. Het lukte hem zowaar nog een geweldig leger van jonge soldaten samen te stellen. Het waren de laatste mannen, de jeugd van Frankrijk, die hij nu inzette tegen de onderworpen volken. Hij ging naar Duitsland. De keizer van Oostenrijk stuurde zijn kanselier, Metternich, om over vrede te onderhandelen. Metternich sprak destijds een hele dag met Napoleon. Hij zei tegen hem: 'Wanneer dit jeugdige leger dat u nu onder de wapenen roept, verslagen wordt, wat dan?' Toen Napoleon dit hoorde, werd hij ziedend. Hij werd bleek en zei: 'U bent geen soldaat. U weet niet wat er in de ziel van een soldaat omgaat. Ik ben opgegroeid in het leger, en een man als ik spuugt op het leven van een miljoen mensen.' Toen hij dit gezegd had, zo vertelde Metternich later, wierp hij zijn hoofddeksel in de hoek van de kamer.

Metternich raapte het niet op. Hij bleef rustig en zei: 'Waarom hebt u mij uitgekozen om dat hier, tussen vier muren, te vertellen? Opent u de deuren, en mogen uw woorden van het ene eind van Frankrijk tot het andere weerklinken.' Napoleon ging niet in op de vredesvoorwaarden van de keizer. Hij zei tegen Metternich dat hij moest winnen, omdat hij anders geen keizer van Frankrijk zou kunnen blijven. En dus werd er in 1813 in Leipzig slag geleverd, waarbij het leger van Napoleon het opnam tegen zijn tegenstanders, de bondgenoten. De eerste dagen hield Napoleon stand. Maar toen hij op de tweede dag ineens in de steek werd gelaten door de Beierse troepen, die aan de zijde van Napoleon hadden gestaan, verloor hij de veldslag en moest hij vluchten. Tijdens die vlucht versloeg hij nog een groot Beiers leger dat hem achternazat, en daarna ging hij naar Parijs.

Hij had gelijk gehad: de Fransen zetten hem af, want hij had verloren. Men gaf hem het kleine eilandje Elba als hertogdom, en daar trok hij zich terug. De vorsten en de keizers die hem verslagen hadden, kwamen in 1814 in Wenen samen om te beraadslagen en om Europa te verdelen. De grondbeginselen van de Verlichting en de theorieën over de vrijheid van de mens waren volgens hen de oorzaak van de chaos en van de slachtoffers die de strijd tijdens de revolutie en die van Napoleon hadden opgeleverd in Europa. Ze wilden de hele revolutie ongedaan maken. Vooral Metternich wilde dat alles weer zo zou worden zoals het voor de revolutie was geweest, zodat een dergelijke omwenteling nooit meer zou kunnen plaatsvinden. Daarom vond hij het heel belangrijk dat er in Oostenrijk niets gedrukt of geschreven werd wat niet was goedgekeurd door de regering en de keizer.

In Frankrijk was het helemaal gedaan met de revolutie. De broer van de onthoofde Lodewijk XVI kwam als Lodewijk XVIII op de troon (Lodewijk XVII was de zoon van Lodewijk XVI, en was al tijdens de revolutie gestorven). Deze nieuwe Lodewijk regeerde met zijn hofhouding in Frankrijk alsof de 26 jaar na de revolutie en de keizertijd nooit hadden bestaan – met dezelfde pracht en praal en met net zo weinig benul als zijn ongelukkige broer. De Fransen waren zeer ontevreden. Toen Napoleon dat hoorde, verliet hij in 1815 in het geheim het eiland Elba en landde met een paar soldaten in Frankrijk. Lodewijk stuurde zijn leger op hem af. Maar toen de soldaten Napoleon zagen, liepen ze allemaal naar hem over. En dat deden ook alle andere soldaten. In een paar dagen trok hij in een ware triomftocht als keizer naar Parijs, en koning Lodewijk XVIII vluchtte weg.

De vorsten, die nog steeds in Wenen zaten te vergaderen, schrokken zich wild. Men verklaarde dat Napoleon een vijand van de mensheid was. Onder het opperbevel van de Engelse hertog van Wellington verzamelde zich in België een leger dat hoofdzakelijk uit Engelsen en Duitsers bestond. Napoleon viel direct aan. Bij het plaatsje Waterloo werd een enorme veldslag uitgevochten. Even leek het of Napoleon opnieuw gewonnen had, maar toen bleek dat een van zijn generaals een bepaald bevel niet goed had begrepen en de verkeerde kant op was gegaan. De bevelhebber van de Pruisen, generaal Blücher, verzamelde zijn uitgeputte en verslagen leger. Hij zei: ‘Het kan eigenlijk niet, maar toch moet het.’ ’s Avonds stuurde hij zijn troepen weer het veld in. En zo werd Napoleon voor de laatste maal verslagen. Hij vluchtte weg met zijn leger, werd opnieuw afgezet en moest Frankrijk verlaten.

Ditmaal vluchtte hij op een Engels schip en begaf zich daarmee vrijwillig tussen zijn oudste vijanden – de enige vijand die hij nooit had verslagen. Hij hoopte dat ze grootmoedig zouden zijn. Hij zei dat hij onder de Engelse wetgeving als gewoon burger wilde leven. Maar Napoleon had zich in zijn eigen leven niet al te grootmoedig getoond. De Engelsen behandelden hem als een gevangene en stuurden hem met het schip waarop hij gekomen was, heel ver weg, naar een klein, eenzaam eilandje midden in de oceaan, Sint Helena, zodat hij nooit meer zou terugkomen. Daar leefde hij nog zes jaar, zonder macht en compleet verlaten. Hij dicteerde de herinneringen aan zijn daden en zijn overwinningen. Hij maakte ruzie met de Britse bestuurders, die hem niet eens wilden toestaan dat hij onbewaakt over het eiland wandelde. Dat is het einde van de kleine, bleke man met een wilskracht en een inzicht zoals geen heerser vóór hem ooit had gehad. De grootmachten van het verleden, de oude, vrome vorstenhuizen, heersten nu weer in Europa. En de ernstige, strenge Metternich, die het hoofddeksel van Napoleon niet had opgeraapt, bepaalde vanuit Wenen door middel van zijn gezanten het lot van Europa en probeerde de revolutie ongedaan te maken.

36

Mens en machine

Metternich en de vrome heersers van Rusland, Oostenrijk, Frankrijk en Spanje waren inderdaad in staat de tijd van voor de Franse Revolutie weer te doen herleven. Aan de hoven werden weer feesten georganiseerd, waar de adel met grote eresterren op de borst zijn opwachting maakte en veel invloed had. De burgers mochten niet over de politiek praten, en dat vonden de meesten ook prima. Ze hielden zich bezig met hun gezinnen, met boeken en vooral met muziek. Want in de afgelopen honderd jaar was muziek, die men daarvoor alleen kende als begeleiding van dans, liederen en heilige gezangen, uitgegroeid tot een kunstvorm die veel indruk maakte op de mensen. Maar deze periode van rust en kalmte, die men de Biedermeiertijd noemt, bleek slechts een voorbode voor iets anders. Eén gedachte uit de Verlichting kon Metternich niet verbieden, en dat was zijn bedoeling ook helemaal niet. Dat betrof de inzichten van Galilei over een rationele, wiskundige benadering van de natuur, die de mensen in de tijd van de Verlichting zo bevallen waren. En juist die wat verborgen kant van de Verlichting leverde een veel grotere revolutie op, die de oude vormen en instellingen veel krachtiger beïnvloedden dan de jakobijnen in Parijs met hun guillotine ooit hadden gedaan.

Want door de wiskundige beheersing van de natuur leerde men niet alleen hoe de natuur in elkaar zat, men leerde ook hoe men de krachten die men had ontdekt, kon gebruiken. Men zette de natuurkrachten in; die moesten voor de mens werk gaan verrichten.

De geschiedenis van al die uitvindingen is ingewikkelder dan men vaak denkt. De meeste dingen werden eerst herkend, daarna uitgeprobeerd, vervolgens deed men enige proeven, daarna liet men het liggen, daarop werd het door een ander weer opgepakt, en pas dan kwam de zogenaamde uitvinder aan bod, die voldoende wilskracht en uithoudingsvermogen bezat om de gedachte tot het einde toe uit te werken en algemeen toepasbaar te maken. Zo verliep dat bij de machines die ons leven veranderden: bij de stoommachine, het stoomschip, de locomotief en de telegraaf, die allemaal in de tijd van Metternich steeds belangrijker werden.

De stoommachine was als eerste aan de beurt. De Franse geleerde Papin had al rond 1700 pogingen gedaan zo'n machine te bouwen. Maar pas in 1769 liet de Engelse arbeider Watt een echte stoommachine patenteren. Aanvankelijk gebruikte men de machine hoofdzakelijk voor pompen in mijnen, maar al snel dacht men aan de mogelijkheid er wagens of schepen mee aan te drijven. Al in 1802 deed een Engelsman een proef met stoomschepen, en in 1803 bouwde de Amerikaanse technicus Fulton een raderboot. Napoleon schreef er destijds het volgende over: 'Dit project is in staat het aanzien van de wereld te veranderen.' In 1807 voer het eerste stoomschip met een groot scheprad en met veel geratel, rook en lawaai van New York naar een in de buurt gelegen stad.

Ongeveer in dezelfde tijd probeerde men in Engeland wagens met behulp van stoom aan te drijven. Maar pas in 1802, toen men de spoorbaan had uitgevonden, lukte het een bruikbare machine te bouwen, en in 1814 bouwde de Engelsman Stephenson de eerste echte locomotief. Al in 1821 werd de eerste spoorlijn tussen twee Engelse steden geopend, en tien jaar later waren er al spoorlijnen in Frankrijk, Duitsland, Oostenrijk en Rusland. Weer tien jaar later was er nauwelijks nog een land in Europa waar geen spoorlijnen lagen. De trajecten liepen over bergen, door tunnels en over grote rivieren, en men reisde minstens tienmaal zo snel als vroeger met de snelste postkoets.

Met de uitvinding van de elektrische telegraaf ging het net zo. Ook in dat geval werden de mogelijkheden al in 1753 bestudeerd door een geleerde. Na 1770 werden opnieuw pogingen ondernomen, maar pas in 1837 kon de Amerikaanse schilder Morse zijn vrienden een kort telegram sturen. Vervolgens duurde het niet veel langer dan tien jaar totdat de telegrafie in een groot aantal landen werd ingevoerd.

Andere machines hebben de wereld nog ingrijpender veranderd. Dat betreft die machines die de natuurkrachten op zo'n manier gebruiken dat ze de menselijke arbeidskracht kunnen vervangen. Denk maar aan spinnen en weven. Vroeger werd dat door ambachtslieden gedaan. Toen men meer stoffen nodig had (zo'n beetje in de tijd van Lodewijk XIV), waren er al fabrieken, maar daar werkten de arbeiders nog met de hand. Pas in de loop van de tijd kwam men op de gedachte om ook op dit terrein de kennis van de natuur in te schakelen. De jaartallen komen zo'n beetje overeen met die van de andere grote uitvindingen. Met de spinmachine werden sinds 1740 proeven gedaan, ze werd verbeterd vanaf 1783, en pas in 1825 was ze werkelijk bruikbaar. Het mechanische weefgetouw doet zo'n beetje in dezelfde periode zijn intrede. Ook deze machines werden aanvankelijk in Engeland gebouwd en gebruikt. Voor machines en fabrieken had men kolen en ijzer nodig. En dus hadden de landen die kolen en ijzer bezaten ineens een grote voorsprong.

Door al deze dingen kwam de wereld op een ongekende manier in beweging. De mensen werden bij wijze van spreken door elkaar geschud, want vrijwel niets bleef bij het oude. Je moet je realiseren hoe geordend alles verliep in de middeleeuwse gilden. Die gilden bleven bestaan tot aan de Franse Revolutie, en zelfs daarna ook nog. Toen al was het voor een gezel moeilijker dan in de Middeleeuwen om meester te worden, maar toch was er een mogelijkheid en kon hij hoop houden. Maar nu werd dat allemaal anders. En waren mensen die machines bezaten. Om zo'n machine te bedienen hoefde je niet veel geleerd te hebben. Die machine doet immers alles zelf. Binnen een paar uur heb je het geleerd. Wie een weefmachine bezat, haalde een paar mensen (dat konden ook vrouwen of kinderen zijn), en die konden met de machine nu meer arbeid verrichten dan honderd geschoolde wevers vroeger. Wat moesten nu de wevers doen in een stad waar ineens een weefmachine stond? Wat zij na jarenlang ploeteren als gezel en als leerling hadden geleerd, was compleet overbodig geworden, want de machine deed het werk sneller, beter en vooral ook veel goedkoper. Want de machine hoeft niet te eten en te slapen, zoals de mens. De machine hoeft ook niet uit te rusten. Alles wat de honderd wevers nodig hadden voor een aangenaam, gelukkig leven, kon de fabrikant nu opsparen door zijn machine, of hij kon het voor zichzelf gebruiken. Maar hij had toch arbeiders nodig die de machine bedienden? Zeker, die had hij nodig. Maar dat waren er niet veel, en bovendien waren het geen geschoolde arbeiders.

Maar er kwam nog iets bij. De honderd wevers uit de stad waren nu werkloos. Ze kwamen om van de honger, want de machine deed nu het werk voor hen. Maar een mens is bereid alles te doen om te voorkomen dat hij en zijn gezin om het leven komen. Hij is zelfs bereid voor een heel klein beetje geld te werken. Als hij maar juist genoeg krijgt om in leven te blijven en als hij maar ergens aan de slag kan. En dus kon de fabrikant met de machine de honderd hongerige wevers bij zich roepen en zeggen: 'Ik heb vijf mensen nodig die op mijn machines en mijn fabriek letten. Voor hoeveel geld zijn jullie bereid dat te doen?' Een van de wevers zei dan: 'Ik wil zo veel geld dat ik net zo gelukkig kan leven als vroeger.' Maar een tweede zei: 'Voor mij is het voldoende als ik dagelijks één brood en een kilo aardappelen kan kopen.' Een derde zag in dat hem de laatste mogelijkheid om in leven te blijven werd afgenomen en zei: 'Ik wil het wel proberen voor een half brood.' Vier anderen zeiden: 'Wij ook.' Waarop de fabrikant zei: 'Prima, dan zal ik het met jullie proberen. Hoe lang zijn jullie bereid per dag te werken?' De eerste zei: 'Tien uur.' De tweede zei: 'Twaalf uur', zodat het brood hem niet voor de neus werd weggekaapt. 'Ik kan wel zestien uur werken,' riep de derde. Het was een kwestie van overleven, immers. 'Mooi,' zei de fabrikant. 'Dan neem ik jou. Maar wat moet mijn machine doen terwijl jij ligt te slapen? Mijn machine hoeft niet te slapen!' Vertwijfeld zei de wever: 'Dan kan ik mijn achtjarige zoon er wel heen sturen.' Waarop de fabrikant zei: 'En wat moet ik hem geven?' 'Geef hem een paar centen voor een stuk brood met boter.' 'Boter is overbodig,' zei de fabrikant dan. En zo was de zaak beklonken. De 95 resterende wevers kwamen om van de honger of ze moesten ervoor zorgen dat ze bij een andere fabrikant aan de slag konden.

Nu moet je niet denken dat alle fabrikanten van die slechte kerels waren als de man die ik hierboven heb beschreven. Maar de slechtste kerels die het minst betaalden, konden hun spullen het goedkoopst aanbieden, en hadden dus het meeste succes. En daarom moesten ook de anderen, misschien tegen hun geweten in, de arbeiders op een dergelijke manier behandelen.

De mensen raakten vertwijfeld. Waarom zouden ze nog iets leren, waarom zouden ze zich nog bezighouden met hun mooie ambachtswerk? Een machine doet het in een honderdste van de tijd, hij doet het beter en hij doet het honderdmaal zo goedkoop. En dus werden de voormalige wevers, smeden, spinners en timmerlieden door grote ellende getroffen. Ze liepen van de ene fabriek naar de andere om te vragen of ze daar voor een paar centen mochten werken. Sommigen werden razend op de machines, die hun leven verwoestten. Ze bestormden de fabrieken en sloegen de mechanische weefgetouwen aan stukken – maar dat hielp niets. In 1812 werd in Engeland bepaald dat op het vernielen van een machine de doodstraf stond. En er kwamen steeds nieuwere en betere machines, die het werk van vijfhonderd in plaats van honderd arbeiders konden doen, waardoor de ellende nog groter werd.

Er waren mensen die vonden dat het zo niet verder kon. Dat het onrechtvaardig was dat een mens alleen omdat hij een machine bezat, die hij misschien had geërfd, anderen mocht behandelen op een manier waarop een edelman vroeger zijn boeren niet eens behandelde. Ze vonden dat dingen als fabrieken en machines, waarvan het bezit een enorme macht betekende over het lot van andere mensen, niet aan een enkeling moest toebehoren, maar aan alle mensen samen. Die opvatting wordt 'socialisme' genoemd. Men wilde de maatschappij zo ordenen dat door die socialistische manier van werken de ellende van de verhongerende arbeiders zou worden opgelost. Men vond dat de arbeiders niet het loon moesten krijgen dat hun door de fabrikant werd toebedeeld, maar dat ze recht hadden op een aandeel in de grote winst die de fabrikant maakte.

Van deze socialisten, van wie er vooral in Frankrijk en Engeland rond 1830 veel waren, werd er één zeer beroemd. Dat was een geleerde uit Trier, in Duitsland, en hij heette Karl Marx. Zijn opvattingen waren iets anders dan die van de socialisten. Hij zei:

het heeft geen zin je in te denken hoe het zou zijn als de machines zouden toebehoren aan de arbeiders. De arbeiders zouden erom moeten vechten. Want de fabrikant zou zijn fabriek nooit zonder slag of stoot weggeven. Maar als ze erom zouden moeten vechten, zou het nutteloos zijn als een paar arbeiders zouden samenscholen en een weefgetouw zouden vernielen, want dat weefgetouw is immers toch al uitgevonden. Iedereen moest meedoen. Als die honderd wevers niet ieder voor zich werk hadden gewild, als ze van tevoren hadden afgesproken: 'Wij werken niet langer dan tien uur in de fabriek, en wij willen twee broden en twee kilo aardappelen voor iedereen', dan had de fabrikant daarin moeten toestemmen. Dat was misschien nog niet voldoende geweest, want voor de weefmachine had de fabrikant geen geschoolde wevers meer nodig, maar mensen die voor elke prijs wilden werken – ze hadden immers niets. Daarom was het belangrijk dat iedereen meedeed, zei Marx. Tenslotte had de fabrikant niemand gevonden die het goedkoper had gedaan. De arbeiders moesten dus tot overeenstemming komen! En niet alleen de arbeiders in een bepaald gebied. En ook niet de arbeiders in één enkel land, nee, de arbeiders van de hele wereld moesten zich verenigen. Dan zouden ze zo sterk zijn dat ze niet alleen konden bepalen hoeveel ze betaald zouden krijgen, maar ook zouden ze uiteindelijk de machines en de fabrieken in bezit kunnen nemen. Zo zou er een wereld kunnen ontstaan waarin er geen bezitters en geen bezitlozen meer zouden zijn.

Want met de huidige stand van zaken, zei Marx, waren er eigenlijk geen wevers, schoenmakers of smeden meer. De arbeider hoeft helemaal niet te weten wat de machine waarvan hij dagelijks tweeduizend keer een hendel naar beneden drukt, eigenlijk maakt. Hij merkt alleen dat hij wekelijks zijn loon krijgt uitbetaald – juist genoeg om niet te verhongeren zoals zijn ongelukkige makkers, die geen arbeidsplaats gevonden hebben. En ook de eigenaar hoeft het vak waarvan hij leeft niet geleerd te hebben, want het is geen handwerk meer, maar machinewerk. Daarom was Marx van mening dat er eigenlijk geen beroepen meer bestonden, maar slechts twee soorten of klassen van mensen: de bezitters en de bezitlozen, oftewel, zoals hij zei, want hij was dol op vreemde woorden, kapitalisten en proletariërs. Deze klassen waren voortdurend in strijd met elkaar, want de bezitters willen zoveel mogelijk en zo goedkoop mogelijk produceren, en dus de arbeiders, de proletariërs, zo weinig mogelijk betalen, en de arbeiders willen de kapitalisten, de bezitters van de machines, dwingen hun zoveel mogelijk van hun winst af te staan. Deze strijd tussen de twee klassen zou uiteindelijk opleveren dat de vele bezitlozen het eigendom van de enkele bezitters zouden afnemen, dacht Marx, en niet om het nu zelf te bezitten, maar om het hele begrip 'eigendom' af te schaffen. Dan zouden er geen klassen meer zijn. Dat was zijn doel, en hij dacht dat de verwezenlijking ervan aanstaande was.

Toen Marx in 1847 zijn oproep (het Communistisch Manifest, zoals hij het noemde) aan de arbeiders deed, waren de omstandigheden nog niet zoals hij dacht dat ze zich zouden ontwikkelen. Tot op de dag van vandaag is dat niet gebeurd. Destijds waren de bezitters van de machines nog lang niet overal aan de macht, maar de edelen met hun eresterren op de borst, die door Metternich weer aan de macht waren geholpen. Die edelen waren zelf grote tegenstanders van de rijke burgers en de fabrieks-eigenaren. Ze wilden een geordende, geregelde staat, waarin iedereen zijn oude beroep uitoefende, net als vroeger. In Oostenrijk bijvoorbeeld waren er nog steeds 'erfonderdanige' boeren, die even afhankelijk van de landeigenaren waren als de lijfeigenen in de Middeleeuwen. Ook waren er nog veel oude, strenge regels voor ambachtslieden, en de nieuwe fabrikanten werden deels nog volgens deze oude gilderegelingen behandeld. De rijk geworden machine-eigenaren, de burgers dus, waren niet van plan zich nog iets te laten vertellen door de adel of door de staat. Ze wilden doen en laten wat ze zelf wilden, want op die manier zou de wereld het beste af zijn, dachten ze. Men moest de hardwerkende mens de kans geven door te gaan en hem niet hinderen door wettelijke regeltjes. Dan zou het uiteindelijk fantastisch worden op de wereld. De wereld draait vanzelf door, zolang je haar maar niet stoort, vonden ze. En dus ontketenden de burgers van Frankrijk in 1830 een omwenteling en stootten de nakomelingen van Lodewijk XVIII van de troon.

In 1848 vond er in Parijs, en later ook in veel andere landen, een nieuwe revolutie plaats, waarbij de burgers probeerden alle staatsmacht te verwerven, zodat niemand hun nog kon vertellen wat ze met hun machines en fabrieken moesten doen. In Wenen werd Metternich verdreven, en de regerende keizer Ferdinand moest aftreden. Aan de oude tijd was nu echt een einde gekomen. De mannen droegen lange, zwarte broeken en stijve, witte kragen met een ingewikkeld geknoopte das ervoor. Overal verrezen nu fabrieken als paddenstoelen uit de grond, en via de spoorwegen werden steeds meer producten van het ene land naar het andere vervoerd.

37

Aan de andere kant van de oceaan

Door de spoorwegen en het stoomschip werd de wereld veel kleiner. Het was geen ongewis en avontuurlijk waagstuk meer om per schip naar Indië en China te varen. Amerika lag zo'n beetje naast de deur. Daarom is de wereldgeschiedenis van na 1800 nauwelijks nog te beschouwen als Europese geschiedenis. We moeten eens gaan kijken wat er in de nieuwe buurlanden van Europa zoal gebeurde. En dan vooral in China, Japan en Amerika. Voor 1800 was China bijna hetzelfde land als in de tijd van de Han-familie, rond het jaar 0, en in de tijd van de grote dichters, rond 800 na Christus: een machtig, geordend, trots en vreedzaam land met veel inwoners, vlijtige boeren en burgers en grote geleerden, dichters en denkers. De onrust, de godsdienstoorlogen en de onophoudelijke ontwikkelingen die we in Europa meemaakten, waren voor de Chinezen iets vreemds en onbegrijpelijks. Weliswaar regeerden er nu vreemde keizers over de Chinezen, die hen dwongen om als teken van knechtschap een vlecht te dragen, maar dat Aziatische heersersgeslacht, de Mantsjoe, was vertrouwd met de gedachten en gevoelens van de Chinezen en ze had zich de grondbeginselen van Confucius eigen gemaakt, zodat het rijk bloeide.

Soms kwamen jezuïtische geleerden naar China om het christendom te prediken. Meestal werden ze vriendelijk verwelkomd, want de keizer van China wilde graag meer weten over de Europese wetenschap, en dan vooral de sterrenkunde. Europese handelaren namen uit China porselein mee naar hun vaderland. Overal probeerde men het uiterst verfijnde aardewerk na te maken, maar zelfs na eeuwen lukte het de Europeanen niet. Dat het

Chinese rijk met zijn miljoenen gecultiveerde burgers zich superieur achtte aan de Europeanen, is te lezen in een brief die de keizer van China in 1793 schreef aan de koning van Engeland. De Engelsen hadden gevraagd of ze een gezant naar het Chinese hof mochten sturen om te overleggen over de kwestie of Engeland en China handel zouden drijven. Keizer Qian Long, een beroemde geleerde en een bekwame heerser, antwoordde op de volgende manier:

> U, o koning, woont aan de overkant van talrijke zeeën. Toch hebt u, vanwege uw onderdanige wens deel te hebben aan de zegeningen van onze cultuur, een gezantschap gestuurd dat uw schrijven met gepaste eerbied overhandigde. U verzekert dat uw verering voor ons hemelse heersersgeslacht u de wens doet uiten dat u zich onze cultuur eigen wilt maken, maar dan moet u weten dat onze gebruiken en gewoonten zozeer verschillen van de uwe dat het voor u onmogelijk moet zijn onze gebruiken en gewoonten over te brengen naar uw land, zelfs wanneer uw gezant in staat zou zijn zich de grondbeginselen van onze cultuur eigen te maken. Al zou hij nog zo'n leergierige leerling zijn, het zou geen zin hebben.
> De wereld beheersend heb ik slechts één doel voor ogen, namelijk: een totale heerschappij te voeren en de plichten van de staat te vervullen. Zeldzame en kostbare voorwerpen interesseren mij niet. Ik kan de producten uit uw land niet gebruiken. Ons hemelse rijk bezit alle dingen in ruime mate, en het ontbreekt ons binnen onze grenzen aan niets. Daarom bestaat er geen behoefte de zaken van vreemde barbaren te ruilen voor onze eigen producten. Maar aangezien thee, zijde en porselein, die in het hemelse rijk worden geproduceerd, absoluut noodzakelijke producten zijn voor de Europese volken en voor uzelf, zal de beperkte handel die tot dusver in mijn provincie Kanton toegestaan was, voortgezet worden. Ik zal uw verre, eenzame eiland niet vergeten, dat door de scheidende oceanen van de wereld afgesneden is, en ook vergeet ik niet uw vergeeflijke onwetendheid over de gebruiken in het hemelse rijk. Gehoorzaamt sidderend mijn bevelen.

Dat schreef de keizer van China aan de koning van het eilandje Engeland. Maar hij onderschatte de daadkracht van de bewoners van dat verre eilandje. Want enige tientallen jaren later kwamen ze met hun stoomschepen aangevaren. De beperkte handel met Kanton was niet meer genoeg voor de Engelsen. Vooral sinds ze een product hadden ontdekt waar het Chinese volk dol op was. Het was een gif. Een gevaarlijk gif: opium. Wanneer je dat verbrandt en de rook inademt, heb je gedurende korte tijd mooie dromen. Maar daarna word je vreselijk ziek. Wie eenmaal gewend is opium te roken, kan het niet meer laten, ongeveer zoals met het drinken van een borrel, maar dan veel erger. Dat opium nu wilden de Engelsen in grote hoeveelheden aan de Chinezen verkopen. De Chinese overheid zag hoe gevaarlijk dat voor het volk zou zijn en vaardigde in 1839 een verbod uit.

Toen kwamen de Engelsen opnieuw met hun stoomschepen, maar ditmaal stonden er kanonnen op. Ze voeren de Chinese rivieren op en beschoten de vredige Chinese steden en legden fraaie paleizen in de as. De Chinezen waren radeloos en machteloos. Ze moesten doen wat de blanken hun bevalen: enorme geldbedragen betalen en de onbeperkte handel in opium en al die andere producten toestaan. Niet lang daarna brak er een opstand uit in China, die was aangewakkerd door een halve idioot die zich Dai-Ping ('vredesvorst') noemde. De Europeanen steunden hem aanvankelijk. De Fransen en Engelsen voeren naar China, beschoten de steden en vernederden de vorsten. Ten slotte lukte het hun in 1860 om de hoofdstad van China, Peking, binnen te trekken. Uit wraak voor de tegenwerking van de Chinezen plunderden ze het fraaie, oeroude zomerpaleis van de keizer, waar schitterende kunstwerken uit de begintijden van het rijk stonden, en ten slotte staken ze het paleis in brand. Het uitgestrekte, vreedzame en duizenden jaren oude rijk was compleet in verwarring en was nu overgeleverd aan de grillen van de Europese handelaren. Zo betaalden de Europeanen de Chinezen terug, van wie ze de fabricage van papier, het gebruik van het kompas en helaas ook de vervaardiging van buskruit hadden geleerd.

Het Japanse eilandenrijk verging het in deze periode ongeveer net zo. In Japan was de situatie destijds vergelijkbaar met die van het middeleeuwse Europa. De macht was feitelijk in handen van de adel en van de ridders, en dan vooral van een voorname familie, die toezicht hield op de keizer zoals de voorvaderen van Karel de Grote toezicht hielden op de Merovingische koningen. Het maken van schilderijen, bouwen van huizen en het dichten hadden de Japanners eeuwen daarvoor al van de Chinezen geleerd en ook zelf konden ze de prachtigste dingen maken. Maar Japan was niet zo'n vreedzaam, groot en rustig rijk als China. De machtige edelen uit de verschillende streken en eilanden streden met elkaar een ridderlijke strijd. De arme edelen verenigden zich rond 1850 en vatten het plan op de groten van het rijk de macht te ontnemen. Maar hoe moesten ze dat aanpakken? Dat ging alleen als de keizer, de mikado, die machtige pop die dagelijks enige uren op zijn troon moest zitten, hen daarbij hielp. En dus streden de kleine edelen tegen de machtige landeigenaren uit naam van de keizer, aan wie ze de macht wilden teruggeven die hij in een ver verleden ooit gehad moest hebben.

Dit gebeurde juist in de tijd dat de eerste Europese gezantschappen weer naar Japan kwamen, dat meer dan tweehonderd jaar lang voor vreemden tot verboden gebied was verklaard. Deze blanke gezanten vonden Japan mooi, maar vreemd: de Japanse miljoenensteden met hun van bamboe en papier vervaardigde huizen, met hun sierlijke tuinen, met hun mooie dames die hun haar hoog opstaken, met kleurige wimpels aan de tempels en met zwaarddragende ridders die zich plechtig, ernstig en beheerst gedroegen. Ze stampten met hun smerige laarzen over de kostbare matten in de paleizen, die door Japanners uitsluitend blootsvoets werden betreden, en ze vonden dat ze niet verplicht waren zich te houden aan de oeroude zeden van dit zogenaamd onbeschaafde volk, de Japanners – bijvoorbeeld bij de begroeting of bij het theedrinken. Al snel werden ze gehaat. Toen een Amerikaans reisgezelschap op een dag niet hoffelijk aan de kant ging (wat gebruikelijk was in Japan) op het moment dat een voorname vorst in zijn draagstoel met zijn gevolg voorbijkwam, werden sommige Japanners zo kwaad dat ze de Amerikanen te lijf gingen en een vrouw doodsloegen. Natuurlijk kwamen er meteen Engelse oorlogsschepen om de stad te beschieten. De Japanners vreesden al dat zij hetzelfde lot zouden moeten ondergaan als de Chinezen. Maar intussen was de revolutie tegen de groten van het land geslaagd. De keizer, die men in Europa mikado noemde, had nu onbeperkte macht. Gesteund door intelligente raadgevers die nooit in de openbaarheid traden, besloot hij zijn macht aan te wenden om het land in de toekomst te behoeden voor de hoogmoed van vreemde volken. De oude cultuur diende echter niet te worden prijsgegeven. Men moest alleen de allerlaatste uitvindingen van de Europeanen naar Japan zien te halen. En dus stelde hij het land open voor alle vreemdelingen.

Hij ontbood Duitse officieren, die een modern leger samenstelden, hij ontbood Engelsen, die een moderne vloot bouwden. Hij stuurde Japanners naar Europa die de nieuwe geneeskunde moesten bestuderen en die ook kennis moesten maken met de overige wetenschappen, die Europa de laatste jaren zo veel macht hadden opgeleverd. Naar het voorbeeld van de Duitsers voerde hij de algemene leerplicht in om op die manier het volk klaar te stomen voor de strijd. De Europeanen waren opgetogen. De Japanners waren toch maar een slim volkje, dat ze hun land voor iedereen openstelden. Ze haastten zich alles aan de Japanners te verkopen en te tonen wat ze wilden. Binnen een paar decennia hadden de Japanners de kneepjes van de Europese oorlogs- en vredesmachine onder de knie. En toen ze klaar waren, complimenteerden ze de Europeanen buitengewoon beleefd en begeleidden hen bij wijze van spreken naar de deur. 'Nu kunnen wij, wat jullie kunnen. Nu zullen ónze stoomschepen uitvaren om handelsnederzettingen te stichten en land te veroveren, nu zullen ónze kanonnen vredige steden beschieten wanneer iemand het waagt daar een Japanner te beledigen.' De Europeanen stonden er verbouwereerd bij te kijken, en dat doen ze nog steeds. Want de Japanners zijn de beste leerlingen uit de hele wereldgeschiedenis.

In de tijd waarin Japan zich vrij begon te maken, gebeurden er in Amerika ook zeer belangrijke dingen. Je herinnert je dat een aantal Engelse handelsnederzettingen, de havensteden aan de oostkust van Amerika, zich in 1776 losmaakte van Engeland om een vrije statenbond te stichten. De Engelse en Spaanse kolonisten streden tegen de indianenstammen en drongen steeds verder op in westelijke richting. Hoe de boeren hun blokhutten timmerden, de dichte bossen rooiden en hoe ze vochten, hoe de cowboys de enorme kuddes in toom hielden en hoe het Wilde Westen door goudzoekers en avonturiers werd bevolkt, dat weet je misschien uit de indianenboeken die je hebt gelezen. Steeds werden er nieuwe staten gesticht, steeds meer land werd afgenomen van de indianenstammen. Je kunt je voorstellen dat dit in het begin geen gecultiveerde gebieden waren. Belangrijker was dat de staten onderling sterk van elkaar verschilden. Mensen die in het zuiden woonden, in een tropisch klimaat, verdienden hun geld op grote plantages, waar katoen en suikerriet in gigantische hoeveelheden werden verbouwd. De kolonisten hadden uitgestrekte stukken land tot hun beschikking. De arbeid werd geleverd door negerslaven, die men in Afrika kocht. Ze werden zeer slecht behandeld.

In het noorden was dat anders. Daar was het niet zo warm. Het klimaat lijkt op dat van ons. Dus waren er daar boeren en steden. Het was er niet veel anders dan in het Engelse vaderland van deze emigranten, alleen was alles veel groter. Slaven had men daar niet nodig. Het was gemakkelijker en goedkoper het werk zelf te doen. De burgers van de noordelijke staten, die in de meeste gevallen vrome christenen waren, vonden het een schande voor de statenbond, die volgens de grondslagen van de mensenrechten was gesticht, dat er in het zuiden slaven werden gehouden, net als in de heidense Oudheid. De zuidelijke staten verklaarden dat ze die negerslaven nodig hadden, omdat ze zonder hen failliet zouden gaan. Een blanke kon in dit hete weer dergelijk werk niet verrichten. Een neger was niet geboren om vrij te zijn, enzovoort. In 1820 bereikte men een overeenkomst: de staten die ten zuiden van een bepaalde lijn lagen, mochten slaven houden, de andere staten niet.

Op den duur werd de schande van een slaveneconomie onverdraaglijk. Maar er was weinig tegen te doen, want de staten in het zuiden met hun reusachtige plantages waren veel machtiger en rijker dan de noordelijke boerenstaten. Bovendien waren de zuidelijke staten vastbesloten niet in te binden. Uiteindelijk moesten ze dat toch. Dat was te danken aan president Abraham Lincoln. Een normaal leven had hij niet. Hij groeide op als eenvoudige boer in het binnenland, vocht in 1832 tegen het indianenopperhoofd Zwarte Valk en werd vervolgens postbode in een kleine stad. Daar hield hij zich in zijn vrije tijd bezig met de wetgeving van het land en werd advocaat en afgevaardigde. In die hoedanigheid streed hij tegen de slavernij en maakte hij zich zeer impopulair bij de plantagebezitters in de zuidelijke staten. In 1861 werd hij desondanks gekozen als president, en dat vormde voor de zuidelijke staten voldoende aanleiding zich los te maken van de Verenigde Staten en een eigen bond van slavenstaten te stichten.

Meteen stelden 75.000 man van Lincoln zich beschikbaar als vrijwilliger. Desondanks stond het er voor de noordelijke staten slecht voor, vooral omdat Engeland de slavenstaten ondersteunde, hoewel het zelf in zijn koloniën de slavernij al tientallen jaren daarvoor had afgeschaft. Er brak een zeer bloedige burgeroorlog uit. Ten slotte wisten de boeren uit het noorden door hun dapperheid en taaiheid toch te winnen, en Lincoln trok in 1865 te midden van jubelende, bevrijde slaven door de hoofdstad van de zuidelijke staten. Elf dagen daarna werd hij tijdens een theatervoorstelling door iemand uit de zuidelijke staten vermoord. Maar zijn werk was gedaan. De opnieuw verenigde, vrije Verenigde Staten van Amerika werden al snel een van de rijkste en machtigste landen van de wereld. Dat schijnt ook zonder slaven te kunnen.

38

Twee nieuwe rijken in Europa

Ik heb veel mensen gekend die kind waren toen Duitsland en Italië nog helemaal niet bestonden. Dat is opmerkelijk, nietwaar? Die twee grote, machtige rijken, die zo'n belangrijke rol spelen, zijn helemaal niet zo oud. Na de burgerrevolutie in 1848, toen overal in Europa nieuwe spoorwegen werden aangelegd en telegraafdraden werden gelegd, toen de steden, die fabriekssteden werden, groeiden en veel boeren naar de stad verhuisden, en toen de mannen cilindervormige hoeden droegen, was Europa nog een lappendeken van kleine hertogdommen, koninkrijkjes, vorstendommen en republieken, die op een ingewikkelde manier met elkaar verbonden waren of in vijandschap leefden.

In dit Europa waren er drie machten van groot belang, en dan reken ik Engeland niet mee, dat zich destijds meer bekommerde om zijn koloniën in Amerika, Indië en Australië dan om het naburige vasteland. Midden in Europa lag het keizerrijk Oostenrijk. Daar regeerde sinds 1848 keizer Frans Jozef in de Hofburg in Wenen. Toen ik klein was, heb ik hem zelf nog als oude man door het park van Schönbrunn zien rijden, en ik herinner me zijn plechtige begrafenis ook nog goed. Hij was een goede keizer, in de oeroude zin van het begrip. Hij heerste over allerlei verschillende volken en landen. Hij was keizer van Oostenrijk, maar ook koning van Hongarije en vorstelijk graaf van Tirol, en zo had hij nog talrijke titels uit het verleden, zoals koning van Jeruzalem en Beschermer van het Heilige Graf, een titel die nog stamde uit de tijd van de kruistochten. Ook veel Italiaanse gebieden vielen onder zijn heerschappij, andere weer onder de heerschappij van zijn familie. Ook heerste hij over de Kroaten, de Serviërs, de Tsjechen, de Slovenen, de Slowaken, de Polen en over vele andere volken. Daarom stond op Oostenrijkse bankbiljetten destijds het bedrag, bijvoorbeeld 'tien kronen', in al die talen vermeld. Ook in de Duitse vorstendommen had de keizer van Oostenrijk officieel nog enige macht, maar dat was bijzonder ingewikkeld. Er was geen Duits rijk meer, aangezien Napoleon in 1806 het laatste restje van het Heilige Roomse Rijk der Duitse Natie had verslagen. De verschillende landen waar Duits werd gesproken, vormden nu een bond, de Duitse Bond, en daartoe behoorde naast bijvoorbeeld Pruisen, Beieren, Saksen, Hannover, Frankfurt en Braunschweig ook Oostenrijk. Het was een merkwaardig en onoverzichtelijk lichaam, die Duitse Bond. Over elk stukje land regeerde een andere vorst, en ieder had zijn eigen munt, zijn eigen postzegels en zijn eigen ambtenarenuniformen. Dat was altijd al onpraktisch geweest, ook toen men nog met de postkoets in enige dagen van Berlijn naar München reisde. Maar sinds de tijd van de spoorwegen, waarin men die afstand binnen een dag kon afleggen, was het nauwelijks nog te doen.

Heel anders zag het eruit aan de linker- en rechterzijde van Duitsland, Oostenrijk en Italië. Daar was het niet zo'n lappendekentje op de kaart.

In het westen lag Frankrijk. Kort na de burgerrevolutie van 1848 was het opnieuw een keizerrijk geworden. Een nakomeling van de grote Napoleon had het voor elkaar gekregen de herinneringen aan de roemruchte tijden te doen herleven, en dus werd hij, hoewel hij lang zo'n groot man niet was, eerst tot president van de republiek en kort daarna tot keizer van de Fransen gekozen, onder de naam Napoleon III. Ondanks alle oorlogen en revoluties was Frankrijk destijds een bijzonder rijk en machtig land, met grote fabriekssteden.

In het Oosten zag het er als volgt uit: de Russische keizer, oftewel tsaar, was in het reusachtige land niet geliefd. Je moet weten dat veel Russische stedelingen en burgers in Frankrijk of Duitsland aan de universiteiten hadden gestudeerd en dus modern denkende mensen waren. Het Russische rijk en zijn bestuurders waren eigenlijk nog steeds middeleeuws. Pas in 1861 werd daar de lijfeigenschap van de boeren opgeheven, althans officieel, en

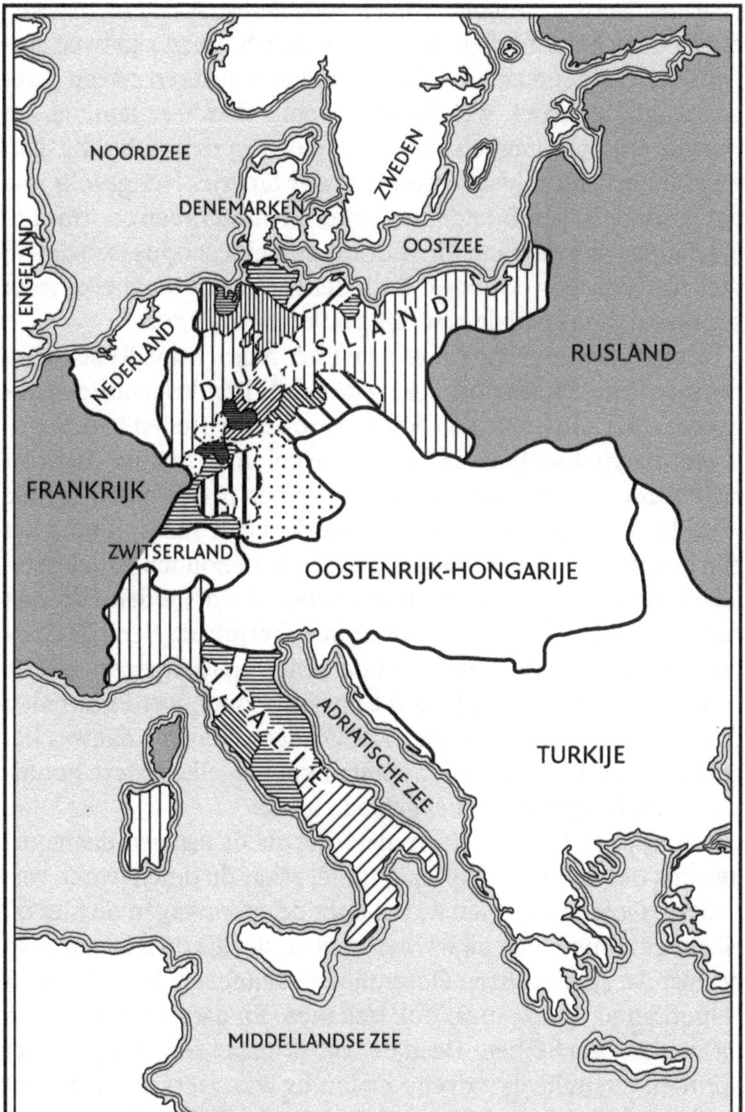
NOORDZEE
ZWEDEN
DENEMARKEN
ENGELAND
OOSTZEE
NEDERLAND
DUITSLAND
RUSLAND
FRANKRIJK
ZWITSERLAND
OOSTENRIJK-HONGARIJE
ITALIË
ADRIATISCHE ZEE
TURKIJE
MIDDELLANDSE ZEE

daarmee werd 23 miljoen boeren voor het eerst een menswaardig bestaan beloofd! Beloven en je belofte houden zijn twee dingen. In het algemeen werd in Rusland met de leren zweep geregeerd, die men ook wel 'knoet' noemt. Wanneer iemand het waagde vrijuit te spreken, al was het dan nog zo onschuldig, dan werd hij op zijn minst verbannen naar Siberië. Het gevolg was dat de modern geschoolde studenten en burgers een enorme hekel hadden aan de tsaar, die voortdurend moest oppassen dat hij niet zou worden vermoord. En inderdaad werd bijna elke tsaar vermoord, hoe goed de bewaking ook functioneerde.

Het leek onmogelijk dat er naast het reusachtige Rusland en het machtige, aan oorlogvoering gewende Frankrijk nog een Europese staat zou komen die iets in Europa te vertellen had. Spanje was machteloos geworden sinds de koloniën in Zuid-Amerika zich in 1810 van het moederland begonnen te bevrijden. Turkije werd in de kranten vaak betiteld als de 'zieke man', omdat het zijn bezittingen in Europa niet langer kon behouden. De christelijke volken die ze ooit overheerst hadden, worstelden zich met de bereidwillige hulp van Europa onder het juk uit. Eerst de Grieken, en later ook de Bulgaren, Roemenen en Albanezen. Om de rest van Europees Turkije, om Constantinopel, werd gestreden door de Russen, de Fransen en de Oostenrijkers, en dat was het geluk van de Turken, want de staten gunden elkaar deze hoofdprijs niet. Daarom bleef het gebied Turks.

Frankrijk en Oostenrijk streden (net als de eeuwen daarvoor) destijds om de heerschappij in Italië. Maar de tijden waren veranderd. Ook de Italianen waren door de spoorwegen dichter bij elkaar gekomen, ook zij werden zich er, net als de Duitsers, van bewust dat ze niet alleen Florentijnen, Genuezen, Venetianen of Napolitanen waren, maar ook Italianen. En dat ze zelf over hun lot wilden beschikken. Destijds was er maar één staatje in het noorden van Italië dat vrij en zelfstandig was. Het lag aan de voet van het gebergte waar Hannibal was afgedaald naar de Italiaanse vlakte. Omdat het aan de voet van dit gebergte ligt, heet het Piemonte, wat 'voet van de berg' betekent. Piemonte en het eiland Sardinië vormden samen een klein, maar krachtig koninkrijk dat werd bestuurd door koning Victor Emanuel. Die beschikte over een buitengewoon slimme, gewiekste minister, Camillo Cavour, die precies wist wat hij wilde. Hij wilde wat alle Italianen al heel lang wilden en waar talloze mensen tijdens en na de revolutie van 1848 voor waren gesneuveld in een dappere, maar ongeregelde en avontuurlijke strijd: hij wilde één Italiaans rijk. Cavour zelf was geen strijder. Hij geloofde niet in de kracht van geheime samenzweringen en dappere overvallen, waarmee destijds de moedige fantast Garibaldi en zijn jonge medestrijders wilden bewerkstelligen dat het land vrij zou zijn. Cavour zocht een andere, effectievere weg, en die vond hij ook.

Hij slaagde erin de eerzuchtige Franse keizer, Napoleon III, ertoe te bewegen zich voor de vrijheid en de eenheid van de Italianen in te zetten. Napoleon III had daar alleen maar voordeel van, en zeker geen nadeel. Wanneer hij zich voor de vrijheid van dit land zou inzetten, dat niet van hem was, dan beschadigde hij daar hoogstens Oostenrijk mee, dat bezittingen had in Italië, en dat zou hem goed van pas komen. Maar als brenger van de vrijheid was hij natuurlijk ook de held van een groot Europees volk, en dat zou hij wel prettig vinden. Door de intelligente onderhandelingstactieken van Cavour, de minister van Piemonte en Sardinië, en de dappere veldtochten van de onversaagde vrijheidsstrijder Garibaldi lukte het, ondanks veel offers, het doel van de Italianen te bereiken. In de twee oorlogen met Oostenrijk in 1859 en 1866 wonnen de Oostenrijkers weliswaar vaak, maar ten slotte moest keizer Frans Jozef, gedwongen door de macht van Napoleon III, zijn bezittingen in Italië (de omgeving van Milaan en van Venetië) afstaan. In andere gebieden vonden volksraadplegingen plaats, die alle als uitslag hadden dat de hele bevolking tot Italië wilde behoren. En dus traden de verschillende hertogen af. In 1866 was Italië verenigd. Er ontbrak nog één ding: de hoofdstad, Rome. Die behoorde toe aan de paus, en Napoleon III wilde de stad niet uitleveren aan de Italianen, want hij had geen zin in ruzie met de paus. Hij liet de stad beschermen door Franse troepen en sloeg de aanvallen door de vrijwilligers van Garibaldi af.

Oostenrijk had de hardnekkige strijd in 1866 tegen de Italianen misschien niet verloren als de uitgekookte Cavour niet zo slim was geweest hem ook in het noorden een tegenstander te bezorgen, die in dezelfde soort zaken geïnteresseerd was. Dat was Pruisen, waar destijds Bismarck eerste minister was.

Bismarck, een adellijke Noord-Duitse landeigenaar, had een ongewoon grote wilskracht en een helder verstand. Hij liet zich niet van de wijs brengen en had uithoudingsvermogen. Hij hield zijn einddoel altijd voor ogen en durfde zonder blikken of blozen zijn mening en overtuiging kenbaar te maken aan koning Wilhelm I van Pruisen. Vanaf het begin had hij maar één wens: Pruisen veel macht te bezorgen en met behulp van dit land het lappendekentje dat de Duitse Bond heette, om te vormen tot één groot Duits rijk. Om dat te bereiken was niets zo belangrijk als een sterk, machtig leger. Hij sprak ooit de beroemde woorden dat de grote kwesties in de geschiedenis niet door besluiten, maar door ijzer en bloed worden opgelost. Of dat altijd zo is, weet ik niet. Maar in zijn geval gaf de geschiedenis hem gelijk. Toen de afgevaardigden van het Pruisische volk in 1862 niet bereid waren een grote som belastinggeld van het volk te bestemmen voor de uitbreiding en versterking van het leger, raadde hij de koning aan nu tegen de grondwet en de wil van de gekozen afgevaardigden in verder te regeren. De koning vreesde dat hem hetzelfde te wachten stond als koning Karel I van Engeland, die zijn belofte niet had gehouden, en als Lodewijk XVI van Frankrijk. Terwijl ze samen in een trein zaten, zei hij tegen Bismarck: 'Ik kan precies voorspellen hoe dit gaat aflopen. Daar voor het Operaplein, onder mijn venster, zal men uw kop eraf hakken en even later de mijne.' Bismarck antwoordde: 'En dan?' 'Ja, dan zijn we dood,' zei de koning. 'Ja,' zei Bismarck, 'dan zijn we dood, maar is er een fatsoenlijker manier om aan je eind te komen?' En tegen de wil van het volk in zorgde hij ervoor dat er een groot en machtig leger kwam met veel geweren en kanonnen, dat al snel daarna oorlog ging voeren met Denemarken.

Met dit uitstekend bewapende en geoefende leger trok hij in 1866 geheel volgens het plan van Cavour en volgens zijn eigen plan op tegen Oostenrijk, dat tegelijkertijd in het zuiden werd aangevallen door de Italianen. Hij wilde de keizer uit de Duitse Bond zetten, zodat Pruisen het machtigste land in de Bond zou zijn en zo de leider van Duitsland zou worden. Hij versloeg de Oostenrijkers tijdens een bloedige veldslag bij het plaatsje Königgrätz, en keizer Frans Jozef moest zich overgeven. Oostenrijk trad uit de Duitse Bond. Dat was het enige wat Bismarck na zijn overwinning eiste. Dat ergerde de generaals en de officieren van het Pruisische leger, maar Bismarck liet zich niet van de wijs brengen. Hij wilde niet dat Oostenrijk een aartsvijand zou worden. In het geheim sloot hij met alle andere Duitse staten een verdrag, waarin stond dat ze Pruisen in elke oorlog zouden steunen. Daar wist verder niemand iets van.

Maar nu was Napoleon III in Frankrijk ongerust geworden. Aan de overkant van de Rijn, in Pruisen, ontwikkelde zich immers een grote militaire macht. De keizer van de Fransen, die juist in 1867 een volkomen overbodige oorlog in Mexico had verloren, was bang voor deze goed bewapende buren. De Fransen hadden er sowieso nooit van gehouden dat Duitsers te machtig werden. Napoleon III stelde in 1870 via zijn gezanten een aantal zeer merkwaardige eisen aan koning Wilhelm van Pruisen, die juist aan het kuren was in de badplaats Ems. Hij en zijn familie moesten schriftelijk afstand doen van elke aanspraak op macht, maar die aanspraak had hij helemaal niet gedaan. Daarop dwong Bismarck – zonder dat de koning het wilde – Napoleon III tot een oorlogsverklaring. Tegen de verwachting van de Fransen in namen alle Duitse staten deel aan de oorlog, en al snel bleek dat de Duitse troepen beter uitgerust waren en beter geleid werden dan de Franse.

De Duitsers trokken snel op naar Parijs, namen bij Sedan een groot deel van het Franse leger gevangen, onder wie Napoleon III, en belegerden de goed versterkte stad Parijs maandenlang. Door de nederlaag van Frankrijk moesten de Franse troepen die de paus in Rome hadden beschermd, de aftocht blazen, en de koning van Italië trok de stad binnen. Zo ingewikkeld waren de gebeurtenissen destijds. Nog tijdens de belegering – de Pruisische koning woonde al in Versailles – wist Bismarck de verschillende Duitse koningen en vorsten ertoe te bewegen dat de koning van Pruisen de titel van Duitse keizer werd aangeboden. Nu zul je staan te kijken van wat er toen gebeurde. Koning Wilhelm wilde liever 'keizer van Duitsland' dan 'Duitse keizer' worden genoemd, en bijna werd de hele zaak daardoor nog afgeblazen. Uiteindelijk werd in de grote spiegelzaal in Versailles op plechtige wijze het Duitse keizerrijk gesticht. Bij die gelegenheid was de nieuwe keizer Wilhelm I zo boos over het feit dat hij niet de titel kreeg die hij had gewild, dat hij opvallend, opzettelijk en in het bijzijn van iedereen langs Bismarck liep en de stichter van het Duitse rijk geen hand gaf. Desondanks bleef Bismarck hem dienen, en goed ook.

In Parijs was tijdens de belegering een bloedige arbeidersopstand uitgebroken, die later nog bloediger werd onderdrukt. Er kwamen toen meer mensen om het leven dan tijdens de grote Franse Revolutie. Daardoor was Frankrijk enige tijd machteloos en moest het vrede sluiten. Het moest een flink stuk land (Elzas en Lotharingen) afstaan aan Duitsland en bovendien een forse som gelds betalen. Daarop zetten de Fransen Napoleon III af, die het land zo slecht had geleid, en stichtten ze een republiek. Ze hadden genoeg van keizers en koningen.

Bismarck was nu eerste minister oftewel kanselier van het verenigde Duitse rijk en heerste er met grote superioriteit. Hij was een groot tegenstander van het socialisme, zoals dat door Marx was gepredikt, maar hij wist dat het met de arbeiders heel erg slecht ging. Hij was van mening dat men de verbreiding van de marxistische leer alleen maar kon bestrijden door de hoogste nood van de arbeiders te lenigen, waardoor ze geen behoefte zouden voelen de hele staat omver te werpen. Daarom zette hij instellingen op waarin zieke en verongelukte arbeiders, die vroeger hulpeloos aan hun einde zouden zijn gekomen, werden opgevangen. Hij zorgde ervoor dat er een einde kwam aan de grootste misstanden in het land. Maar de arbeiders moesten in die dagen nog steeds twaalf uur per dag werken. Ook op zondag.

Bismarck, met zijn borstelige wenkbrauwen en zijn vasthoudende, vastberaden blik, was al snel een van de bekendste mannen van Europa. Zelfs zijn vijanden moesten erkennen dat hij een groot staatsman was. Toen de volken van Europa een begin wilden maken met de verdeling van de klein geworden wereld, kwamen ze in 1878 in Berlijn bijeen, en Bismarck leidde de beraadslagingen. Pas de volgende Duitse keizer, Wilhelm II, die over vele zaken anders dacht dan zijn kanselier, kon het op den duur niet meer met hem vinden en ontsloeg hem. Bismarck leefde nog enige jaren als oude man op het landgoed van zijn vader en waarschuwde van daaruit de nieuwe leiders van de Duitse regering voor ondoordachte beslissingen.

39

De verdeling van de wereld

Nu komen we in de tijd waarin mijn ouders kinderen waren. Die hebben me er veel over kunnen vertellen: dat er in steeds meer huizen eerst gas, dan elektrisch licht en vervolgens telefoon werd geïnstalleerd, dat er in de steden trams en later ook auto's verschenen, dat de voorsteden een enorme groei ondergingen en dat fabrieken met gigantische machines werk boden aan duizenden arbeiders, die dus het werk deden waar in vroeger tijden honderdduizenden arbeiders voor nodig waren geweest.

Wat gebeurde er nu met al die stoffen, schoenen of conservenblikken die in deze grote fabrieken dagelijks met wagonladingen tegelijk werden geproduceerd? Deels kon men ze natuurlijk in het land verkopen. De mensen die werk hadden, konden zich al snel veel meer kleding en schoenen veroorloven dan een ambachtsman uit vroeger dagen. Alles was veel goedkoper, maar ook minder goed houdbaar. Zo waren de mensen gedwongen vaak nieuwe dingen te kopen. Toch was hun loon natuurlijk nog niet zo hoog dat ze alles konden kopen wat er door die reusachtige machines werd geproduceerd. Bleven er wagonladingen van de stoffen of het leer liggen en werden die spullen niet verkocht, dan had het geen zin als de fabriek dagelijks nieuwe producten maakte. Dan moest de fabriek sluiten. Wanneer de fabriek sloot, dan waren de arbeiders werkloos en konden ze niets meer kopen. Dan bleven er nog meer spullen liggen. Zo'n toestand noemt men een economische crisis. Om die te vermijden was het voor alle landen belangrijk dat zo mogelijk alle producten die in de vele fabrieken werden gemaakt, ook verkocht konden worden. En als dat niet in eigen land ging, dan moest het in het buitenland worden geprobeerd. Niet in Europa. Daar stonden bijna overal fabrieken. Men moest naar die landen gaan die zelf geen fabrieken hadden, en waar de mensen nog geen kleren en schoenen hadden.

Bijvoorbeeld naar Afrika. En dus begon er ineens een echte wedloop tussen de verschillende landen met als inzet de onontgonnen gebieden, en de gebieden die het meest onontgonnen waren, hadden ze nog het liefst. Men had ze niet alleen nodig om er producten te kunnen verkopen, men had ze ook nodig omdat er daar vaak veel dingen waren die het eigen land niet had, zoals katoen voor de kledingfabrikanten of petroleum voor de productie van benzine. Hoe meer van zulke 'grondstoffen' uit de koloniën naar Europa konden worden gebracht, des te meer konden de fabrieken produceren en des te ijveriger gingen ze vervolgens op zoek naar gebieden waar ze hun producten aan de man konden brengen. Wie in eigen land geen werk meer vond, kon nu emigreren naar deze gebieden. Kortom: voor de Europese volken werd het steeds belangrijker om koloniën te bezitten. Om de belangen van de inheemse bevolking van die koloniën bekommerde men zich niet. Je kunt je voorstellen dat die inheemse volken vaak gruwelijk slecht behandeld werden als ze het waagden met pijl en boog op de binnenvallende troepen te schieten.

Bij deze verdeling van de wereld hadden de Engelsen uiteraard een streepje voor. Zij hadden immers al een poosje bezittingen in Indië, Australië en Noord-Amerika en ook hadden ze koloniën in Afrika, waar ze vooral in Egypte veel invloed hadden. Ook de Fransen hadden al in een eerder stadium gezorgd voor bezittingen in het buitenland. Zij beheersten een flink deel van Achter-Indië en delen van Afrika, waarvan de woestijngebieden in de Sahara eerder groot dan begerenswaardig waren. De Russen hadden geen koloniën aan de overzijde van de oceaan, maar zij beschikten over een eigen reusachtig rijk, waar nog niet veel fabrieken stonden. Zij wilden hun gebied in Azië uitbreiden tot aan zee, om van daaruit handel te kunnen drijven. Maar daar stonden plotseling de beste leerlingen van Europa, de Japanners, en die zeiden: 'Stop!' Tijdens een vreselijke oorlog tussen Rusland en Japan, die uitbrak in 1905, verloor het geweldige tsarenrijk van het kleine Japan en moest het zich een flink stuk terugtrekken.

De Japanners bouwden nu zelf steeds nieuwe fabrieken en hadden behoefte aan vreemde landen, waar ze hun producten konden verkopen en waar ze een deel van de mensen konden onderbrengen die in hun kleine eilandenrijk woonden.

Als laatste kwamen natuurlijk de nieuwe staten bij de verdeling aan de beurt: Italië en Duitsland. Die hadden daarvoor geen gelegenheid gehad gebieden aan de overzijde van de oceaan te veroveren, omdat ze zo versplinterd waren. Nu wilden ze inhalen wat ze al die eeuwen hadden verzuimd. Italië kreeg na talrijke conflicten een klein stukje land in Afrika. Duitsland was machtiger en had meer fabrieken. Het wilde meer. Bismarck slaagde erin enige grote gebieden in hoofdzakelijk Afrika en een aantal eilanden in de Grote Oceaan voor Duitsland te bemachtigen.

Bij deze gang van zaken geldt het principe dat geen land ooit genoeg koloniën heeft. Hoe meer koloniën het heeft, des te meer fabrieken het bouwt. De fabrieken worden beter, er wordt meer geproduceerd, en het land heeft opnieuw meer koloniën nodig. Dat is geen machtswellust of heerszucht. Het land zou werkelijk meer koloniën nodig hebben. Maar de wereld was al verdeeld. Om nieuwe koloniën te verkrijgen of om ervoor te zorgen dat de oude koloniën niet zouden worden weggekaapt door een machtiger buurman, moest men strijden, of in ieder geval dreigen te zullen strijden. En dus zorgde elke staat ervoor dat er een geweldig leger en een geweldige vloot voorhanden waren, en men riep voortdurend: 'Waag het eens mij aan te vallen!' De landen die de macht al eeuwen in handen hadden, beschouwden dit als hun goed recht. Maar dat het nieuwe Duitse rijk met zijn uitstekende fabrieken meespeelde in dit spel, waarin het een grote oorlogsvloot bouwde en trachtte steeds meer invloed te krijgen in Azië en Afrika, werd het land niet in dank afgenomen. Al sinds enige tijd verwachtte men een stevige confrontatie, en daarom bezaten de landen steeds grotere legers en bouwden ze steeds grotere gepantserde schepen.

Ten slotte brak er oorlog uit, maar niet op een plek waar men het in de loop van de jaren had verwacht, dus in een omstreden gebied in Afrika of Azië. De aanleiding werd gevormd door een land dat als enige grote rijk in Europa geen koloniën bezat: Oostenrijk. Oostenrijk, het oeroude keizerrijk met zijn vele volken, had niet de behoefte gebieden in verre landstreken te veroveren. Maar ook Oostenrijk had mensen nodig die de producten uit de fabrieken kochten. Dus probeerde het, net als in de Turkse oorlogen, nieuwe landen in het oosten te verwerven die zich kort daarvoor hadden losgemaakt van Turkije en zelf nog geen fabrieken bezaten. De onlangs bevrijde kleine volken in het oosten, zoals de Serviërs, waren bang voor het grote keizerrijk en wilden niet dat het zich nog verder zou uitbreiden. Toen de Oostenrijkse troonopvolger in 1914 naar zo'n pas verkregen gebied reisde (Bosnië), werd hij in de hoofdstad Sarajevo door een Serviër vermoord.

Oostenrijkse legeraanvoerders en politici waren destijds van mening dat een oorlog met Servië vroeg of laat toch onvermijdelijk was en dat men Servië uit wraak voor de afschuwelijke moord op de knieën moest dwingen. Rusland bemoeide zich met de zaak omdat het bang was dat Oostenrijk te dichtbij zou komen. Duitsland, dat een verbond had met Oostenrijk, koos partij voor de Oostenrijkers. En aangezien Duitsland ten strijde trok, werd de oude conflicten nieuw leven ingeblazen. De Duitsers wilden hun gevaarlijkste tegenstanders, de Fransen, meteen uitschakelen en trokken met hun legers via het vreedzame België naar Parijs. Engeland vreesde een Duitse zege, want in dat geval zou Duitsland het machtigste land worden – en greep dus ook in. Al snel stond de hele wereld tegenover de Duitsers en de Oostenrijkers. De twee landen lagen midden tussen de legers van de Entente (dat wil zeggen hun tegenstanders, die een bondgenootschap vormden, want Entente betekent 'bondgenootschap'). Daarom werden Duitsland en Oostenrijk de Centrale Mogendheden genoemd.

De gigantische legers van Rusland rukten op, maar werden na een paar maanden tot staan gebracht. Een dergelijke oorlog was er in de wereld nog nooit geweest. Miljoenen mensen trokken tegen elkaar op. Ook Afrikanen en Indiërs moesten meevechten. De Duitse legers werden vlak voor Parijs, bij de rivier de Marne, tegengehouden, en daarna werden er nauwelijks nog veldslagen uitgevochten in de gebruikelijke zin van het woord. De enorme legers verschansten zich, groeven zich in de aarde in en lagen over enorme afstanden tegenover elkaar. Ineens werd er dan dagenlang uit duizenden kanonnen op de loopgraven van de tegenstander geschoten, waarna men door prikkeldraadversperringen en over opgeworpen aarden wallen naar voren stormde door het verbrande, verwoeste land, waar talloze doden lagen. In 1915 verklaarde ook Italië Oostenrijk de oorlog, hoewel die twee landen daarvoor nog een verbond hadden met elkaar. Nu bestreed men elkaar in het gletsjerijs van de Tiroolse bergen. De beroemde krijgsdaden van Hannibal, die hier de Alpen over trok, zijn kinderspel vergeleken met de heldendaden van de moedige soldaten die hier moesten vechten.

Men vocht met vliegtuigen in de lucht, men wierp bommen op vredige steden, men viel handelsschepen aan, men vocht ter zee en ook onder water, zoals Leonardo da Vinci al had voorspeld. Men vond allerlei vreselijke wapens uit, die dagelijks duizenden mensen het leven kostten of waardoor ze zwaargewond raakten. Een van die wapens was wel heel gruwelijk: men vergiftigde de lucht met gifgassen. Wie die gassen inademde, leed afschuwelijke pijnen en stierf ten slotte. Die gassen liet men in de wind naar de vijandelijke soldaten drijven of men schoot met gasgranaten, die, wanneer ze ontploften, het gif verspreidden. Men bouwde tanks, die langzaam over aarden wallen en muren reden en alles platwalsten en vernielden.

In Duitsland en Oostenrijk was de situatie zeer ellendig. Er was niet genoeg te eten, er waren geen kleren en geen kolen, er was geen licht. De vrouwen moesten urenlang in de kou staan voor een stukje brood of een half verrotte aardappel. Eventjes konden de Centrale Mogendheden enige hoop koesteren. In 1917 was er in Rusland een revolutie uitgebroken. De tsaar was afgetreden, maar de burgerregering die daarna kwam, wilde doorgaan met de oorlog. Maar het volk wilde niet meer. En dus kwam er een tweede grote revolutie, waarbij de arbeiders in de fabrieksteden onder leiding van Lenin de macht grepen. Ze verdeelden het akkerland onder de boeren, namen de rijken en de adel hun bezit af en probeerden het rijk volgens de beginselen van Karl Marx te besturen. Het buitenland bemoeide zich ermee. Bij de vreselijke gevechten die nu uitbraken, kwamen opnieuw miljoenen mensen om het leven. De opvolgers van Lenin regeerden nog lange tijd in Rusland.

Het had nauwelijks zin dat de Duitsers hun troepen van het oostfront naar elders konden verplaatsen, want tegelijkertijd kwamen er in het westen frisse, nieuwe soldaten om tegen Duitsland te vechten. Dat waren de Amerikanen, die zich nu ook met het conflict bemoeiden. Toch hielden de Duitsers en de Oostenrijkers nog meer dan een jaar stand tegen de geweldige overmacht, en in een laatste, vertwijfelde poging hadden ze nog bijna gewonnen ook. Toen in 1918 de president van Amerika, Wilson, verkondigde dat hij een rechtvaardige vrede wenste, waarbij elk volk zelf mocht bepalen hoe zijn toekomst eruit zou zien, gaven de meeste troepen uit de legers van de Centrale Mogendheden de strijd op. Ze werden gedwongen een wapenstilstand te sluiten. De mannen die de strijd hadden overleefd, keerden van het front terug naar huis, naar hun uitgehongerde gezinnen.

Vervolgens ontstond in de afgematte landen een revolutie. De keizer van Duitsland en die van Oostenrijk traden af. De verschillende volken in het Oostenrijkse keizerrijk – de Tsjechen en Slowaken, de Hongaren, de Polen en de Zuid-Slaven – werden zelfstandig en stichtten eigen staten. Toen de afgezanten van de Duitsers, de Oostenrijkers en de Hongaren naar Parijs kwamen om daar in de oude koninklijke paleizen in Versailles, Saint-Germain en Trianon over de door Wilson aangekondigde vrede te onderhandelen, stelden ze vast dat er niets te onderhandelen viel. Duitsland was sowieso schuldig aan de oorlog, zei men, en moest dus gestraft worden. Men nam Duitsland alle koloniën en de in 1870 op Frankrijk veroverde gebieden af, men dwong het land jaarlijks grote geldbedragen aan de overwinnaars te betalen en zelfs moest Duitsland officieel toegeven dat het schuldig was aan de oorlog. De Oostenrijkers en Hongaren verging het niet veel beter. Dat was de manier waarop Wilson zich dus aan zijn afspraken hield (zie echter ook mijn verklaring in het laatste hoofdstuk van dit boek).

In de oorlog kwamen elf miljoen mensen om het leven en hele gebieden zijn verwoest op een manier die men daarvoor niet kende. De wereld werd nu beheerst door ellende en vertwijfeling.

De mensen hadden het met het beheersen van de natuur ver geschopt. Je kunt nu een apparaat in je kamer neerzetten en met een Australiër aan de andere kant van de wereld praten over allerlei ingewikkelde of onbelangrijke onderwerpen. Je kunt op de radio luisteren naar muziek uit een Londens hotel of naar een reportage over het vetmesten van ganzen in Portugal.

Men bouwt reusachtige flatgebouwen, die hoger zijn dan de piramides of dan de Sint-Pieter in Rome, men bouwt gigantische vliegtuigen, waarvan elk exemplaar in staat is meer slachtoffers te maken dan de grote Armada van Filips II van Spanje. Men heeft geneesmiddelen ontwikkeld tegen de vreselijkste ziekten en men weet de wonderbaarlijkste zaken. Voor alle mogelijke natuurverschijnselen heeft men formules gevonden, die zo geheimzinnig en merkwaardig zijn dat slechts een paar mensen ze begrijpen. Maar ze kloppen wel; de sterren bewegen precies zoals deze formules aangeven. Dagelijks ontdekt men nieuwe dingen over de natuur en over de mensen zelf. Maar nog steeds bestaat er veel ellende. Miljoenen mensen kunnen geen werk vinden en jaarlijks verhongeren miljoenen mensen. Iedereen hoopt op een betere toekomst. Die móet toch een keer komen!

Stel je de rivier van de tijd voor, waar we nu in een vliegtuig langs gevlogen zijn. Helemaal achteraan, in de mist, zie je misschien nog de grotten van de mammoetjagers en de steppen waar het eerste graan groeide. De kleine puntjes daar zijn de piramides en de toren van Babel. In dit laagland hoedden de joden vroeger hun kuddes. Over die zee voeren de Feniciërs. Daar zie je een witte ster stralen, tussen de zeeën, en dat is de Akropolis, het symbool van de Griekse kunst. En aan de andere kant van de wereld strekt zich een donker bos uit waar de Indiase boetepredikers woonden en waar Boeddha de verlichting vond. Verder naar voren zie je de Chinese Muur en aan de andere kant de rokende puinhopen van Carthago. In die grote stenen arena lieten de Romeinen christenen verscheuren door wilde dieren. Die donkere wolken daar boven het land, dat is het onweer van de volksverhuizingen, in die bossen hebben de eerste monniken de Germanen bekeerd en onderwezen. Vanuit die woestijn daar veroverden de Arabieren de wereld, en hier heerste Karel de Grote. Op die heuvel zie je de burcht waar de strijd om de heerschappij tussen de paus en de keizer werd beslist. We zien ridderburchten en iets dichterbij onderscheiden we steden met fraaie kathedralen; kijk, daar ligt Florence en daar staat de nieuwe Sint-Pieter, die leidde tot de strijd met Luther. De stad Mexico gaat in vlammen op, de Armada gaat ten onder bij de Engelse kust. De walm die daar opstijgt is de rook van brandende dorpen en ruïnes uit de tijd van de Dertigjarige Oorlog. En dat fraaie paleis in die grote tuin is het Versailles van Lodewijk XIV. Hier staat het leger van de Turken voor Wenen en iets dichterbij zie je de eenvoudige kastelen van Frederik de Grote en Maria Theresia. In de verte horen we in de straten van Parijs de roep om vrijheid, gelijkheid en broederschap. Verderop zien we Moskou branden en we zien het winterse landschap, waar het grote leger van de laatste veroveraar ten onder ging. Vlak voor ons roken de fabrieksschoorstenen en horen we locomotieven fluiten. Het zomerpaleis in Peking ligt in puin, en vanuit Japanse havens vertrekken oorlogsschepen met de vlag van de rijzende zon erop. Hier dondert het geschut uit de Eerste Wereldoorlog. Gifgas trekt in wolken over het land. Hier, vanuit de geopende koepel van een sterrenwacht, richt de sterrenkundige zijn reuzentelescoop op de onvoorstelbare en verre wereld van de sterren. Maar onder ons en voor ons hangt er nog mist, een ondoordringbare mist. We weten alleen dat de rivier verder stroomt, oneindig veel verder, in de richting van een onbekende zee.

Laten we snel dalen met ons vliegtuig en naar de rivier gaan. Wanneer we er vlakbij zijn, zien we dat het een echte rivier is. De golven bruisen als de golven van een zee. Er staat een flinke wind, er staan schuimkoppen op de golven. Kijk maar eens goed. Je ziet miljoenen schitterende, witte luchtbelletjes, die bij elke golf ontstaan en weer verdwijnen. Telkens weer komen er nieuwe luchtbelletjes, en telkens verdwijnen ze weer, in het ritme van de golven. De golf draagt de luchtbelletjes maar heel even, dan zakken ze naar beneden en zijn ze weg. Ieder van ons is niets meer dan zo'n luchtbelletje, zo'n schitterend dingetje, zo'n minuscuul druppeltje op de golven van de tijd, die voorbijkomen en een ongewisse, mistige toekomst tegemoet gaan. Wij duiken op, kijken om ons heen, en voor we het in de gaten hebben zijn we alweer verdwenen. In de grote rivier van de tijd zijn we niet eens te zien. En telkens weer komen er nieuwe luchtbelletjes. Wat wij ons lot noemen, is niets anders dan onze strijd in het gedrang van de druppels, die slechts eenmaal met de golf omhoogkomen en meteen daarna weer onder gaan. Maar dat ogenblik willen we gebruiken. Het loont de moeite.

40

Het stukje wereldgeschiedenis dat ik zelf heb meegemaakt – een terugblik

Er bestaat een groot verschil tussen het leren van de geschiedenis uit boeken en het zelf meemaken van de geschiedenis. Daaraan wilde ik je ook al herinneren in het vorige hoofdstuk, waar ik de blik in het verleden van de mensheid vergeleek met het uitzicht vanuit een hoog vliegend vliegtuig. We zien een klein aantal details aan de oevers van de rivier van de tijd. Maar je hebt ook kunnen lezen hoe anders die rivier eruitziet van dichtbij, wanneer we de golven beter kunnen bekijken. Veel dingen zie je dan beter, sommige zie je helemaal niet meer. Zo is het mij ook vergaan. Het vorige hoofdstuk besloot ik met de vreselijke oorlog van 1914-1918. Ik heb die oorlog meegemaakt, al was ik dan nog maar negen jaar oud toen hij afgelopen was. En dus schreef ik op wat ik in boeken had gelezen.

In dit laatste hoofdstuk wil ik je iets vertellen over de dingen die ikzelf echt heb meegemaakt. Hoe meer ik erover nadenk, hoe vreemder ik het vind. Er is sinds 1918 namelijk ontzettend veel veranderd in de wereld, maar veel van die veranderingen hebben zich zo onmerkbaar voltrokken dat ze voor ons heel vanzelfsprekend lijken.

Destijds bestonden bijvoorbeeld de televisie en de computer nog niet, en ook was er nog geen ruimtevaart of atoomkracht. Maar juist de belangrijkste verandering vergeet men maar al te gemakkelijk, namelijk dat er tegenwoordig zoveel meer mensen op aarde leven dan in mijn jeugd. Tegen het einde van de Eerste Wereldoorlog waren er meer dan twee miljard mensen op aarde, nu zijn het er al meer dan tweemaal zoveel. Met dergelijke grote getallen kun je niets beginnen, want je kunt je er niets bij voorstellen. We weten dat de omtrek van de aarde bij de evenaar bijna precies 40 miljoen meter bedraagt. Wanneer mensen ergens in een rij staan, staan er waarschijnlijk twee per meter. Dat betekent dat een rij van 80 miljoen geduldig wachtende mensen de gehele omtrek van de aarde bestrijkt. Toen al hadden er 22 rijen mensen rond de aarde kunnen staan, en met de 4,5 miljard mensen van nu zouden er meer dan 50 rijen kunnen staan!

Daar komt nog eens bij dat in de jaren dat het aantal mensen zoveel groter is geworden, de aarde veel kleiner is geworden, al gebeurde dat zonder dat je het merkte. Natuurlijk is de wereld niet echt kleiner geworden, maar door de techniek – en dan vooral de techniek van het vliegen – zijn de afstanden op aarde steeds gemakkelijker te overbruggen. Ook dat heb ik zelf meegemaakt: als ik op een vliegveld ben, waar door de luidspreker de vluchten naar achtereenvolgens New Delhi, New York, Hongkong en Sydney worden omgeroepen, en als ik dan de mensenmassa's zie die zich klaarmaken om te vertrekken, dan moet ik dikwijls terugdenken aan mijn jeugd. Toen wees men iemand aan en zei: 'Kijk, die is in Amerika geweest', of: 'Kijk, die is in India geweest.'

Vandaag de dag zijn er maar weinig plaatsen op de wereld die niet binnen een paar uur te bereiken zijn. Maar ook al kunnen we niet zelf naar die landen toe, ze zijn dichterbij dan ze in mijn jeugd waren. Wanneer er ergens op de wereld iets belangrijks gebeurt, lezen we het de volgende dag in de krant, we horen het op de radio of we zien het op het tv-journaal. De inwoners van Mexico wisten niet dat Jeruzalem werd verwoest, en in China heeft men nooit iets gehoord over de gevolgen van de Dertigjarige Oorlog. Dat was in de tijd van de Eerste Wereldoorlog al anders. Men noemt ook dit een wereldoorlog omdat er zo veel staten en volken deelnamen aan de strijd.

Dat wil overigens niet zeggen dat alle berichten die ons nu van alle kanten bereiken, ook waar zijn. Ook ik heb ervaren dat ik niet alles had moeten geloven wat er in de kranten stond. Ik wil daar een voorbeeld van geven. Juist omdat ik me ervan bewust was dat ik de Eerste Wereldoorlog zelf had meegemaakt, was ik ervan overtuigd dat ik alles kon geloven wat me destijds werd verteld. Daarom is het vorige hoofdstuk, 'De verdeling van de wereld', niet zo onpartijdig geworden als ik eigenlijk had gewild. Vooral de dingen die ik over de rol van de Amerikaanse president Wilson schreef (zie hoofdstuk 39), hebben zich niet afgespeeld zoals ik destijds meende. Ik beschreef de gebeurtenissen zo dat het leek of Wilson de Duitsers en Oostenrijkers iets had beloofd, maar dat hij zijn beloften niet nakwam. Ik was ervan overtuigd dat ik het me goed herinnerd had, want ik leefde toen al en later schreef ik op wat men in het algemeen geloofde. Ik had het moeten controleren, en dat is iets wat elke geschiedschrijver altijd zou moeten doen. Het is juist dat president Wilson in het begin van 1918 een vredesvoorstel deed, maar het punt is dat Duitsland en Oostenrijk en hun bondgenoten destijds nog hoopten de oorlog te zullen winnen, en om die reden zijn oproep negeerden. Pas toen ze de oorlog na nog tien maanden, waarin enorme offers werden gebracht, hadden verloren, wilden ze ingaan op het aanbod, maar toen was het te laat.

Hoe wezenlijk en betreurenswaardig mijn fout was, is gemakkelijk aan te tonen. Ik had het destijds niet in de gaten. Onder de overwonnen volken heerste de algemene overtuiging dat ze door een list in het verderf waren gestort. Daardoor werd het voor eerzuchtige ophitsers heel gemakkelijk om de verontwaardiging om te vormen tot woede en wraakzucht. Ik noem die ophitsers niet graag bij de naam, maar iedereen zal wel weten dat ik daarbij vooral aan Adolf Hitler denk. Hitler was in de Eerste Wereldoorlog soldaat geweest en ook hij was ervan overtuigd dat het Duitse leger zonder dit vermeende bedrog nooit zou zijn verslagen. Niet alleen Wilson zelf, maar ook de vijandelijke propaganda zou de Duitsers en Oostenrijkers in het vaderland ertoe bewogen hebben de frontsoldaten in de steek te laten. Hitler meende dat het zaak was de anderen te overtreffen als het op propaganda aankwam. Hij was een meeslepend redenaar, en hele mensenmassa's kwamen naar hem luisteren. Hij wist als geen ander dat je, wanneer je de mensen wilde ophitsen, een zondebok nodig had die schuldig was aan al hun leed, en die zondebok vond Hitler in de joden.

Het lot van dat oeroude volk is in dit boek enige keren ter sprake gekomen. Daarbij gaat het om hun vrijwillige ballingschap, over het feit dat ze na de verwoesting van Jeruzalem geen vaderland meer hadden (zie hoofdstuk 5), en over de jodenvervolgingen in de Middeleeuwen (zie hoofdstuk 25). Hoewel ikzelf uit een joodse familie kom, had ik nooit kunnen bedenken dat dit schrikbeeld zich in mijn eigen tijd zou kunnen herhalen.

Nu moet ik een tweede vergissing noemen, die deze geschiedschrijving is binnengeslopen en die ik mezelf misschien niet hoef te verwijten. In het hoofdstuk 'De werkelijk nieuwe tijd' staat namelijk dat de 'werkelijk nieuwe tijd' pas begon toen de opvattingen van mensen zich niet meer richtten naar de brute levenswijze en daden uit vroeger tijden. Die nieuwe tijd begon toen de ideeën en idealen van de zogenaamde Verlichting in de achttiende eeuw zo algemeen werden dat men ze sindsdien vanzelfsprekend achtte. Toen ik dat schreef, kon ik me niet voorstellen dat men nog eens zou overgaan tot het vervolgen van mensen met een ander geloof, dat men bekentenissen door middel van foltering zou afdwingen en zelfs de mensenrechten met voeten zou treden. Wat ik me destijds niet kon voorstellen, is toch gebeurd. Zo'n treurige stap achteruit is misschien nauwelijks te begrijpen, en toch is het voor jonge mensen misschien niet moeilijker te begrijpen dan voor volwassenen. Daarvoor hoeven ze alleen maar hun ogen op school de kost te geven. Schoolkinderen zijn immers vaak niet erg verdraagzaam. Ze lachen bijvoorbeeld hun leraar uit omdat die een ouderwets kledingstuk draagt, wat de kinderen in de klas dolkomisch vinden, en als zo'n leraar geen respect meer krijgt, is het hek van de dam. Wanneer een medeleerling zich ook maar een beetje van de anderen onderscheidt, door de kleur van zijn haar of zijn huid, door zijn manier van spreken of door de manier waarop hij eet, wordt hij al snel een slachtoffer. Hij wordt tot huilens toe gepest en moet het wel over zijn kant laten gaan. Niet alle kinderen in de klas zijn wreed of onbarmhartig, maar niemand wil spelbederver zijn. En dus doet iedereen in meer of mindere mate mee. Ze blèren en blèren totdat ze zichzelf er nauwelijks nog in kunnen herkennen.

Helaas gedragen volwassen mensen zich niet veel beter. Vooral wanneer ze niets anders te doen hebben en het slecht met hen gaat – of wanneer ze denken dat het slecht met hen gaat – sluiten ze zich aan bij hun lotgenoten, trekken ze marcherend door de straten en herhalen ze in spreekkoren de meest onzinnige uitspraken, waarbij ze zichzelf nog geweldig vinden ook. Ik heb zelf gezien hoe de aanhangers van Hitler in hun bruine hemden de joodse studenten aan de universiteit van Wenen overvielen. En toen ik dit boek schreef, had Hitler de macht in Duitsland al overgenomen. Het leek een kwestie van tijd dat ook de regering in Oostenrijk ten prooi zou vallen aan deze overmacht. Ik had het geluk dat ik juist in die tijd uitgenodigd werd in Engeland – nog voordat Hitlers troepen in maart 1938 Oostenrijk binnen marcheerden en ook bij ons iedereen in gevaar was die 'Goedendag' zei in plaats van 'Heil Hitler', net als in Duitsland.

In die omstandigheden bleek al snel dat de aanhangers van een dergelijke beweging slechts één misdaad kennen: ontrouw zijn aan hun zogenaamde Führer, en ook maar één deugd: onvoorwaardelijke gehoorzaamheid. Elk bevel dat de overwinning dichterbij zou kunnen brengen, moest worden opgevolgd, ook wanneer de waardigheid van de mens in het geding was. Eerder in de geschiedenis kwam dit ook al voor, en over sommige van die perioden heb ik ook geschreven – bijvoorbeeld over de eerste volgelingen van Mohammed (zie hoofdstuk 20). Ook over de jezuïeten zei men wel dat gehoorzaamheid voor hen belangrijker was dan al het andere. En ook de overwinning van de communisten in Rusland onder Lenin heb ik kort besproken: de fanatieke communisten wilden niet denken aan verdraagzaamheid jegens hun tegenstanders. De meedogenloosheid die zij aan de dag legden bij het bereiken van hun doelen, kende geen grenzen en heeft miljoenen het leven gekost.

In de jaren na de Eerste Wereldoorlog verdween in Duitsland, Italië en Japan de verdraagzaamheid langzaam maar zeker uit het leven. De politici daar zeiden tegen hun landgenoten dat ze bij de 'verdeling van de wereld' niet goed bedeeld waren, want eigenlijk hadden zij het recht over andere volken te heersen. Ze herinnerden de Italianen eraan dat ze uiteindelijk afstamden van de oude Romeinen, de Japanners aan hun strijdlustige edele voorouders en de Duitsers aan de oude Germanen – bijvoorbeeld aan Karel de Grote of Frederik de Grote. De mensen zijn nu eenmaal niet allemaal gelijk, zeiden ze, en zoals sommige hondenrassen geschikter zijn voor de jacht dan andere, zo vormden zij de beste mensenrassen, en die waren het meest geschikt om te heersen.

Ik ken een oude, wijze boeddhistische monnik, die in een toespraak tot zijn landgenoten zei dat hij graag wilde weten waarom alle mensen het erover eens zijn dat het belachelijk en pijnlijk is wanneer iemand over zichzelf zegt: 'Ik ben de slimste, de sterkste, de moedigste en de begaafdste mens op de wereld.' Maar wanneer hij 'ik' vervangt door 'wij', en meedeelt dat 'wij' de slimste, sterkste, moedigste en begaafdste mensen op de wereld zijn, begint men enthousiast te applaudisseren en noemt men hem een patriot. Met patriottisme heeft dat natuurlijk niet veel te maken. Men kan dol zijn op zijn vaderland zonder daarbij te beweren dat er elders alleen maar minderwaardig tuig rondloopt. Maar hoe meer mensen in die onzin begonnen te geloven, des te meer de vrede in gevaar kwam.

Toen er ook nog een economische crisis uitbrak, waardoor een groot aantal mensen in Duitsland werkloos werd, leek de eenvoudigste uitweg een oorlog te zijn, waarbij de werklozen soldaat werden of in de oorlogsindustrie gingen werken. Bovendien zouden door een oorlog de gehate verdragen van Versailles en Saint-Germain ongedaan worden gemaakt. De democratische landen in het Westen, dus Frankrijk, Engeland en Amerika, waren veel te vredelievend en te verzwakt en zouden zich niet goed kunnen verdedigen, meende men. Het is waar dat niemand daar oorlog wilde en dat men er alles aan deed om Hitler geen aanleiding te verschaffen om de wereld in het verderf te storten. Maar helaas is er altijd wel een aanleiding voorhanden, en dus marcheerde het Duitse leger op 1 september 1939 Polen binnen. Ik was destijds al in Engeland en zag hoe dieptreurig en tegelijk vastberaden de mensen waren die nu opnieuw oorlog moesten voeren. Ditmaal zong niemand vrolijke krijgsliederen, niemand hoopte op oorlogsroem. Men deed zijn plicht omdat er aan de waanzin een einde gemaakt moest worden.

Ik kreeg de opdracht naar de Duitse radio te luisteren en de uitzendingen in het Engels te vertalen, zodat men wist wat de Duitse luisteraars te horen kregen en wat er voor hen verzwegen werd. Dus heb ik de zes jaren die deze oorlog duurde, van 1939 tot 1945, van twee kanten meegemaakt, hoe raar dat ook klinkt –

maar wel op zeer verschillende manieren. Thuis ervoer ik de vastbeslotenheid, maar ook de nood, de bezorgdheid om de mannen aan het front, de gevolgen van de luchtaanvallen en de zorgen over het verloop van de oorlog. Op de Duitse radio hoorde ik aanvankelijk alleen maar trompetgeschal en onbeheerst geschreeuw. Hitler geloofde in de macht van de propaganda, en zijn geloof werd bevestigd toen de successen uit de twee eerste oorlogsjaren elke verwachting overtroffen. Polen, Denemarken, Noorwegen, Nederland, België en grote delen van Rusland en de Balkan werden veroverd, en alleen het kleine eiland Engeland aan de rand van Europa bood nog tegenstand. Maar dat zou ook niet lang meer duren, want de Duitse radio meldde aan de lopende band hoeveel schepen er door de Duitse onderzeeërs tot zinken waren gebracht die levensmiddelen en wapens naar Engeland hadden moeten brengen – dit alles onder begeleiding van trompetgeschal.

Maar nadat in december 1941 de Japanners de in de haven gelegen Amerikaanse vloot zonder oorlogsverklaring aanvielen en vrijwel vernietigden en Hitler op zijn beurt de Amerikanen de oorlog verklaarde, en toen in de herfst van 1942 de Duitse troepen in Noord-Afrika teruggedrongen werden en in januari 1943 bij Stalingrad door de Russen werden verslagen, en toen de Luftwaffe, de Duitse luchtmacht, machteloos moest toezien hoe de Duitse steden vanuit de lucht werden gebombardeerd – toen bleek dat men een oorlog niet kan winnen met woorden en trompetten. Toen Winston Churchill in Engeland aan de regering kwam in een schier uitzichtloze situatie, zei hij: 'Ik beloof niets dan bloed, zweet en tranen.' En juist om die reden geloofden we hem toen hij ons een sprankje hoop gaf. Hoeveel Duitse luisteraars later nog aandacht schonken aan de uitvluchten en versprekingen die ik dag in dag uit op de Duitse radio hoorde, weet ik niet.

Wel weet ik dat de Duitse luisteraars noch wij iets hoorden over de vreselijkste misdaad die in de oorlog door de Duitsers werd begaan. In dit treurige verband moet en zal ik verwijzen naar een andere passage in dit boek. Daar zeg ik over de Spaanse veroveraars van Mexico dat ze 'hier en in andere delen van Amerika begonnen met het uitroeien van het oude, gecultiveerde indiaanse volk. Dit hoofdstuk in de geschiedenis van de mensheid is zo afschuwelijk en beschamend voor ons, de Europeanen,' zo schreef ik daar, 'dat ik er liever niet over spreek.'

Nog liever had ik over die enorme misdaad gezwegen die in onze eeuw werd begaan, want dit boek is tenslotte bedoeld voor jonge lezers, en die wil men het liefst het ergste besparen. Maar kinderen groeien op, en dus moeten ze uit de geschiedenis leren hoe gemakkelijk ophitserij en intolerantie mensen in onmensen kunnen veranderen. In de laatste jaren van de Tweede Wereldoorlog werden de joodse inwoners van alle Europese landen die door de Duitsers bezet waren – miljoenen mannen, vrouwen en kinderen – uit hun vaderland verdreven, in de meeste gevallen naar het oosten getransporteerd en daar vermoord.

Daarover zei de Duitse radio als gezegd niets tegen zijn luisteraars. En net als veel anderen wilde ik aan het eind van de oorlog (1945) niet geloven dat dergelijke niet te bevatten feiten hadden plaatsgevonden. Helaas zijn er talloze bewijzen dat deze ongehoorde misdaad wel degelijk werd begaan, en hoewel het nu al jaren geleden is gebeurd, is het van het grootste belang dat het niet vergeten wordt of onder het tapijt wordt geveegd.

Voor de mengeling van volken die onze aarde bewonen, zal het steeds belangrijker worden dat we elkaar respecteren en tolereren, alleen al omdat we door de technische vooruitgang steeds dichter op elkaar worden gedrukt.

Ook dat werd bewezen in de oorlog, want de bijna onuitputtelijke reserves van de Amerikaanse oorlogsindustrie, die ook Engeland en Rusland ten goede kwamen, maakten het einde van de oorlog onvermijdelijk. Ondanks vertwijfeld verzet van de Duitse soldaten lukte het de Engelsen en Amerikanen om in de zomer van 1944 te landen in het Franse Normandië en op te trekken tegen Duitsland. Tegelijkertijd joegen de Russen het verzwakte Duitse leger in het oosten op en in april 1945 bereikten ze Berlijn, waar Hitler zelfmoord pleegde. Van een vredesovereenkomst was ditmaal geen sprake meer. De overwinnaars hielden Duitsland militair bezet. Tientallen jaren lang liep er een streng bewaakte grens midden door Duitsland heen, met aan de ene zijde de invloedssfeer van communistisch Rusland en aan de andere kant die van de westerse democratieën.

Maar met de nederlaag van Duitsland was de oorlog nog niet voorbij. Want de Japanners, die inmiddels grote delen van Azië hadden veroverd, waren nog lang niet verslagen. Toen het einde maar niet in zicht kwam, zetten de Amerikanen een geheel nieuw wapen in: de atoombom.

Toevallig had ik kort voor het uitbreken van de oorlog een ontmoeting met een jonge natuurkundige, die over een artikel sprak dat was gepubliceerd door de Deense natuurwetenschapper Niels Bohr. Hij had het over de theoretische mogelijkheid een 'uraniumbom' te bouwen, die als het om vernietingskracht ging elke bekende explosieve stof verre zou overtreffen. We waren het er toen over eens dat het te hopen was dat zo'n uitzonderlijk wapen hoogstens boven een onbewoond eiland zou worden afgeworpen om op die manier aan vriend en vijand te laten zien dat elke voorstelling die men tot dan toe van strijd en oorlog had, niet meer gold. Veel wetenschappers die tijdens de oorlog verbeten aan de totstandkoming van dit wapen werkten, zullen ongetwijfeld dezelfde hoop hebben gekoesterd, maar die hoop was tevergeefs. In augustus 1945 werden de Japanse steden Hiroshima en Nagasaki getroffen door een enorme catastrofe, en Japan gaf zich vervolgens over.

Het was voor ons zonneklaar dat met deze uitvinding een nieuw hoofdstuk in de wereldgeschiedenis was begonnen, want de ontdekking van de atoomenergie is ongeveer vergelijkbaar met die van het vuur. Ook vuur kan verwarmen en vernietigen, maar de verwoestingen die het aanricht zijn niets vergeleken bij de vernietigingskracht van atoomwapens. We moeten hopen dat deze ontwikkeling het onmogelijk heeft gemaakt die wapens in te zetten tegen mensen. Maar iedereen weet dat de twee grootmachten, de Amerikanen in het westen en de Russen in het oosten, in het bezit zijn van grote hoeveelheden van deze wapens, hoewel het voor beide wereldmachten duidelijk is dat ze het gebruik van een kernwapen zelf niet zouden overleven. Natuurlijk is de wereld sindsdien veranderd. Veel volken die vóór de oorlog nog tot het Britse wereldrijk behoorden, werden in veel gevallen zelfstandig, hoewel er van eendracht nog niet altijd sprake is. Toch is ons, ondanks de vreselijke oorlogen en dreigende crises die overal op aarde plaatsvonden, een derde wereldoorlog bespaard gebleven. Want iedereen weet dat die het einde van de wereldgeschiedenis zou kunnen betekenen. Dat is misschien een schrale troost, maar toch: een troost.

Natuurlijk heeft deze nieuwe situatie in de geschiedenis van de mensheid ertoe geleid dat veel mensen de wetenschap de schuld geven, aangezien die ons aan de rand van de afgrond heeft gebracht. Toch moeten we niet vergeten dat het juist de wetenschappen en de techniek waren die de verwoestingen van de wereldoorlogen deels ongedaan wisten te maken, zodat het leven veel eerder dan de meeste mensen hadden gedacht zijn normale loop kon krijgen.

Ook hier wil ik ten slotte nog een kleine correctie aanbrengen op mijn boek en iets toevoegen wat mij na aan het hart ligt. Mijn hoofdstuk over mens en machine is misschien niet onjuist, maar wel enigszins eenzijdig. Het is waar dat de fabrieksarbeid, die in de plaats kwam van het ambachtelijke werk, veel ellende met zich mee heeft gebracht, maar ik had ook moeten opmerken dat het zonder de nieuwe technieken van de massaproductie nooit mogelijk was geweest de voortdurend groeiende bevolking te voeden, te kleden en te huisvesten. Dat er steeds meer kinderen werden geboren en er steeds minder vlak na hun geboorte stierven, was voor het grootste deel te danken aan de wetenschappelijke vooruitgang in de geneeskunde. De voortschrijdende industrialisering van Europa, Amerika en ook Japan heeft niet altijd evenveel moois opgeleverd, maar we mogen niet vergeten dat ze ons ook veel zegen – ja, zegen – heeft gebracht.

Ik weet nog goed wat men bedoelde als men het in mijn jeugd had over de 'arme mensen'. Niet alleen de noodlijdenden, de bedelaars en de daklozen, maar ook de arbeiders en arbeidsters waren van verre aan hun kleding te herkennen. De vrouwen droegen hoogstens een hoofddoek om zich te beschermen tegen de kou, en arbeiders droegen geen wit hemd, want dat werd te snel smerig. Men had het destijds over de 'geur van de armoede', want de meeste stadsbewoners hadden een slecht geluchte woning met hoogstens een kraan in het trappenhuis. In een burgerlijke huishouding (en niet alleen bij rijke mensen) beschikte men gewoonlijk over een kokkin, een schoonmaakster en vaak ook een kindermeisje. Die waren daar misschien beter af dan wanneer ze thuis waren, maar het kan toch niet prettig zijn geweest om bijvoorbeeld maar één keer in de week vrijaf te krijgen of sowieso een 'dienstbode' te zijn. Juist in de tijd dat ik jong was, begon men daarover na te denken, en na de Eerste Wereldoorlog werd er in de wet al gesproken van een 'hulp in de huishouding'. Maar toen ik als student naar Berlijn kwam, zag je bij de voordeur vaak het bordje ALLEEN VOOR DAMES EN HEREN, wat ik toen al pijnlijk vond. Dienstmeisjes en leveranciers moesten de trap aan de achterkant gebruiken en mochten niet met de lift als ze iets zwaars bij zich hadden.

Maar dat is nu voorbij, als een kwade droom. Helaas bestaat er nog steeds veel ellende in de steden van Europa en Amerika, maar de meeste fabrieksarbeiders en ook de meeste werklozen hebben het vandaag de dag beter dan veel ridders die in de Middeleeuwen op hun burchten woonden. Ze eten beter, ze zijn vooral gezonder en ze leven in de regel ook langer dan vroeger. De mensen hebben altijd gedroomd van een 'gouden periode', en nu zo'n gouden periode voor bijna iedereen verwezenlijkt is, wil niemand erin geloven.

In de landen in Oost-Europa die door het Russische leger het communistische systeem kregen opgedrongen, lag dat allemaal heel anders. Vooral de bevolking van Oost-Duitsland, die al zo lang had moeten toezien hoeveel beter hun buren in het Westen het hadden, weigerde op zeker moment nog langer de zware offers te brengen die het communistische economische systeem van hen eiste. En dus gebeurde er in 1989 iets zeer verrassends en ongelooflijks: het lukte de Oost-Duitsers de grens open te breken. De twee delen van Duitsland werden weer met elkaar verenigd. De stemming sloeg over naar de Sovjet-Unie en daar en in de overige Oost-Europese landen vielen de regeringen.

Destijds sloot ik het hoofdstuk over de Eerste Wereldoorlog af met de woorden: 'Iedereen hoopt op een betere toekomst. Die móet toch een keer komen!' Is die ook gekomen? Nog lang niet voor iedereen op deze aarde. Onder de steeds groeiende mensenmassa's in Azië, Afrika en Zuid-Amerika heersen soms nog steeds de noodtoestanden die hier nog niet eens zo lang geleden vanzelfsprekend waren. Daar is niet zo gemakkelijk een oplossing voor te vinden, vooral omdat de ellende hand in hand gaat met intolerantie, zoals altijd. Maar door de verbeterde communicatiemiddelen kan er met meer succes een beroep worden gedaan op het geweten van de rijke landen. Wanneer een aardbeving, een overstroming of een periode van droogte veel slachtoffers eist, stellen duizenden mensen in de welvarende gebieden hun middelen en krachten ter beschikking om hulp te bieden. Ook dat bestond vroeger niet. Het vormt het bewijs dat wij het recht hebben te mogen hopen op een betere toekomst.